### SAUTTER
VERLAG FÜR
SYSTEMISCHE
KONZEPTE

AF168488

Christiane und Alexander Sautter

# Wenn die Masken fallen

Paare auf dem Weg zum Wir

*mit Beiträgen von*
*Julia Biskupek-Kamleiter und Volkmar Suhr*

Sautter, Verlag für Systemische Konzepte

Die deutsche Nationalbibliothek verzeichnet diese Publikation
in der Deutschen Nationalbibliografie.

Christiane und Alexander Sautter
mit Beiträgen von Julia Biskupek-Kamleiter und Volkmar Suhr
**Wenn die Masken fallen, Paare auf dem Weg zum Wir**

1. Auflage 2007
4. Auflage 2019

© by Sautter, Verlag für Systemische Konzepte, Ravensburg
Alle Rechte vorbehalten, auch der auszugsweisen
Wiedergabe in Print- oder elektronischen Medien

*Redaktion:* Siegbert Denk, Carola Fey
*Satz:* Verlag für Systemische Konzepte
*Covergestaltung:* Martin Burger mit einem Foto von Christian Müller
*Coverfoto:* Christian Müller
*Autorenfotoes:* Sabine Kunzer
*Druck:* CPI, Ulm

ISBN 978-3-9809936-3-0

*Krise ist ein produktiver Zustand.*
*Man muss ihr nur den*
*Beigeschmack der Katastrophe nehmen.*

Max Frisch

Wir widmen dieses Buch allen Paaren,
die den Weg zum Wir gehen,
und allen Kolleginnen und Kollegen,
die Paare dabei begleiten.

# Inhalt

| | |
|---|---:|
| **Vorwort** | 9 |
| **Paartherapie – Herausgeworfenes Geld oder echte Chance?** | 13 |
| **Der Untergang der Titanic oder wie wir aneinander vorbeireden**, Julia Biskupek-Kamleiter | 23 |
| *Der Eisberg* | 24 |
| *Das Senden und Empfangen von Signalen* | 27 |
| *Kommunikation mit mir selbst* | 30 |
| *Der Kommunikationskuchen* | 31 |
| *Wirklichkeit und Wahrheit* | 36 |
| *Aktiv zuhören* | 39 |
| *Die vier Seiten einer Nachricht* | 41 |
| *Eltern, Kinder und Erwachsene – die Transaktionsanalyse* | 45 |
| **Doublebind oder wenn nichts so ist wie es zu sein scheint** | 48 |
| *Die paradoxe Kommunikation* | 50 |
| *Die Lösungsstrategien* | 54 |
| *Doublebinds in der Partnerschaft* | 59 |
| **Die weibliche und die männliche Sicht der Wirklichkeit** | 66 |
| *Neurophysiologie und Geschlecht – Warum sie mitfühlt, während er weiß, wo es langgeht*, Volkmar Suhr | 68 |
| *Die Tücken des Paargesprächs* | 98 |
| *Die männliche Wirklichkeit: Die Dominanz der Ratio* | 102 |
| *Von der Ursünde, eine Frau zu sein* | 107 |
| *Die feste Beziehung: Freiheitsberaubung oder Ort für Entwicklung?* | 111 |
| *Für Frauen: Kuschelsex versus Quickie, Für Männer: Spontansex versus Hindernislauf* | 116 |

**Regeln und die daraus folgenden Verhaltensmuster** ......... 122
*Wie wir unsere Regeln bilden* ................................................. 123
*Ich mach's genauso / überhaupt nicht so wie Papa und Mama!*....... 127
*Das Schlüssel-Schloss-Prinzip: In wen verlieben wir uns?* .... 132

**Beziehungskiller Kindheitstrauma** ........................................ 139
*Beziehungstrauma und seine destruktive Spätwirkung* ....... 142
*Trigger erkennen – emotionale Sprengsätze entschärfen* ..... 147
*Die Folgen von Beziehungstrauma auf die Partnerschaft* .... 152
*Die Spätfolgen sexueller Gewalt* ............................................. 159
*Die unfreiwillige Zeitreise der Eltern in die eigene Kindheit..* 164

**Wie pflegen Sie zu streiten?** ................................................... 170
*Symmetrisch oder komplementär?* ......................................... 171
*Beschuldigend, beschwichtigend, rationalisierend oder ablenkend?* ............................................................................... 176
*Streiten die Kinder oder die Erwachsenen?* .......................... 184
*Triggern Sie sich gegenseitig?* ................................................ 189
*Oder spielen Sie Pingpong?* ................................................... 191

**Die konstruktive Auseinandersetzung**
Julia Biskupek-Kamleiter .......................................................... 192
**Der Sinn der Außenbeziehung** .............................................. 197
**Ein systemischer Lösungsweg** ............................................... 206
**Warum sich die Beziehungsarbeit lohnt** .............................. 216
**Literatur und Quellen** ............................................................ 220

## Vorwort

Lange haben wir gezögert, dieses Buch zu schreiben. Es gibt schon so viele Bücher über Paare, ihre Probleme und die dafür angenommenen Ursachen. Wir wissen inzwischen, dass Frauen von der Venus kommen, nicht einparken können, dafür jedoch die Butter im Kühlschrank finden, während Männer vom Mars stammen, nicht zuhören können, sich dafür aber in jeder Großstadt zurechtfinden. Und obwohl es zutrifft, dass Christiane schlecht einparken kann und Alexander es immer wieder schafft, die Butter im Kühlschrank zu übersehen, kennen wir viele Frauen, die ihr Auto in jede Parklücke rangieren und Männer, die nicht nur zuhören können, sondern darüber hinaus keine Schwierigkeiten mit dem Inhalt ihres Kühlschranks haben.

Diese Bücher über die Unterschiedlichkeit von Männern und Frauen, so plakativ sie sein mögen, brachen jedoch ein Tabu und sorgten deshalb für Entspannung, weil Gleichberechtigung mit Gleichheit verwechselt worden war. Es galt ja viele Jahre lang als politisch nicht korrekt, geschlechtsspezifische Unterschiede überhaupt wahrzunehmen!

Inzwischen wissen wir, ja, wir können es sogar neurophysiologisch beweisen, dass Männer und Frauen unterschiedlich sind, und das Wissen darum kann durchaus dazu beitragen, Paarkonflikte zu entschärfen.

Dieses Buch wertet unsere fünfzehnjährige therapeutische Arbeit mit Paaren aus. Dabei stellten wir fest, dass sich die Schwierigkeiten, die Paare miteinander haben, gar nicht so sehr voneinander unterscheiden. Natürlich klingen die einzelnen Geschichten ganz unterschiedlich, doch die Schwierigkeiten lassen sich meist auf ganz wenige Verhaltensmuster zurückführen, die weniger mit den unterschiedlichen Persönlichkeitsstrukturen der Anwesenden zu tun hatten, sondern vielmehr mit den Prägungen und den unbewältigten Konflikten aus den Herkunftsfamilien. Diese unbewussten Lebensskripte wirken wie Masken vor dem eigentlichen Ich, und weil die Betroffenen nicht realisieren, dass sie Masken tragen, halten sie diese für die Wahrheit. Dabei geht es immer um die gleichen Themen:

- Kommunikation,
- genderspezifische Unterschiede,
- Prägungen, die sich in Regeln und Mustern zeigen, und
- Verhalten auf Grund von Kindheitstraumata.

Da wir mit Klienten die wiederkehrende Erfahrung machten, dass Menschen ihre Schwierigkeiten viel schneller bewältigen, wenn sie verstehen, warum es dazu gekommen ist, haben wir das Buch so aufgebaut, dass wir zuerst die Ursachen erklären, um danach mögliche Lösungswege aufzuzeigen. Dabei hatten wir kompetente Hilfe:

Unserer Kollegin Julia Biskupek-Kamleiter, systemische Beraterin und Kommunikationstrainerin, erklärt Ihnen in ihrem Kapitel nicht nur den Grund für den Untergang der Titanic, sondern auch, wie wir es immer wieder schaffen, aneinander vorbeizureden. In einem späteren Kapitel gibt sie Anregungen, wie Auseinandersetzungen konstruktiv verlaufen können.

Den wissenschaftlichen Hintergrund für genderspezifische Unterschiede erklärt unser Kollege, der Diplompädagoge und systemische Familientherapeut Volkmar Suhr.

Dieses Buch beschreibt einen Weg, den wir nicht nur als Therapeuten mit unseren Klienten gegangen sind, sondern auch als Ehepaar mit dreißig gemeinsamen Jahren. Viele Paare, die diesen Weg mit uns gegangen sind, konnten ihre Schwierigkeiten entweder lösen oder sich in Frieden trennen. Anderen konnten wir nicht helfen. Auch diese Fälle haben wir ausgewertet und ein Kapitel der Frage gewidmet, welche Voraussetzungen unserer Erfahrung nach gegeben oder geschaffen werden müssen, damit die Partnerschaft überhaupt eine Chance erhält.

Da wir sowieso davon überzeugt sind, dass alle Paare die Lösungen für ihre Probleme selbst kennen und wir Therapeuten nur dazu da sind, den im System verborgenen Lösungsweg aufzuzeigen, hoffen wir, dass Sie sich durch die Lektüre unseres Buchs sowohl unfruchtbare Streits als auch lange Therapien ersparen mögen

## Zur 3. Auflage

Seit acht Jahren ist dieses Buch auf dem Markt. Viele Paare, die den Weg in unsere Praxis finden, haben es gelesen. Oft kleben gelbe Zettel in den Seiten, Sätze sind unterstrichen, Abschnitte farblich hervorgehoben. Einige Kollegen geben das Buch gezielt weiter, damit sich ihre Klienten auf die Paararbeit vorbereiten können.

Diesem Umstand tragen wir in der neuen Auflage unseres Buches Rechnung. Zu einigen Kapiteln haben wir Fragen formuliert. So können diejenigen, die das Buch als Arbeitsbuch verwenden wollen, die darin gegebenen Informationen noch besser für sich auswerten.

Möge auch dieses Buch dem Wohle aller Wesen dienen!

*Christiane und Alexander Sautter*

# Paartherapie:
# Herausgeworfenes Geld oder echte Chance?

Es gibt Paare, die nach wiederholten gescheiterten Versuchen, sich von Therapeuten in ihrer Problematik helfen zu lassen, entnervt aufgeben. Andere konnten die angebotene Unterstützung gut umsetzen. Da wir beide Seiten gut kennen und weil auch wir natürlich nicht allen Paaren helfen konnten, gingen wir der Frage nach, welche Voraussetzungen sowohl auf der Berater- als auch auf der Klientenseite hilfreich sind, damit ein Paar sein Ziel, die Beziehung zu verbessern, tatsächlich erreicht.

*Wenden wir uns zuerst den Beratern zu.*
Paartherapie oder Paarberatung gilt in Fachkreisen als äußerst anspruchsvoll. Ob ein Paarberater gute Arbeit leistet, hängt nicht nur von seiner Ausbildung ab, sondern auch von seiner Persönlichkeit und Kompetenz, vor allem aber von seiner Fähigkeit, allparteilich zu bleiben, das heißt, beide Partner gleichberechtigt zu vertreten. Keinesfalls darf er sich auf eine der beiden Seiten schlagen, obwohl er häufig von seinen Klienten äußerst leidenschaftlich gerade dazu eingeladen wird. Je geladener die Krise, umso leichter kann ein einzelner Therapeut in diese Falle tappen und dann haben alle Beteiligten verloren. Die tatsächliche oder wahrgenommene Parteinahme des Therapeuten wird von Klienten denn auch als häufigster Grund für eine abgebrochene Paartherapie genannt.

Dabei ist Parteinahme schlichtweg menschlich. Therapeuten sind Menschen, auch wenn von ihnen erwartet wird, sich in Situationen überlegen, kompetent und lösungsorientiert zu verhalten, in denen die Klienten längst kapituliert haben. Berater sollen dabei mitfühlend, offen und herzlich sein, auch wenn ihnen die geballten Aggressionen eines Paarkonflikts um die Ohren fliegen. Zugegeben, oftmals keine leichte Aufgabe. Trotzdem ist Parteinahme fachlich nicht korrekt und führt zu keiner Lösung.

## Wie gerät ein Berater in die Parteinahmefalle?

Wir hören ganz ähnliche Geschichten: Eine Frau geht wegen Ehe- oder Paarproblemen zur Therapie. Die Therapeutin bittet ihre Klientin in bester Absicht, den Partner mitzubringen. Nach spätestens drei Sitzungen bricht der Mann wütend ab. Seiner Wahrnehmung nach hat sich die Therapeutin auf die Seite seiner Frau geschlagen, und nun muss er sich gegen zwei Frauen wehren. (Achtung Männer ! Dieses Verhalten ist nicht typisch weiblich; wir hören die Geschichte genauso oft über Berater oder Therapeuten.)

Wenn wir es uns recht überlegen, ist das Verhalten der Beraterin oder des Beraters verständlich. Natürlich fühlen wir mit unseren Klienten und sehen die Wirklichkeit durch ihre Augen. Da kann es leicht vorkommen, dass wir gar nicht merken, wenn wir Partei ergreifen. Alexander und ich sind in dieser Beziehung sehr vorsichtig. Wenn Paare bei uns in der Beratung sind und auch einzeln arbeiten wollen, müssen sie sich jeweils für einen von uns beiden entscheiden. Nichts von dem, was wir in der Einzeltherapie hören, bringen wir von uns aus in die Paarsitzungen ein. Aus demselben Grund erzählen wir einander nichts aus Einzelsitzungen von Klienten, wenn abzusehen ist, dass irgendwann eine Paarberatung ansteht.

Aber auch wenn es vorher keinen Kontakt mit dem Therapeuten gab, klagen Klienten über Parteinahme. Geht das Paar zu einer Therapeutin, glaubt der Mann, dass sich die Frauen gegen ihn verbünden, bei einem Therapeuten wähnt die Frau, plötzlich gegen zwei männliche Gegner kämpfen zu müssen. Oder die Frau glaubt, ihr Mann flirte mit der Therapeutin und ziehe sie gekonnt auf seine Seite, oder der Mann meint seine Frau dabei zu ertappen, den Therapeuten als Retter und Ritter zu instrumentalisieren, und sieht sich als Verlierer.

Ob die Therapeuten diese Wahrnehmungen teilen, spielt überhaupt keine Rolle. Auch wenn sie sich, was man durch einen Videomitschnitt ja durchaus anstreben könnte, absolut korrekt verhalten haben, zählt einzig die Wahrnehmung der Klienten für das Gelingen oder

Misslingen einer Therapie, denn die Klienten werten die Wirklichkeit aufgrund ihrer persönlichen Erfahrungen aus. Wenn sie bereits schlechte Erfahrungen mit Parteinahme gemacht haben, kann allein die Tatsache, dass der Therapeut natürlich auch den Partner verstehen und ernst nehmen muss, als Parteinahme und Verrat bewertet werden, und die Therapie wird abgebrochen.

Liebe Kolleginnen und Kollegen, bitte verstehen Sie das nicht als Kritik ! Wenn Sie alleine mit Paaren arbeiten, haben Sie sowohl unser Mitgefühl als auch unsere Hochachtung. Wir selbst wagen uns nicht in dieses emotionale Minenfeld und ziehen die einfachere Variante vor.

Unserer Erfahrung nach haben zwei Therapeuten wesentlich bessere Chancen, sowohl die eigene Parteinahme als auch die Angst davor im Klientensystem zu vermeiden. Bereits zwei männliche Berater bzw. zwei weibliche Therapeutinnen können das Klima in dieser Hinsicht entspannen, da jeder Klient „seinen" Coach hat. Die besten Karten bei heterosexuellen Paaren hat jedoch das „gemischte Doppel", also sowohl Mann und Frau auf der Berater- wie auf der Klientenseite. Die Klienten können frei wählen, von wem sie sich besser unterstützt fühlen, und die männliche und die weibliche Sicht werden gleichberechtigt vertreten. Dieses Klima ist förderlich für eine lösungsorientierte Arbeit.

## Welche Voraussetzungen sollten die Klienten mitbringen?

Nachdem wir die Beraterseite beleuchtet haben, wenden wir uns jetzt den Klienten zu. Gibt es auch bei ihnen Voraussetzungen, die aussagekräftig für das Gelingen bzw. Misslingen einer Paartherapie sind? Was machen die Paare, die gut vorwärts kommen, anders als diejenigen, bei denen die Beratung nichts zu bringen scheint?

Eine der wichtigsten Bedingungen ist Ehrlichkeit. Manchmal arbeiten wir mit Paaren, und es kommt irgendwie nicht richtig zur Lösung. Später erfahren wir dann, dass einer von beiden schon seit längerer Zeit eine Außenbeziehung hat. Wir sind Therapeuten und keine Hellseher. Wenn uns so wichtige Fakten verschwiegen werden, weil derjenige, der „fremdgeht", nicht wagt, die Wahrheit zu sagen, kann natürlich bei der Beratung nicht wirklich etwas herauskommen. Wie sollen auf der Basis von Unwahrheiten Lösungen entstehen?

Es gab Klienten, die uns in Einzelsitzungen über ihre Außenbeziehung berichteten. Dann wollten sie eine Paarberatung, ohne ihren Partnern oder Partnerinnen von dem anderen Mann oder der anderen Frau zu erzählen. Sie hatten tatsächlich vor, uns im Rahmen der Schweigepflicht zu Mitwissern und Verbündeten zu machen ! Solches Ansinnen lehnen wir grundsätzlich ab. Wir urteilen nicht darüber, dass jemand Angst vor der „Beichte" hat, und unterstützen denjenigen in der Einzelberatung. Die Paartherapie muss solange warten, bis die Wahrheit möglich wird.

Die erste wichtige Frage, die wir Paaren stellen, die zu uns kommen ist: „Geben Sie der Beziehung eine Chance?" Alle pflegen dann zu antworten: „Ja natürlich, sonst säßen wir nicht hier !" Doch diese Antwort kommt oft zu schnell, zu unüberlegt, denn um der Beziehung eine Chance zu geben, sind bestimmte Voraussetzungen nötig, und diese ist nicht jeder bereit zu schaffen. Das merken wir an den Antworten auf die nächste Frage:

„Was müsste geschehen, sich ändern, damit die Beziehung diese Chance erhält?"

Häufig werden Bedingungen genannt, die für den anderen erst einmal unannehmbar oder aber gar nicht zu realisieren sind. Die „Schmetterlinge im Bauch" sollen ständig flattern, bestimmte unerwünschte Verhaltensweisen sollten nie wieder gezeigt werden, schön und sexy sollte die Ehefrau sein und gleichzeitig hingebungsvolle Mutter der vier Kinder, tüchtige Hausfrau und erfolgreiche Geschäftsfrau, der Mann rücksichtsloser Supermann und gleichzeitig weichherziger Frauenversteher, offen für Sexspielchen im Swingerclub und der Partnerin treu ergeben, alles verstehen, keine Ansprüche stellen: aufregend und gleichzeitig pflegeleicht.

Uns fällt auf, dass heute – orientiert an den Vorgaben der Medien? – Erwartungen an Beziehungen gestellt werden, die völlig unrealistisch sind. Die Erfüllung aller Lebensträume, des Lebensglücks schlechthin, wird ausschließlich an die Partnerschaft delegiert! Der Partner als Garant für ein erfülltes Leben? Das kann nicht funktionieren; kein Mann, keine Frau kann diese Erwartungen dauerhaft erfüllen. Das erleben alle Paare, wenn die erste Verliebtheit nachlässt.

Die erste „heilige Kuh", die in einer Paarberatung geschlachtet werden muss, sind überzogene Erwartungen und die daraus resultierenden nicht zu realisierenden Bedingungen. Doch es gibt noch weitere Klippen, und diese haben wir in Form von Fragen gekleidet. Sie können eine Menge Zeit und Geld sparen, wenn Sie sich mit diesen Fragen auseinander setzen, bevor Sie eine Paarberatung beginnen.

*1. Kann ich meinen Partner grundsätzlich schätzen und achten?*
Die wichtigste Voraussetzung für eine gelungene Paararbeit ist gegenseitige Wertschätzung. Darunter verstehen wir, dass der Partner und seine Werte grundsätzlich geachtet werden. Beide Partner sind bereit, an störenden Verhaltensweisen zu arbeiten.

*2. Wer ist verantwortlich für die Krise?*
Achtung! Beantworten Sie diese Frage nicht zu schnell! Die meisten Paare glauben nämlich, dass der Partner die Verantwortung für den

Konflikt trägt. Viele suchen in den Therapeuten Verbündete gegen den Partner, um ihm oder ihr endlich mal klarzumachen, was er oder sie falsch macht. Die Therapeuten sollen dabei helfen, den Machtkampf zu gewinnen, doch wehe, wenn man sich darauf einlässt!

Obwohl die Parteinahme, wie schon erwähnt, von den Paaren angeboten, ja manchmal geradezu flehentlich gewünscht wird, hilft es nicht, auf diesen Wunsch einzugehen, ja es verhindert geradezu die Möglichkeit einer guten Lösung.

Die besten Chancen haben Paare, die die Schuldfrage opfern, bei denen also jeder von beiden seine Verantwortung für den Konflikt übernimmt, unabhängig davon, ob der eigene Anteil wahrgenommen wird. Sobald einer von beiden darauf beharrt, dass der andere allein „schuld" ist, können wir die Beratung im Grunde gleich abbrechen.

Das gilt auch für Außenbeziehungen. Wenn sich das Paar darauf einlässt, nach den Gründen für die Außenbeziehung innerhalb der eigenen Partnerschaft zu suchen, kann die Krise besser bewältigt werden, als wenn der oder die „Untreue" weiterhin als die „allein Schuldigen" wahrgenommen werden.

Von all diesen Beispielen ausgenommen sind selbstverständlich körperliche, seelische und sexuelle Gewalt. Es gibt Menschen, die ihre Partner und/oder ihre Kinder gewohnheitsmäßig misshandeln, betrügen und hintergehen. Hier beziehen wir klar Position. Das grellste Beispiel war ein Mann, der versuchte, uns davon zu überzeugen, dass seine Frau die Prügel verdiente, die er ihr verabreichte hatte. Er behauptete allen Ernstes, sie sei schuld daran, dass er sie schlage! Da er zu keiner Einsicht bereit war und anfing, uns dafür zu beschimpfen, dass wir nicht auf seine Seite wechselten, beendeten wir die Sitzung.

Ein weiterer Sonderfall sind psychische Erkrankungen. Ein psychisch kranker Mensch verhält sich zeitweilig anders als ein gesunder. In solchen Beziehungen muss der Partner bestimmte Pflichten für den Erkrankten übernehmen, besonders, wenn das Paar Kinder hat.

Wir erinnern uns an einen Fall, wo einem Mann erst im Laufe der Paarberatung klar wurde, dass seine Frau an einer psychischen Erkrankung litt. Obwohl er einerseits schockiert war, konnte er seitdem viel besser mit dem Verhalten seiner Frau umgehen, nahm ihr in Krisenzeiten Pflichten ab, erleichterte ihr das Leben und kümmerte sich vermehrt um die Kinder, was das Zusammenleben des Paares merklich entspannte. Doch das sind Sonderfälle, die bei uns eher selten vorkommen.

Relativ häufig kommt es dagegen vor, dass Frauen in ihrer Kindheit sexuell missbraucht wurden. Ganz abgesehen davon, dass Männer, die sich in bedürftige Frauen verlieben, in ihrem Repertoire über gut dazu passende Verhaltensmuster verfügen, haben hier die Frauen den größeren Anteil an therapeutischer Arbeit zu leisten. Den Männern bleibt meist nur das geduldige Abwarten und das freundliche Begleiten des Prozesses.

Abgesehen von diesen Besonderheiten verstricken sich Paare zu gleichen Teilen in ihre Konflikte und können somit zu gleichen Teilen zur Lösung beitragen. Uns ist es sowieso am liebsten, wenn zwei Gewinner aus der Praxis gehen.

### 3. Kann ich die Krise als Chance zu weiterem Wachstum begreifen?

Max Frisch, dessen Definition einer Krise wir an den Anfang dieses Buches stellten, gibt uns den nächsten wichtigen Hinweis: Wie sieht ein Paar die Krise, in der es gerade steckt? Wird die Krise als Katastrophe festgeschrieben oder als Chance zum Wachstum wahrgenommen? Besonders gute Chancen haben Paare, die eine Krise als Hinweis darauf verstehen, dass sich in ihrem Leben etwas ändern, bestenfalls sogar verbessern könnte.

Es gibt nur wenige Menschen, die wir so nahe an uns heranlassen, dass sie unsere empfindlichsten „Knöpfe" drücken können. Diese Knöpfe sind deshalb so empfindlich, weil sie meist auf Grund von Verletzungen in der Kindheit entstanden sind. Doch die Empfindlichkeit weist uns darauf hin, dass die Wunde noch nicht wirklich verheilt ist, sonst könnte uns der Partner nicht treffen. Wenn die Krise als Hinweis darauf verstanden wird, dass jeder die eigenen Themen bearbeiten sollte, kann der Konflikt zu einem vertieften Verständnis führen.

Ganz gleich, ob sich die beiden wieder finden und zusammenbleiben oder ob sie sich zu einer friedlichen Trennung entschließen, gewinnen beide.

### 4. Kann ich die Therapie den Therapeuten überlassen?

Bei einer Paartherapie kommen auch Themen zur Sprache, die den Partner schon lange nerven. Es ist ganz normal, dass einem die Fehler des anderen wesentlich schneller auffallen als die eigenen. Als sicherer „Therapieerfolgskiller" wirkt jedoch, wenn man den Partner zu Hause weiter therapiert. „Das musst du einsehen, der Berater hat ja auch festgestellt ..." Therapieren Sie nur dann auf eigene Faust, wenn Sie Ihren Partner entweder so schnell wie möglich loswerden oder ihn dazu bringen wollen, die Beratung zu beenden. Für viele ist es schon schlimm genug, überhaupt zum „Psychoklempner" zu müssen, doch wenn die eigene Frau oder der eigene Mann zu Hause weitertherapiert, wird die Geschichte schnell unerträglich.

Wenn sich jeder stattdessen darauf konzentriert, die eigenen Themen und nicht die des Partners zu bearbeiten, entspannt sich häufig die Lage. Trauen Sie Ihrem Partner zu, dass ihm die Beziehung zu Ihnen so wichtig ist, dass er sein Möglichstes tut, damit es Ihnen beiden wieder besser miteinander geht. Wenn Sie dieses Vertrauen nicht aufbringen, ist die Basis möglicherweise stärker gefährdet, als Sie bisher angenommen haben.

### 5. Verfolgen wir in der Paararbeit ein ähnliches Ziel?

Es ist nicht unbedingt notwendig, die Paarberatung mit einem gemeinsamen Ziel zu beginnen. Häufig gibt es gerade zu Anfang verschiedene Anliegen. Doch manchmal können verschiedene Ziele den Erfolg auch verhindern. Wenn einer kommt, weil er sich unbedingt trennen und die andere, weil sie die Beziehung unbedingt retten will, stehen die Chancen für eine gelungene Zusammenarbeit eher schlecht. Wenn wir beide in ihren Bedürfnissen ernst nehmen, verhindert das Ziel des einen das Ziel des anderen. Solche gegensätzlichen Erwartungen werden häufiger geäußert. Werden aus solchen Erwartungen Bedingungen, dann gibt es keine gemeinsame Lösung.

Ein Paar kam zu uns, weil der Mann eine langjährige Außenbeziehung gehabt hatte. Die Frau bestand darauf, an den Ursachen für die Außenbeziehung zu arbeiten, nur dann würde sie sich zu einer Paartherapie bereit erklären. Der Mann bestand darauf, die Außenbeziehung vollständig auszuklammern, sonst würde er die Sitzung sofort abbrechen. Da keiner nachgeben wollte, gab es keine Fortsetzung.

### 6. Können Sie über sich lachen?

„Humor ist, wenn man trotzdem lacht!" Bei allem gebotenen Ernst schadet es nicht, wenn man ab und an über sich lachen kann. Das, was wir in unseren Partnerschaften inszenieren, sehen wir uns häufig genug im Kino oder im Fernsehen an und unterhalten uns prächtig dabei. Denjenigen, denen es gelingt, ab und zu über sich zu lachen, meistern Krisen mit größerer Leichtigkeit als diejenigen, die nur das Drama wahrnehmen.

Wir glauben übrigens nicht, dass Paare unbedingt und unter allen Umständen zusammenbleiben sollten. Es gibt gute Gründe, sich zu trennen, doch die meisten Paare trennen sich viel zu früh. In der überwiegenden Mehrzahl aller Fälle ist der nächste Mann/die nächste Frau nicht viel anders als der Vorgänger oder die Vorgängerin, auch wenn das zunächst ganz anders zu sein scheint. Deshalb ist es in jedem Fall besser, sich damit auseinander zu setzen, warum die gegenwärtige Beziehung nicht funktioniert.

Eine gut verlaufende Paarberatung bedeutet nicht in jedem Fall, dass die Partnerschaft fortgesetzt wird. Eine gute Trennung ist ebenfalls als Erfolg zu werten.

Wer jedoch glaubt, der Partner sei ein schlechter Mensch und am eigenen Unglück schuld, wer darauf besteht, den Partner und nicht sich selbst zu ändern und wer glaubt, ihn darüber hinaus auch noch therapieren zu können, kann sich das Geld für die Beratung sparen-

*Selbstreflektion:*
Was schätze ich grundsätzlich an meinem Partner/meiner Partnerin?
Was muss sich unbedingt ändern?
Was möchte ich in der Paartherapie erreichen?
In welcher Weise trage ich dazu bei, dass das Problem entstanden ist und fortbesteht?

# Der Untergang der Titanic oder wie wir aneinander vorbeireden
von Julia Biskupek-Kamleiter

Vielleicht fragen Sie sich: Was um alles in der Welt hat der Untergang der Titanic mit Kommunikation zu tun?
Lassen Sie mich ein paar Gegenfragen stellen:
Warum sank die Titanic?
Wegen schlechter Sicht?
Weil der Kapitän unaufmerksam war?
Weil die Titanic als unsinkbar galt?
Fakt ist: Die Titanic sank, weil sie mit einem Eisberg kollidierte, und zwar nicht mit dem Teil, der sichtbar oberhalb der Wasseroberfläche lag, sondern mit dem unsichtbaren Teil darunter. Genau diese Unsichtbarkeit wurde zum Auslöser für die Katastrophe.

Damals hatte niemand daran gedacht, dass der größte Teil eines Eisbergs – nämlich ungefähr zwei Drittel – unter der Wasseroberfläche liegt. Dieser verdeckte, unsichtbare und doch entscheidende Teil wurde zum Auslöser der Katastrophe. So verhält es sich auch mit der Kommunikation: Ihr Großteil findet unbewusst statt, scheinbar unsichtbar, und ist doch so stark wirksam, dass sie uns und unsere Interaktion mit anderen Menschen entscheidend beeinflusst.

Was ist Kommunikation? Die Wortbedeutung lässt sich aus dem Lateinischen herleiten: „communicare" – etwas mitteilen, gemeinsam machen. Somit kann Kommunikation nur dann stattfinden, wenn mindestens zwei Menschen beteiligt sind. Friedemann Schultz von Thun sagte: *„Kommunikation ist ein Tango, der zu zweit getanzt wird"* (2003, S. 40). Es braucht einen Menschen, der ein Signal sendet und einen, der dieses Signal empfängt. Sowohl das Senden als auch das Empfangen kann verbal (mit Worten) oder nonverbal (ohne Worte) geschehen. Dabei senden und empfangen wir alle zu jedem Zeitpunkt, ob wir wollen oder nicht. Jeder Blick, jede Geste, jede kleine Bewegung unseres Körpers ist ein Signal. Die meisten dieser Signale nehmen wir unbewusst wahr, und ohne dass wir es bemerken, beeinflussen sie unseren Alltag. Das fein zerstäubte Aroma im Supermarkt, welches unser Unterbewusstsein zum Kaufen anregen soll, ist eine Form von Kommunikation, genauso wie das Schweigen eines Menschen, von dem wir uns eine Antwort wünschen. Der Kommunikationswissenschaftler Paul Watzlawick drückte das folgendermaßen aus: *„Man kann nicht nicht kommunizieren* (2000, S. 53)".

## Der Eisberg

Die menschliche Kommunikation gleicht insofern einem Eisberg, als nur ca. 20% oberhalb der Wasseroberfläche im sichtbaren Bereich auf der sogenannten uns bewussten Sachebene geschieht, auf der wir mit Hilfe von gesprochenen Worten Informationen, Daten und Fakten austauschen.

Der wesentlich größere Teil der Kommunikation, ca. 80%, findet auf der emotionalen Ebene statt, dem Teil des Eisberges, der unterhalb der Oberfläche schwimmt. Hier sind unsere Gefühle und die nonverbalen Signale unserer Körpersprache zu Hause.

Doch auch unsere innere Einstellung, die Erfahrungen, unsere Prägungen, die wir in unserem Leben gemacht haben, befinden sich hier unter der Wasseroberfläche, im unbewussten Teil der Kommunikation, und beeinflussen unsere Bewertungen, unsere Reaktionen und unser Handeln. Lassen Sie mich Ihnen ein (vermeintlich) einfaches Beispiel für eine typische „Eisberg-Situation" geben:

Ein Mann und eine Frau sitzen gemeinsam am Frühstückstisch. Der Mann sagt: „Guten Morgen, Liebling." Sie antwortet: „Lass mich in Ruhe."

Was ist über der Wasseroberfläche – auf der Sachebene – geschehen? Oberflächlich betrachtet haben zwei Menschen insgesamt sieben Worte gewechselt, einen guten Wunsch zum Tagesbeginn auf der einen und einen Wunsch nach Ruhe auf der anderen Seite geäußert: Daten, Fakten, Zahlen – verbale Kommunikation.

Doch was ist unter der Wasseroberfläche – emotional – geschehen? Setzen wir die Taucherbrille auf und gehen auf Tauchgang. Es wäre wichtig zu wissen, *wie* der Mann seine drei Worte gesagt hat. Freundlich oder verärgert, vorwurfsvoll oder verliebt? Hat er seiner Frau in die Augen geschaut oder nur Augen für seine Zeitung gehabt? Hat er gelächelt? Hat er überhaupt in ihre Richtung gesprochen? War sein Körper ihr zugewandt oder abgewendet? Was ist am Abend oder am Morgen vorher geschehen?

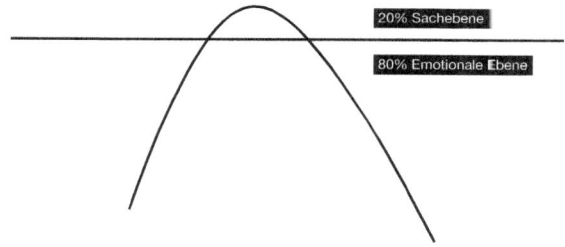

Auf dieser Ebene ist nicht das Was entscheidend, sondern das Wie. Und mehr noch: Es ist nicht nur wichtig, welche Signale der Mann auf der verbalen (Sachebene) und der nonverbalen (emotionalen Ebene) gesendet hat, sondern auch, wie seine Frau diese aufgenommen und bewertet hat.

Hier kommen wir zu einem wichtigen Aspekt der Kommunikation: Es ist eine Sache, wie Sie etwas meinen, wenn Sie etwas sagen, und eine ganz andere Sache, wie es bei Ihrem Gesprächspartner ankommt: *Wie eine Botschaft verstanden wird, bestimmt nicht der, der sie sendet, sondern vor allem der, der sie empfängt!*

Auch wenn der Mann in unserem Beispiel den Satz „Guten Morgen Liebling" wirklich liebevoll, zugewandt, perfekt (wenn es Perfektion gäbe) gesagt hätte, käme es immer noch sehr darauf an, wie die Frau diesen Satz aufnimmt und bewertet. Wir werden leider nie erfahren, wie der Mann in unserem Beispiel seinen Satz gemeint hat, es sei denn, wir hätten die Möglichkeit, ihn selbst zu fragen (in der Hoffnung, dass er seine Aussage bewusst wahrgenommen hat). Wir kennen jedoch die Reaktion seiner Frau, und diese interpretiert den Inhalt dergestalt, dass sie nicht mit: „Dir auch einen schönen guten Morgen!", oder „Danke, gleichfalls!", antwortet, sondern mit: „Lass mich in Ruhe."

Auf der Sachebene besteht die Antwort aus vier Worten, die scheinbar gar nicht zu der Aussage ihres Mannes passen. Die Erklärung liegt wohl eher auf der emotionalen Ebene, und wir könnten uns fragen: Wie genau sagte sie diese Worte? Machte sie einen Scherz, weil ihr Mann sie mit einer Geste geneckt hatte? War sie ärgerlich, weil er letzte Nacht so spät nach Hause kam? Was passierte unter ihrer Wasseroberfläche, in dem nahezu unendlichen Konglomerat der nonverbalen Signale und persönlichen Befindlichkeiten, die wir, selbst wenn wir geübt sind, doch nur zu einem Bruchteil bewusst wahrnehmen?

Unser Unterbewusstsein nimmt ständig Signale auf und bewertet sie. Wir reagieren darauf und häufig wissen wir nicht, worauf wir reagieren. Es vereinfacht das Zusammenleben, wenn wir das Unbewusste bewusst machen, um aktiver damit umzugehen.

Jeder Mensch hat einen inneren Eisberg, und je gründlicher Sie Ihren eigenen Eisberg untersuchen, vermessen und erkunden, umso mehr erforschen Sie Ihre Kommunikation. Vielleicht wird es Ihnen mit der Zeit sogar Spaß machen, Ihre Reaktionen auf andere bewusst zu beobachten: Was geht von mir aus? Was vom anderen? Welches Signal hat welche Reaktion ausgelöst? Auf diese Weise entwirren Sie die Fäden der Kommunikation, befreien Ihren Eisberg von Schlick und Fremdkörpern und entdecken die Schönheit seiner Konturen.

## Das Senden und Empfangen von Signalen

Es hat Sie vielleicht überrascht, dass derjenige, der die Botschaft sendet, nur wenig Einfluss darauf hat, wie sie ankommt. Aus diesem Grund beschäftigen wir uns im folgenden Kapitel mit dem Senden und Empfangen von Signalen.

Signale sind das Transportmittel der Kommunikation. Jeder Mensch sendet immer und zu jeder Zeit Signale, wenn nicht verbal durch Worte, dann nonverbal durch die Körpersprache. Auch jetzt in diesem Moment senden Sie Signale. Die Art, wie Sie dieses Buch halten, wie Sie sitzen, liegen oder stehen, wie Sie es ansehen.

Ein Wort ist ein Signal, aber auch ein Schweigen. Ja, manchmal ist Schweigen sogar die viel stärkere Form der Kommunikation. Ein Beispiel für den großen kommunikativen Effekt des Schweigens erfahren Sie, wenn Sie vergebens auf den Anruf eines lieben Menschen warten – doch das Telefon schweigt, und die inneren Zustände, die man in so einem Moment erlebt, sind mit einem Erdbeben der Stärke 7,0 auf der Richterskala durchaus zu vergleichen.

Wir senden allerdings nicht nur ständig und zu jeder Zeit, wir empfangen auch in jeder Sekunde unzählige Signale, von denen wir nur einen Bruchteil bewusst wahrnehmen. Auch mit sehr viel Übung werden wir es niemals schaffen, alles wahrzunehmen und das ist auch gut so – ein Schutzmechanismus unseres Körpers, unserer Seele. Denn je mehr wir bewusst wahrnehmen, umso komplexer wird unsere Welt. Und jeder von uns verträgt nur ein bestimmtes Maß an Komplexität. Signale, die wir spontan und unbewusst als unwichtig bewerten, blenden wir aus. Wenn dies passiert, ohne dass Sie es mitkriegen, könnte der nächste Paarkonflikt schon vorprogrammiert sein.

Nehmen wir an, Ihr Partner spricht Sie an. Sie blenden seine Stimme aus, Sie kriegen wirklich nicht mit, dass er Sie meint, weil Sie in Gedanken gerade ein kniffliges berufliches Problem lösen. Plötzlich knallt die Tür und Sie hören: „Dann eben nicht!" Das Unterbewusstsein hat seine Prioritäten getroffen und Sie haben nun die glorreiche

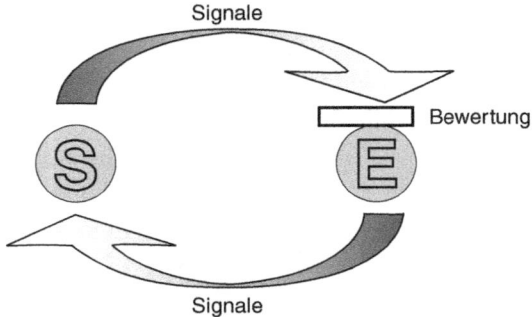

**Signale senden & empfangen**

Aufgabe, die Wogen wieder zu glätten. Sie können sich viele Konflikte ersparen, wenn Sie wissen, in welchen Situationen Sie zu selektiven Wahrnehmungen neigen. Hilfreich könnte an dieser Stelle sein, mit dem Partner zu sprechen, ihm zu erzählen, was Sie beschäftigt, Absprachen zu treffen und Zeiten zu vereinbaren, wann Sie wirklich miteinander in Kontakt sein können oder wann Sie Raum und Zeit für sich selbst brauchen. Dies ist nur legitim, denn niemand kann immer online sein und immer und ständig alle Bedürfnisse des Partners erfüllen.

Wenn Sie sich mit dem Senden und Empfangen von Signalen bewusst beschäftigen, erhalten Sie die Möglichkeit, Dinge zuzuordnen. Sie werden freier in Ihren Handlungen und Entscheidungen und erfahren jede Menge über sich selbst. Reaktionen bekommen einen Sinn, einen Zusammenhang, und Sie lernen mit der Zeit, ein Signal von seiner Bewertung zu unterscheiden.

*Signale und ihre Bewertung*
Ein Signal ist immer wertneutral. Der Empfänger nimmt es auf und bewertet es auf seine Weise. Das gleiche Signal kann von unterschiedlichen Menschen unterschiedlich interpretiert werden. Jeder gibt dem Signal eine subjektive Bedeutung, denn jeder interpretiert es auf

Grund seines persönlichen Wahrnehmungsfilters. Die Signale: Ein Mann lächelt, eine Frau hat die Beine überkreuzt, ein Kind schreit. Die Bewertungen: Macht der Mann mich an oder will er freundlich sein? Mag mich die Frau nicht oder muss sie auf die Toilette? Nervt mich das Kind oder tut es mir leid, weil ich sehe, dass es Zähne kriegt? Wenn Sie es schaffen, das Signal von seiner Bewertung zu trennen, vergrößert sich Ihr Handlungsspielraum. Sie sind nicht mehr Opfer Ihrer emotionalen Reaktionen, Sie nehmen das Signal einfach nur wahr, ohne sich über dessen Interpretation den Kopf zu zerbrechen.

Gehen wir noch einen Schritt weiter: Stellen Sie sich vor, Sie fahren Zug. Ihnen gegenüber sitzt eine Frau. Sie lächelt ... und Sie werden sauer. Wie bewerten Sie das Lächeln? Ihr inneres Bewertungsrad beginnt sich zu drehen. Fakt ist, dass die Frau Ihnen nichts getan hat. Welches unbewusst aufgenommene Signal hat Sie ärgerlich gemacht? Hat die Frau diese Signale gesendet? Stößt Sie ihr Parfum ab? Oder haben Sie gerade an jemanden gedacht, der Sie sauer gemacht hat oder den Sie nicht mögen und haben dieses Gefühl unbewusst auf die Dame projiziert?

Um Klarheit zu schaffen, müssten Sie nun in Ihre Innenwelt eintauchen, um sich Ihre Reaktion bewusst zu machen und diese neu einzuordnen. So trennen Sie das Signal von der Bewertung und sind nun vielleicht in der Lage, freundlich zurückzulächeln und sich auf diese Weise eine angenehme Zugfahrt zu ermöglichen.

Machen Sie sich klar, woher Ihre Bewertung kommt. Jeder Mensch wirkt auf uns. Die Frage ist, wie ich mit dieser Wirkung umgehe. Der erste Eindruck lässt sich nicht abstellen, wohl aber der Umgang damit verändern. Sie selbst bestimmen, was Sie aus den Begegnungen machen. Sie gestalten sie mit, denn Sie sind dabei! Wir fassen zusammen:

**Bisher:** unreflektierte Reaktion
**Ab jetzt:** subjektive Bewertung wahrnehmen – Bewertung zuordnen – reflektierte Reaktion

## Kommunikation mit mir selbst

Kommunikation hat immer mit (mindestens) zwei Menschen zu tun. Es können aber auch zwei Anteile im selben Menschen sein, die miteinander in Kontakt treten. Wir kommunizieren also auch mit uns selbst.

Vielleicht kennen Sie das berühmte Engelchen und das Teufelchen, die manchmal miteinander debattieren: Ess ich die Tafel Schokolade zu fortgeschrittener Stunde oder nicht? Auch das ist Kommunikation! Da streiten sich unser rationaler und unser emotionaler Anteil. Vielleicht erinnert sich der eine oder andere Leser an dieser Stelle an den Film von Otto Waalkes „*Otto – Der Film*", im dem er diese Engelchen und Teufelchen tatsächlich inszeniert hat.

Auch hier gilt: Je bewusster Sie Ihre innere Debatte wahrnehmen, vielleicht sogar niederschreiben, desto mehr Klarheit gewinnen Sie, desto bewusster können Sie agieren. Vielleicht kann sich sogar ein dritter Anteil einschalten, der beiden Teilen Fragen stellt: Wozu, liebes Teufelchen, ist die Schokolade denn gut? Warum, liebes Engelchen, wäre eine Mohrrübe besser?

Kommunikation ist vielschichtig. Selbst wenn keine andere Person da ist, findet immer Kommunikation statt – in mir! Wenn dann noch eine reale zweite Person dazu kommt, potenziert sich die Möglichkeit, dass die „Titanic der Kommunikation" Schiffbruch erleidet.

Lernen Sie sich deshalb möglichst gut kennen. Dadurch erhöhen Sie die Möglichkeit, Ihr Kommunikationsschiff gut durch die aufgewühlte See zu navigieren. Wählen Sie dabei den geeigneten Kanal, die geeigneten Signale, den geeigneten Moment. Und seien Sie sich bewusst, dass es wichtig ist, nicht nur oberhalb der Wasseroberfläche nach Festland, Eisbergen und anderen Hindernissen Ausschau zu halten, sondern auch unter die Wasseroberfläche zu sehen.

## Der Kommunikationskuchen

Kommunikation ist ein sehr komplexes und vielschichtiges Thema. Der Inhalt unserer Worte, – das Was –, bestimmt Forschungen zufolge nur rund 7% unserer Kommunikation, also noch weniger, als der Eisberg uns glauben machte. Einen viel größeren Anteil, nämlich 38%, haben der Klang, der Tonfall und die Lautstärke unserer Stimme, kurz: Wie wir etwas sagen! Den Hauptteil der Kommunikation – 55% – macht unsere Körpersprache aus: Gestik, Mimik, das Auftreten, die Kleidung und die Haltung (Mehrabian & Ferris, 1967, S. 248-252). Kongruent, glaubwürdig und authentisch wirken wir dann auf andere Menschen, wenn diese drei Bereiche dasselbe aussagen.

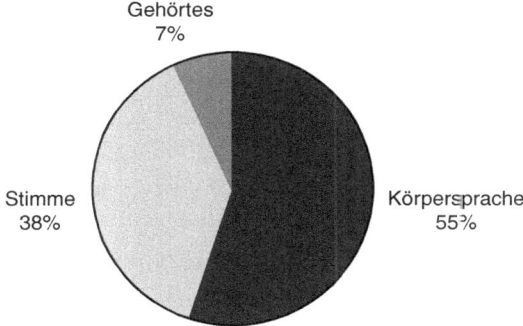

Wenn Ihr Partner mit verschränkten Armen vor Ihnen steht, Sie nicht anschaut und in Richtung Boden nuschelt: „Ich liebe dich", werden Sie ihm glauben? Dabei war die verbale Botschaft doch eindeutig, oder?

Zugegeben, in diesem Beispiel ist die Inkongruenz sehr deutlich. Doch auch in subtileren Situationen reagiert das feine Sensorium in uns auf inkongruente Situationen und wir fühlen uns ärgerlich, blockiert oder verwirrt. Warum kümmern wir uns im Alltag hauptsächlich um unsere Worte, den sichtbaren Teil des Eisbergs, und so wenig um das, was darunter ist – die Gefühle?

Haben wir Angst? Und wenn ja, wovor? Oder wussten wir bisher einfach nicht, dass es unter der Oberfläche noch etwas anderes gibt?

Mit vielen Menschen gelingt die Verständigung intuitiv, doch wieso gibt es Menschen, mit denen uns Kommunikation leichter fällt als mit anderen ? Weil Sie mit diesem Menschen auf einer Wellenlänge schwingen, weil die Distanz größer ist, weil die Menschen uns „egaler" sind ?

Gründe dafür gibt es genauso viele wie es Menschen gibt. Je näher uns ein Mensch tatsächlich kommt, desto verletzlicher werden wir. Es gibt mehr Berührungspunkte, und sich wirklich zu berühren erfordert Zeit, Geduld und vor allem Mut. Im Grunde erzähle ich Ihnen mit meinen Zeilen über das Themenfeld der Kommunikation nichts, was Sie nicht sowieso schon tief in sich wissen, denn jeder Mensch hat dieses Wissen, dieses Gespür, nur bei manchen Menschen ist es verschüttet und darf langsam wieder entdeckt werden.

Ich lade Sie ein, mit den drei Ebenen der Kommunikation – Sprache, Stimme und Körpersprache – zu experimentieren und deren Wirkung zu erforschen. Ja, es erfordert Mut, Kraft und Energie, Dinge zu sehen, die man vielleicht lieber nicht sehen möchte. Doch vielleicht können Sie auf diese Weise das nächste Kommunikationsschiff vor dem Untergang bewahren.

Schätzen Sie die Macht der Kommunikation richtig ein und lernen Sie, diese Kraft einzusetzen. Achten Sie behutsam auf möglichst viele Dinge, gehen Sie bewusst mit dem um, was Sie sagen und wie Sie es sagen ! Somit aktivieren Sie alle Frühwarnsysteme, Radargeräte und GPS-Systeme, Sie werden zu einem Experten in den Gewässern der Kommunikation und das Umschiffen von Eisbergen wird für Sie zum Kinderspiel !

### *Die verbale Kommunikation – Worte*

Sie könnten fragen: Wieso reden wir dann überhaupt noch miteinander, wenn das gesprochene Wort angeblich nur zu 7% wichtig ist ?

Sprache ordnet unsere Welt, liefert Beschreibungen und sorgt dafür, dass wir einen Tisch als Tisch und einen Stuhl als Stuhl erkennen und benennen. Zudem bietet sie uns die Möglichkeit zu reflektieren. Wenn es die Sprache nicht gäbe, könnten Sie diese Zeilen jetzt nicht lesen und sich auf diese Weise mit Kommunikation beschäftigen.

Auch wenn Sprache nur einen kleinen Teil der Wirklichkeit benennt, ist dieser Teil von großer Bedeutung. Stellen Sie sich vor, Sie machen eine Wanderung. Das Wetter ist herrlich, Sie haben an alles gedacht und wandern mit Menschen, die Sie mögen. Der Rucksack sitzt, mit Proviant gefüllt. Es könnte also alles wunderbar sein – 93% passt – wenn Sie keine Badelatschen tragen würden. Wie sehr werden Sie diese Wanderung genießen können?

Ein Kreis ist eben nur dann ein Kreis, wenn keine Ecken drin sind. So ist es auch mit der Kommunikation. Die Worte machen nur einen kleinen Prozentsatz aus, sind jedoch, um den Kreis rund zu machen, unerlässlich. Vielleicht haben Sie auch schon einmal die Erfahrung gemacht, wie sehr ein einzelnes Wort verletzen kann. Daher ist der verbale Teil der Kommunikation von entscheidender Bedeutung.

Niemand kann zum Beispiel Ihre Wünsche erraten. Keiner von uns ist ein Orakel und kann wahrsagen oder vorhersagen, was der andere sich in seiner Welt wünscht, denn die Welt des anderen ist an sich eben anders. Daher sind Aussagen wie: „Das muss er doch wissen, so etwas spürt/merkt/weiß man!", vielleicht gut gemeint, jedoch in der Erfüllung völlig unrealistisch. Wenn Sie ein und denselben Wunsch jedoch schon „hundert Mal" klar, eindeutig und kongruent geäußert haben, liegt der „casus knaxus" vielleicht doch woanders, und ein Besuch beim Ohrenarzt oder in einer Paarberatung könnte eine Lösung darstellen.

### *Die nonverbale Kommunikation – Körpersprache*
Unsere Körpersprache gehört in den nonverbalen Bereich der Kommunikation, in den unteren Teil des Eisbergs. Sie ist die älteste Sprache der Welt. Jeder spricht sie immer und zu jeder Zeit. Zur Körpersprache gehören:

- die Gestik
- die Mimik
- der Blickkontakt
- die Körperhaltung
- die Lautstärke
- der Tonfall
- die äußere Aufmachung
- der Körper

Auch die Distanzzonen, – wie nahe wir jemandem kommen –, gehören zur Körpersprache, wobei wir berücksichtigen müssen, dass die Kultur eines Menschen eine große Rolle bei der Bewertung der „richtigen" Distanz spielt. In südlichen Ländern wie zum Beispiel Italien, Spanien oder Griechenland kommen sich die Menschen gerne näher als bei uns in Deutschland. Was wir als aufdringlich empfinden, ist dort ganz normal.

Jeder Mensch hat darüber hinaus seinen eigenen Distanzbereich, seine „Intimzone", ungefähr eine Armlänge um uns herum. Wann immer wir die Intimzone eines anderen Menschen betreten, tun wir gut daran, dies mit Bedacht zu tun. Nicht umsonst schauen Menschen in einem vollen Aufzug zu Boden und vermeiden häufig den Blickkontakt mit anderen Menschen. Sie wahren auf engem Raum Distanz so gut es eben geht. „Der Körper kann nicht lügen." Spätestens seit der Monica-Lewinski-Affäre ist bekannt, dass auch ein Präsident der Vereinigten Staaten von Amerika seine Körpersprache nicht zu 100% im Griff hat. Es gibt nämlich Teile des Körpers, die wir nicht willentlich beeinflussen können. Dazu gehören zum Beispiel der Herzschlag, bestimmte Muskeln im Gesicht, kleine Zuckungen oder auch die Tatsache, ob wir rot werden oder zu schwitzen beginnen. Diese Signale können wir im Normalfall nicht steuern und sie verraten uns, wenn wir nicht authentisch reagieren. Vielleicht erkennt unser Gesprächspartner dies nur unbewusst, nimmt etwas wahr, das er nicht zuordnen kann. Auf jeden Fall aber beeinflussen diese Signale die Kommunikation, denn wie Sie wissen: Man kann nicht nicht kommunizieren. Je besser uns jemand kennt, desto weniger erfolgreich gelingt es uns, ihm etwas vorzuspielen.

Ein anderes Beispiel: Bitte denken Sie für einen Moment an ein unangenehmes Ereignis in Ihrem Leben … Wie sitzen Sie jetzt da ? Aufrecht und gerade ? Lächeln Sie ? Wohl kaum, denn Ihre Gedanken bestimmen Ihre Haltung. Das funktioniert auch umgekehrt: Bitte setzen Sie sich mit verschränkten Armen und Beinen hin. Schauen Sie nach unten zum Boden und ziehen Sie Ihre Mundwinkel nach unten. Wie viele positive Gedanken gehen Ihnen jetzt durch den Kopf ?

Damit Sie nun frohen Mutes weiterlesen können, setzen Sie sich bitte aufrecht hin, stellen Sie Ihre Beine fest auf den Boden, öffnen Sie Ihre Arme, strecken Sie sich einmal lang aus, heben Sie Ihr Kinn leicht an und ziehen Sie Ihre Mundwinkel nach oben, bringen Sie das Buch in eine angenehme Position … und weiter geht es !

Ihre Gedanken und Ihr Körper beeinflussen sich gegenseitig – ständig ! Je bewusster Ihnen diese Tatsache ist, umso mehr Handlungsfreiheit und Veränderungspotential schaffen Sie sich selbst. Je besser Sie sich kennen, umso besser kann es auch mit dem Partner klappen. Denn selbst, wenn er sich nicht auf seinen eigenen Tauchgang begibt, so räumen Sie zumindest bei sich selbst auf, indem Sie an sich arbeiten.

*Beobachten Sie Ihre Körpersprache und die Signale Ihres Körpers. Erst dann betrachten Sie die Körpersprache und die Signale Ihres Gesprächspartners ! Versuchen Sie, die Signale neutral wahrzunehmen und nicht zu bewerten. All das kann Ihnen als Wegweiser auf dem neugierigen und offenen Weg zu mehr Miteinander dienen !*

## Wirklichkeit und Wahrheit

All dies schreibe ich aus meiner Welt. Was genau davon bei Ihnen ankommt und wie Sie es verstehen, liegt in Ihrer Welt. Jeder Mensch konstruiert sich seine Wirklichkeit selbst. Paul Watzlawick hat in seinem weltberühmten Buch schon Ende der 70er Jahre die Frage gestellt: *„Wie wirklich ist die Wirklichkeit?"*

Jeder Mensch hat einen einzigartigen Lebensweg, einen individuellen Erfahrungsschatz, der ihn geprägt hat. Zeigen Sie fünf Menschen ein und denselben Gegenstand, zum Beispiel einen Kleiderbügel. Vielleicht werden Sie sagen: Das ist doch logisch, das ist ein Kleiderbügel. Wenn ein Mensch diesen Gegenstand noch nie zuvor gesehen hat, wird er vielleicht sagen: Das ist ein gebogenes Holz mit Eisen dran, oder ein verschandelter Bumerang oder ein Kunstobjekt. Und in jeder subjektiven Wirklichkeit ist diese Aussage wahr.

Wahrnehmung ist das, was wir für **wahr** nehmen. In jeder Situation mit Ihrem Partner wählen Sie Ihre Sichtweise aus. Streiten Sie mit einem „Monster" oder erleben Sie einen Persönlichkeitsanteil eines Menschen, den Sie lieben? Antwortet „der Blödmann" nicht, weil Sie ihm egal sind oder er Sie ärgern will, oder sehen Sie in dem schweigenden Menschen den liebenden Partner in einer für ihn schwierigen Situation?

Noch einmal: Wahr ist, was wir für wahr nehmen. Wirklichkeit ist das, was wirkt, wie wir unsere Umwelt und auch uns selbst bewerten. Im systemischen Verständnis kann die *„Wirklichkeit… nie losgelöst gesehen werden von ihrem Betrachter. Das heißt nicht, dass es keine Realität an sich gäbe, dass es aber sinnlos ist von ihr zu sprechen"* (Schlippe, 2003, S. 87), ohne den Kontext zu berücksichtigen, in dem die Menschen sich befinden.

Das fängt schon bei den Farben an. Sie schauen zum Himmel und sagen: „Der Himmel ist blau." Ein anderer Mensch steht neben Ihnen, schaut zur gleichen Zeit zum Himmel und sagt: „Der Himmel ist azur." Und wieder ein anderer sagt: „Der Himmel ist grau!" Wer von ihnen hat Recht ? Wer hat welche Brille auf ? Welchen Filter hat die Brille ?

Oder nehmen wir an, Sie gehen im Dunkeln eine Straße entlang. Plötzlich sehen Sie ein Stück weit entfernt einen lauernden Menschen, bekommen Angst und kehren um. Wenn Sie weitergegangen wären, hätten Sie erkannt, dass Sie keinen Menschen, sondern ein Gebüsch gesehen haben. Objektiv gesehen ist es absolut irrational, vor einem Busch Angst zu haben. Das, was auf Sie gewirkt hat, war Ihre Wahrheit.

Was konstruiere ich mir ? Durch welche Brille schaue ich ? Liebe ich einen Menschen oder das Bild eines Menschen, das ich mir selbst gemacht habe ? Könnte es vielleicht sein, dass auch ich meinen Teil dazu beitrage, denselben Streit immer und immer wieder zu produzieren ? Wie machen wir das eigentlich, immer wieder über dasselbe zu streiten ?

Es gibt so viele Themen auf dieser Welt und wie von Zauberhand kriegen wir uns immer wieder über das Gleiche in die Wolle. Dabei geht es nicht darum zu sagen: „Jeder ist seines Glückes Schmied." Ganz so einfach ist es dann doch nicht. Es geht um die Erkenntnis, dass Sie zum Lauf Ihres Lebens etwas beitragen, daran beteiligt sind, es durch Ihre Gedanken, Erfahrungen und Taten mitbestimmen. Die Realität „*ist nicht etwas, das dem Beobachter präsentiert wird, es ist etwas, das von ihm erkannt wird*" (Maturana 1982, S. 175).

Ihre Innenwelt und Ihre Außenwelt stehen dabei miteinander im Kontakt, und beeinflussen sich gegenseitig. Ihre Gedanken und Ihr Körper stehen in ständigem Austausch: Egal wohin Sie gehen, nehmen Sie sich selbst immer mit !

Erinnern Sie sich an unser Paar ? Sie sagt: „Lass mich in Ruhe !" Angenommen, sie ist sauer auf ihren Mann, weil dieser den gestrigen Hochzeitstag vergessen hat. Ihre innere Einstellung („so ein ...") überträgt sich automatisch auf ihren Körper, ihre Stimme, ihren Ausdruck, denn der Körper kann nicht lügen ! Im Inneren ist sie sauer und das überträgt sich auf 's Äußere. Würde sie jetzt ihren Eisberg erkunden, Signal von Bewertung trennen, so könnte sie beispielsweise sagen:

„Guten Morgen (Reaktion auf seine Sachebene). Zu gestern: Es hat mich verletzt, dass du unseren Hochzeitstag vergessen hast. Ich bin sauer und traurig."

Dazu ist sie vorher abgetaucht, hat Algen entwirrt und entfernt, ist wieder aufgetaucht und hat auf der Sachebene agiert. Ihr Mann könnte nun (im besten Falle angemessen) darauf reagieren. Stattdessen verpackt sie ihren Groll und antwortet scheinbar völlig zusammenhangslos auf einen Guten-Morgen-Gruß mit „Lass mich in Ruhe!"

Ist es wahrscheinlich, dass die Situation für alle Beteiligten zufrieden stellend gelöst wird, oder werden sich die Fronten weiter verhärten? Wie wahrscheinlich ist es, dass der Mann positiv auf seine verletzte Frau reagiert? Genau, sehr gering, da sie nicht sagt, was ist, sondern auf einer scheinbaren Sachebene nach Ruhe verlangt. Indem er vielleicht auf einer Sachebene ihren Wunsch nach Ruhe erfüllt, seinen Tag alleine verbringt, bestätigt er, ohne es zu wissen, ihre konstruierte Wirklichkeit „Mein Mann kümmert sich nicht um mich – ich bin ihm egal."

Fassen wir also die Titanic-Rettungsmaßnahmen noch einmal im kleinen 1 x 1 der Kommunikation zusammen:

- Jeder hat seine Wahrheit!
- Sie können nicht nicht kommunizieren!
- Kommunikation besteht aus 55% Körpersprache, 38% Stimme, 7% Worten.
- Kongruenz bedeutet: Körpersprache, Stimme und Worte haben dieselbe Botschaft.
- Unterscheiden Sie Signal und Bewertung.
- Der Eisberg besteht aus 20% Sachebene und 80% emotionaler Ebene.
- Überprüfen Sie, an welchem Punkt Ihren Eisbergs Sie sich befinden.

- Bleiben Sie in Krisensituationen auf der Sachebene.
- Achten Sie auf Ihre Gedanken: sie bestimmen Ihre Worte, Taten und Gefühle.
- Machen Sie sich Ihre Gefühle bewusst und sprechen Sie sie an!

Wenn es doch nur so einfach wäre! Doch die Kommunikation, das Feuerwerk des Miteinanders, hält noch weitere Grundlagen für uns bereit. Unser Kapitel heißt ja „Der Untergang der Titanic oder wie wir aneinander vorbeireden". Die Titanic haben wir nun schon gerettet, aber wie vermeiden wird das Aneinandervorbeireden?

Das Gute ist: Wenn es möglich ist, aneinander vorbei zu reden, muss es auch möglich sein, miteinander zu reden. Das heißt, es geht auch anders. Frei nach dem Motto: Ich kann nur im Schatten stehen, wenn irgendwo in meiner Nähe die Sonne scheint! Aber wie?

### Aktiv zuhören

Es gibt verschiedene Möglichkeiten, aneinander vorbeizureden. Eine weit verbreitete ist, dass wir nicht richtig zuhören. Das passiert zum Beispiel dann, wenn wir verschiedene Dinge parallel tun, innerlich abwesend sind oder im Grunde keine Lust auf das Gespräch haben. In diesem Fall ist es eine Frage unserer eigenen inneren Priorität und wir selbst können, sofern mit unserem Gehör alles in Ordnung ist, entscheiden, worauf wir uns konzentrieren wollen. Das kann auch bedeuten, dass wir uns mit unangenehmen oder schmerzhaften Dingen konfrontieren müssen. Durch Wegschauen wurde auf dieser Welt allerdings noch kein Problem gelöst.

Eine mögliche Unterstützung auf dem Weg zum Miteinander ist das „aktive Zuhören". Dazu gehört, den Gesprächspartner während des Gesprächs anzuschauen, sich ihm körperlich zuzuwenden und das Gehörte mit nonverbalen Signalen – Kopfnicken, Gestik – zu unterstützen. Darüber hinaus fasst der Zuhörer das zusammen, was er gehört hat, und stellt Fragen, wenn ihm etwas unklar ist. Hilfreiche Fragen sind:

- „Meinst du damit, dass …"
- „Habe ich dich richtig verstanden …"
- „Verstehe ich dich richtig, du meinst also …"

Aktiv zuhören kann jeder. Wenn Sie schon einmal mit einem Freund oder Partner in einer vollen und lauten Kneipe saßen, haben Sie aktiv zugehört. Haben Sie Ihre Freundin in einer schwierigen Situation unterstützt, dann haben Sie ebenfalls aktiv zugehört.

Wenn sich ein verliebtes Pärchen unterhält, sind die Körper immer einander zugewandt, die Köpfe zusammengesteckt, der eine nickt und bestätigt, wenn der andere etwas sagt, da werden Zwischenfragen gestellt und zusammengefasst, was das Zeug hält!

„Was, der hat echt gesagt, du sollst dir eine andere Frisur zulegen? Das ist doch die Höhe!"

In solchen Situationen stimmt die innere Einstellung zueinander. Die äußere Zuwendung ist die Folge der inneren Zuwendung. Anders wird es, wenn die innere Einstellung nicht oder nicht mehr stimmt, sei es bewusst oder unbewusst. Dann sind Mut, Bewusstsein und kommunikative Fähigkeiten nötig, um aufeinander zuzugehen, damit die Kommunikation nicht schon an der Verabredung scheitert, wer die Butter im Supermarkt besorgt, und die offene Zahnpastatube nicht zur Zerreißprobe für die Beziehung wird.

**Die vier Seiten einer Nachricht**

Eine weitere Möglichkeit aneinander vorbeizureden besteht darin, buchstäblich auf unterschiedlichen Ohren zu hören. Erinnern Sie sich an das Senden und Empfangen von Signalen? Diese Signale können wir auf vier verschiedenen Kanälen senden und auf vier verschiedenen Ohren empfangen. Der Psychologe Dr. Friedemann Schultz von Thun nannte dieses Modell „*Die vier Seiten einer Nachricht*" (1981, S. 25 - 30). Es besagt, dass es vier verschiedene Sende- und Empfangsebenen in der Kommunikation gibt:

- *Sachebene:* Worüber möchte ich informieren?
- *Beziehungsebene:* Wie stehen wir zueinander?
- *Appellebene:* Wozu will ich dich veranlassen?
- *Selbstoffenbarungsebene:* Was gebe ich von mir preis?

- *Sachohr:* Worüber soll ich informiert werden?
- *Beziehungsohr:* Wie stehen wir zueinander?
- *Appellohr:* Wozu will er mich veranlassen?
- *Selbstoffenbarungsohr:* Was sagt er mir über sich?

Hören wir den schon bekannten Satz unseres Mannes „Guten Morgen Liebling" auf diesen vier Kanälen:

- *auf der Sachebene* – z. B. „Guten Morgen Liebling."
- *der Beziehungsebene* – z. B. „Ich liebe dich!"
- *der Appellebene* – z. B. „Bringst du mir bitte einen Kaffee!"
- *der Selbstoffenbarungsebene* – z. B. „Ich konnte nicht mehr schlafen."

Die Frau empfängt denselben Satz:

- *auf dem Sachohr:* z. B.: „Er wünscht mir einen guten Morgen."
- *dem Beziehungsohr:* z. B.: „Er liebt mich."
- *dem Appellohr:* z. B.: „Er will einen Kuss."
- *dem Selbstoffenbarungsohr:* z. B. „Er hat gute Laune."

Je nachdem, auf welche Weise der Satz gesagt wurde und in welcher Stimmung die Person war, die ihn empfangen hat, kommt die Aussage beim Empfänger an.

Wer bestimmt nun, mit welchem Ohr wir senden und empfangen? Richtig – nur wir selbst! Wie Sie eine Nachricht senden, entscheiden Sie. Wie Sie eine Nachricht empfangen (wollen) und interpretieren (wollen) auch nur Sie. Oft senden und empfangen männliche Erdenbürger eher auf dem Sachohr und weibliche eher auf dem Beziehungsohr. Das hat wenig mit Klischee zu tun, sondern mit Forschung, Beobachtung und Erfahrung. Wenn Sie dies wissen, wenn es also bewusst ist – der Eisberg lässt grüßen –, können Sie es ändern. Das ist so ähnlich wie beim Funken. Wenn Sie auf 101,3 senden und der andere auf 99,5 eingestellt hat, kommt nur Rauschen an. „Sich Verstehen" funktioniert nur auf derselben Frequenz!

In unserem Beispiel antwortete die Frau: „Lass mich in Ruhe!" Mit welchem Ohr hat sie wohl empfangen? Vielleicht mit dem Beziehungsohr, mit dem sie verstanden hat, dass ihr Mann sie liebt. Wenn sie ihn nun nicht (mehr) liebt, oder verärgert ist, wird die Reaktion „Lass mich in Ruhe!", verständlich. Sie könnte aber auch auf dem Appellohr empfangen haben und gehört haben, er möchte einen Kuss. Vielleicht ist ihr aus irgendwelchen Gründen nicht danach und sie sagt daher: „Lass mich in Ruhe!" Vielleicht war es aber auch so, dass sie seine gute Laune, seine Selbstoffenbarung gehört hat, selbst aber schlecht geschlafen hat und daher um Ruhe bittet.

Wo liegt des Rätsels Lösung? Sobald Sie sich unsicher sind, fragen Sie nach und überprüfen Sie jedes Mal erneut, ob Ihre Schiffe noch in die gleiche Richtung fahren, ob Sie noch auf einem gemeinsamen Kurs sind. Es geht dabei nicht darum, jedes Wort, jede Geste auf die Goldwaage zu legen und über die Maßen zu analysieren. Es geht darum, dass Sie in Krisensituationen Werkzeuge kennen, um Schwierigkeiten zu meistern, an denen Sie sich bisher vielleicht die Zähne ausgebissen haben.

Jeder von uns hat die vier Ebenen, auf denen er sendet, und die vier Ohren, auf denen er empfängt. Welcher Kanal nun besonders gut ausgebaut ist und welches Ohr besonders gut hört, liegt in unserer Erziehung und unserer Entwicklung begründet und natürlich daran, wie gut wir den jeweiligen Kanal, das jeweilige Ohr trainiert haben. Das Gute daran ist, dass die Vorlieben auch umtrainiert werden können und Sie somit handlungsfreier werden, Spielräume gewinnen und flexibler werden.

Ich lade Sie ein, mit sich selbst zu experimentieren, Ihr Lieblingsohr zu entdecken und herauszufinden, welche Ohren Entwicklungspotential haben. Wenn Sie Ihr Wissen über das „Vier-Ohren-Modell" vertiefen möchten, empfehle ich Ihnen das Buch „*Miteinander reden*" von Friedemann Schulz von Thun. Auf welchem Ohr Sie diese Nachricht empfangen haben, entscheiden Sie selbst. Von meiner Seite aus habe ich sie rein sachlich gemeint.

*Selbstreflektion:*
Mit welchem Ohr höre ich am liebsten?
Woran merke ich das?
Auf welchem Kanal sende ich am häufigsten?
Woran merke ich das?

## Eltern, Kinder und Erwachsene – die Transaktionsanalyse

Gerne stelle ich Ihnen an dieser Stelle noch eine dritte Möglichkeit vor, wie wir es schaffen, aneinander vorbeizureden. Dies geschieht, in dem wir unterschiedliche Ich-Positionen einnehmen. Ähnlich wie bei den *„vier Seiten einer Nachricht"*, senden und empfangen wir auf verschiedenen Ebenen. Nur sind es in diesem Fall keine Ohren, sondern Persönlichkeitsanteile. Eric Berne, der Begründer der *Transaktionsanalyse* (1962), geht in Anlehnung an Sigmund Freud davon aus, dass es in jedem Menschen drei Instanzen gibt:

- Das *Eltern-Ich*, das die Moral, die Kontrolle und die Bevormundung repräsentiert – das Über-Ich;
- das *Erwachsenen-Ich*, das für die selbstreflektierten, erwachsenen Entscheidungen des Menschen steht – das Ich;
- das *Kind-Ich*, das die kindlichen Anteile und Triebe in uns darstellt – das Es.

Das *Eltern-Ich* kann kritischen oder behütenden Charakter haben. Sätze oder Gedanken wie: *„Das schaffst du eh nicht!"*, oder *„Dafür bist du zu dumm!"*, repräsentieren den kritischen Anteil. Aussagen wie: *„Pass bloß auf, dass du dich nicht übers Ohr hauen lässt!"*, oder *„Ich pack dir deinen Koffer, damit du nichts vergisst!"*, kommen aus dem behütenden Eltern-Ich.

Das *Kind-Ich* kann einen freien, angepassten oder rebellischen Charakter haben. Gedanken wie: *„Ich schau mal, was passiert!"* gehören zum Anteil des freien Kindes. Das freie Kind plant nicht und geht froh, offen, ungestüm mit viel Gefühl und Vertrauen in die Welt. Das angepasste Kind macht sich in Gedanken und auch im Verhalten klein. Es gibt keine Widerworte, passt sich an und ist sehr bemüht, es allen Menschen recht zu machen. Das rebellische Kind gibt gerne contra, zeigt sich kämpferisch und emotional aufbrausend. Frei nach dem Motto: *„Dir zeig ich's!"*

Das *Erwachsenen-Ich* hat keine Teilaspekte. Es ist einfach erwachsen und bildet die rationale Brücke zwischen dem Eltern-Ich und dem Kind-Ich. Aus dem Erwachsenen-Ich heraus handeln wir überlegt, sachlich und abwägend. Hier finden weder Kurzschlusshandlungen noch Abwertungen anderer Menschen statt.

Jeder Mensch hat alle sechs Persönlichkeitsanteile in sich. In jedem Menschen kommunizieren diese Anteile auch miteinander: Nehmen wir an, es wäre jetzt 22:00 Uhr abends und Sie müssten morgen früh aufstehen. Sie finden dieses Buch aber so spannend ... Ihr freies Kind-Ich sagt: „Au ja, ich lese jetzt noch weiter, ist doch egal wie spät es ist!", während Ihr Eltern-Ich sagt: „Geh schlafen, es ist spät, sonst kommst du morgen wieder nicht raus." Je nachdem, auf welche Weise Ihr Eltern-Ich dies sagt, äußert es sich kritisch oder behütend. Welcher Teil in Ihnen hätte bei dieser Entscheidung die Nase vorn? Wenn sich die an der Kommunikation Beteiligten auf ihre Rollen geeinigt haben, dann verstehen sie sich blendend und es gibt keine Probleme.

Ein Beispiel: Ein Paar sitzt auf der Couch. Sie sagt zu ihm: „Nimm deine Schuhe vom Tisch!" *(kritisches Eltern-Ich sendet an Kind-Ich)* Er antwortet: „Natürlich, entschuldige bitte, Schatz!" *(angepasstes Kind an Eltern-Ich)*

Das Kind-Ich ist mit seiner Situation zufrieden und reagiert kindgemäß, wobei es seine Antwort an den richtigen Adressaten sendet. Die beiden haben ihre Rollen gefunden und akzeptiert.

Anders läuft es, wenn beide aus unterschiedlichen Ich-Zuständen kommunizieren, ohne die Rolle des anderen zu akzeptieren:

Ein Mann sagt zu seiner Frau: „Gehen wir ins Kino?" *(Erwachsenen-Ich an Erwachsenen-Ich)* Die Frau antwortet: „Nie gehst du mit mir Eis essen!" *(rebellisches Kind an Eltern-Ich)*

Aus solchen *gekreuzten Transaktionen* können sehr leicht Streitigkeiten und Missverständnisse entstehen, denn der Sender meint etwas anderes als das, was der Empfänger versteht, und das merkt er an der für ihn völlig „unlogischen" Antwort. Dabei entsteht rasch ein kommunikatives „Kuddelmuddel", bei dem die Beteiligten völlig aneinander vorbeireden, denn sie kommunizieren auf verschiedenen Ebenen und in verschiedenen Ich-Zuständen.

Klären lassen sich verheddert Transaktionen nur, indem sie zum Beispiel durch Nachfragen oder durch das Benennen der Gefühle aufgedeckt werden.

„Wie hast du das gemeint?"
„Wie hast du das verstanden?"
„Wie ist das bei dir angekommen?"
„Ich habe das Gefühl, wir reden aneinander vorbei."

Die Transaktionsanalyse bietet die Möglichkeit, zwischenmenschliche Kommunikation zu beschreiben, zu erklären und zu verstehen. Wenn Sie Lust haben, dann beobachten Sie zuerst einmal Ihre eigenen Transaktionen. Schauen Sie in sich hinein und erkunden Sie, aus welchem Ihrer Persönlichkeitsanteile heraus Sie agieren.

Im nächsten Schritt versuchen Sie, aus Anteilen heraus zu kommunizieren, die neu für Sie sind. Erst dann untersuchen Sie die Transaktionen, die Sie empfangen. Gibt es auch dort bevorzugte Kanäle? Wie kommen die Signale bei Ihnen an? Wie interpretieren Sie diese? Gefallen Sie Ihnen oder möchten Sie etwas verändern?

In der Transaktionsanalyse gilt der Grundsatz: *„Ich bin o.k. – du bist o.k."* Das bedeutet, dass jeder Mensch einmalig, wertvoll und liebenswert ist, die Fähigkeit zum eigenständigen Denken, Fühlen und Handeln hat, und somit auch die Fähigkeit besitzt, über sein Schicksal selbst zu entscheiden und Veränderungen zu bewirken. Jeder Mensch ist wie ein ungeschliffener Diamant. Er schleift sich selbst und das Leben schleift ihn. Er erhält seine Einzigartigkeit, seine Brillanz durch seine Ecken und Kanten – nur dadurch leuchtet er!

Erkunden Sie Ihre Ecken und Kanten, damit jemand kommen und bleiben kann, der Sie zu schätzen weiß. Und tun Sie Ihr Übriges dazu, dass Sie sich selbst und Ihren Partner weder mutwillig noch unbewusst verletzen, sich an den Ecken schneiden, an den Kanten verletzen, sondern sich gegenseitig zum Leuchten zu bringen. Auf diese Weise geht die Titanic nicht unter und das Aneinandervorbeireden weicht dem Miteinanderreden. In der Gegenwart und in der Zukunft glitzern und funkeln zwei Diamanten miteinander!

Ich wünsche Ihnen viel Spaß auf Ihrer Reise entlang Ihres Eisberges und viele erfolgreiche, abenteuerliche und erkenntnisreiche Tauchgänge. Ich wünsche Ihnen Lust zum Üben und Trainieren sowie Freude beim Erforschen Ihrer Körpersprache. Empfangen Sie Signale und senden Sie Signale bewusst auf allen vier Ohren und in jedem Ich-Anteil. Vielleicht tun Sie es ab heute etwas bewusster, setzen die fruchtbare und manchmal auch furchtbare Kraft der Worte mit Bedacht ein und genießen mit der Zeit die Kunst der Kommunikation.

*Selbstreflektion:*
In welcher Rolle befinde ich mich, wenn es mir gut geht?
Welche Rolle nimmt mein Partner/meine Partnerin ein, wenn es mir gut geht?
In welcher Rolle befinde ich mich, wenn es mir schlecht geht?
Welche Rolle nimmt mein Partner/meine Partnerin ein, wenn es mir schlecht geht?
Gibt es in meiner Partnerschaft gekreuzte Transaktionen?

## Doublebind
## oder: Wenn nichts so ist wie es zu sein scheint

Stellen Sie sich vor, Sie haben Stunden lang unermüdlich diskutiert, die Lösung scheint zum Greifen nahe, und plötzlich, aus heiterem Himmel, zaubert der Partner oder die Partnerin ein Problem aus dem Hut, und das Ganze fängt von vorne an. Vielleicht haben Sie sich gerade selbst erkannt, vielleicht kennen Sie das Muster von Ihrem Partner, oder vielleicht schaffen Sie es beide gleich gut, Lösungen im letzten Moment zu verhindern.

Dieses Muster ist äußerst quälend, da es nie zu einer wirklichen Entspannung kommt. Meist gibt es einen mehr oder weniger langen Waffenstillstand, bevor der Kampf in die nächste Runde geht. Hier fungiert der Streit nicht als „reinigendes Gewitter", nach dem die Luft wieder klar und das Konfliktthema „vom Tisch" ist. Im Gegenteil: Beide wissen, dass nichts gelöst wurde, und beide glauben, dies bei der nächsten Aussprache zu erreichen. Beim nächsten Mal, hoffen beide, wird mich mein Partner endlich verstehen, mir endlich zustimmen!

Doch beim nächsten Mal ist es wie immer. Sie streiten und streiten, doch der andere tut Ihnen einfach nicht den Gefallen, Ihren Standpunkt anzuerkennen und Ihre Position zu verstehen. Schließlich kommen beide total entnervt in die Paarberatung.

Und hier wiederholt sich zuerst einmal das Drama: Die Berater arbeiten hart, doch kurz vor der Lösung und kurz vor Ende der Sitzung zaubert einer der beiden Klienten ein neues, schreckliches Problem wie das Kaninchen aus dem Hut. Es kommt nicht zu der erwarteten Lösung, sondern zu einer neuen Eskalation. Die Berater sind verblüfft, möglicherweise ebenfalls genervt, fühlen sich inkompetent, versuchen die Stunde einigermaßen harmonisch abzuschließen und sehen dem nächsten Termin mit gemischten Gefühlen entgegen. Wenigstens ging es uns so, bevor wir das zu Grunde liegende Muster entlarvten.

Da systemische Therapeuten jedoch die Überzeugung vertreten, dass sich jedes System, also auch jedes Paar, selbst erklärt, nahmen wir die Herausforderung an und versuchten, das Verhalten zu verstehen. Beide funktionierten nach Regeln, die ihnen selbst gar nicht bewusst waren, und die Regel, die diese Paare uns zeigten, schien zu lauten:

„Es darf unter gar keinen Umständen eine Einigung geben!" Doch warum bezahlten unsere Klienten viel Geld, nur, um sich und uns letztlich zu bestätigen, dass eine Einigung in ihrem besonderen Fall unmöglich sei? Der Leidensdruck der Paare war ja deutlich spürbar!

Nachdem wir die Sitzungen aufmerksam reflektiert hatten, fiel uns eine weitere Eigenart dieser Menschen auf: Sie neigten dazu, nicht kongruent zu kommunizieren! Häufig lächelten sie, obwohl sie uns von schlimmen Erfahrungen erzählten. Das, was sie sagten, stimmte einfach nicht mit den nonverbalen Signalen überein. Schließlich dämmerte uns die Antwort: Wir hatten es hier mit Doublebinds zu tun, einem unbewusst angewandten, paradoxen Kommunikationsmuster.

Da wir bereits ein ausführliches Buch zu diesem Thema geschrieben haben, bekennen wir, dass wir Manches aus unserem eigenen Manuskript „abgeschrieben" haben. Diejenigen, die unser Buch „*Wege aus der Zwickmühle, Doublebinds verstehen und lösen*" (VSK) bereits kennen, werden also auch auf Bekanntes stoßen. In diesem Buch beschränken wir uns jedoch nur auf die Auswirkung von Doublebinds auf Paare.

## Die paradoxe Kommunikation

Wie wir im Kapitel über die Titanic gelernt haben, werden Botschaften auf verschiedenen Ebenen übermittelt, der verbalen und der nonverbalen. Die nonverbalen Signale wie Gestik, Mimik, Tonfall usw. dienen dazu, der verbalen Botschaft einen Rahmen zu geben. Sie teilen uns mit, wie wir eine verbale Aussage auffassen sollen. Kommunikation gelingt, wenn die nonverbalen Botschaften den verbalen entsprechen, wenn also Gesichtsausdruck, Tonfall und Körpersprache dasselbe aussagen wie das gesprochene Wort. Ein solches Verhalten nennt Virginia Satir *„kongruent"*.

Wir beobachten bei unseren Paaren, dass sie sich inkongruent verhalten: Sie lächeln zum Beispiel, wenn sie von schlimmen Erfahrungen erzählen. Dadurch widerspricht die nonverbale Aussage der verbalen Mitteilung und der Empfänger weiß nun nicht, wie er die Botschaft verstehen soll.

Er steht vor folgender Zwickmühle: Die nonverbale Aussage, die darüber entscheidet, wie eine Botschaft aufzufassen ist, passt überhaupt nicht zu den Worten. Doch da die beiden Botschaften verschiedenen Typen – also der verbalen und der nonverbalen Kommunikation – angehören, stehen sie in keinem direkt vergleichbaren Widerspruch. Man kann nicht einfach sagen, dass das eine falsch und das andere richtig ist. Außerdem verhält sich der Sender gegenüber dem Empfänger dergestalt, dass vollkommen klar ist, dass nur eine Botschaft übermittelt wurde. Auf der Empfängerseite entsteht Verwirrung und das Gefühl, nicht korrekt antworten zu können.

Da zwei Botschaften, die sich widersprechen, gleichzeitig übermittelt werden, ist es dem Empfänger nicht möglich, angemessen zu reagieren. Wenn es jetzt aber absolut wichtig ist, die gegebene Botschaft richtig aufzufassen, weil der Empfänger in einer engen emotionalen Beziehung zum Sender steht, gerät er in eine unlösbare Zwickmühle:

*Was er auch tut, wie er auch reagiert, er macht es auf jeden Fall falsch!*

Damit gerät er, ohne es zu bemerken, in eine immer größere Abhängigkeit von der Zustimmung des Senders. Und dadurch wird er vom Sender verdeckt kontrolliert.

Das einzige Mittel, aus der paradoxen Falle auszusteigen, wäre, über die Kommunikation zu reden. Doch darauf geht der Sender meist nicht ein, denn da er nicht weiß, dass er paradox kommuniziert, wird er die Kritik des Empfängers abweisen. Bei einer dauerhaften Belastung mit Doublebinds wird der Mensch, wie Mara Selvini es in ihrem Buch „*Paradaxon und Gegenparadoxon*" eindrücklich beschreibt, in einen „*ausweglosen und daher endlosen Kampf verstrickt*" (s.d. S. 38, 1993). Zusammengefasst läuft dieser Kampf so ab:

- Auf verbaler Ebene wird eine Botschaft gegeben, die
- auf nonverbaler Ebene verworfen wird.
- Es darf nicht über die Inkongruenz beider Botschaften gesprochen werden.
- Eine Lösung wird in Aussicht gestellt: „Du hättest es fast erreicht, doch leider, leider hast du es wieder nicht geschafft. Wenn du dich das nächste Mal noch mehr anstrengst ..."
- Der Kampf geht in die nächste Runde.

Doublebinds traumatisieren, weil der meist junge Empfänger keine Möglichkeit hat, Klarheit über sich und seine Wahrnehmungen zu erlangen. Damit lernt er weder, Botschaften klar zuzuordnen, noch Botschaften klar zu formulieren. Seine Persönlichkeitsentwicklung wird gestört, denn wie soll jemand ein Bewusstsein für sich selbst entwickeln, wenn er glaubt, anders zu sein, als er sein sollte und außerdem immer falsch fühlt. Ab einem bestimmten Zeitpunkt erwartet der Betroffene nichts anderes als Verwirrung und Orientierungslosigkeit, und weil er nur das gelernt hat, kommuniziert auch er Unklarheit und Verwirrung. Die Beziehungen zu anderen Menschen und die Beziehungen zur Welt scheinen unlösbar kompliziert und schwierig. Entweder führen sie zu nicht enden wollenden Missverständnissen und

Dramen oder sie werden vorsichtshalber ganz vermieden. Unzählige Menschen leiden an dieserart Beziehungsschwierigkeiten und halten sich für nicht beziehungsfähig, weil ihnen niemand erklärt, dass sie als Kinder Opfer eines destruktiven Kommunikationsmusters waren, welches sie heute als Erwachsene selbst anwenden.

Eine Sonderform des Doublebind, die *„Mystifizierung"*, die wir oftmals bei Paaren finden, beschreibt der britische Psychiater Ronald D. Laing (1984, S. 275 ff.). Darunter versteht er, dass ein Mensch die Gefühlsqualität eines anderen bestreitet und ihm stattdessen Gefühle unterstellt, die den eigenen Vorstellungen entsprechen. Dazu zwei Beispiele aus der Praxis:

*Ein Paar kam wegen großer Schwierigkeiten. Die Frau forderte von ihrem Mann, endlich über seine Gefühle zu sprechen, sonst würde sie sich trennen. Sie schilderte lebhaft ihre emotionale Vereinsamung. Der eher introvertierte Mann überwand seine Ängste und äußerte Gefühle, worauf die Frau erregt ausrief: „Aber ich spüre, dass du lügst ! In Wirklichkeit fühlst du etwas ganz anderes !" Ein anderes Paar zerstritt sich wegen folgender Episode: Der Mann sagte zu seiner Frau: „Du liest wenig." Sie erwiderte: „Gib doch zu, dass du eigentlich meinst, dass ich langsam lese. In Wahrheit hältst du mich sowieso für dumm !"*

Derjenige, der einen anderen mystifiziert, gibt diesem zu verstehen, dass er dessen Gefühle viel besser zu verstehen glaubt als dieser selbst. *„Seine eigenen Motive und Absichten werden herabgesetzt bzw. verkleinert und durch andere ersetzt. Sein Erleben und seine Handlungen werden grundsätzlich ohne Bezug zu seinem eigenen Standpunkt ausgelegt. Man unterlässt es überhaupt, von seiner Selbstwahrnehmung und Selbstidentität Notiz zu nehmen"* (Laing,1984, S. 284).

Derjenige, der mystifiziert, kontrolliert die Beziehung. Ein Klient beschrieb diesen Zustand mit den Worten: „Meine Identität wird negiert !" Sollte der Mystifizierte dies aber ansprechen, wird der Sender dies entschieden leugnen: „Wieso ? Es geht die ganze Zeit mal wieder ausschließlich um dich. Warum kannst du nicht anerkennen, wie lie-

bevoll ich mich um dich kümmere!"
Viele Klienten sind erstaunt, wie genau wir in der Lage sind, ihre seelische Befindlichkeit nachzuvollziehen. Das liegt keineswegs an unseren hellsichtigen Fähigkeiten, sondern an den ganz typischen Lösungsstrategien, die Menschen wählen, wenn sie in einer Familie mit paradoxer Kommunikationsstruktur aufgewachsen sind.

## Die Lösungsstrategien

Welches sind die Lösungsstrategien, die Verhaltensmuster, die Menschen entwickeln, wenn sie bereits als Kinder Doublebinds ausgesetzt waren? Nur selten sind die Verhaltensmuster so rein ausgeprägt wie hier beschrieben. Meist findet sich eine Mischung aller Varianten mit Bevorzugung einer Richtung.

Für Kinder steht im Vordergrund, dass ihre Eltern es vermieden, die Beziehung zu ihnen eindeutig zu definieren. Da die Kinder nie genau wussten, ob das, was sie taten, das *„Richtige"* war, gewannen sie den Eindruck, es ihren Eltern nie recht machen zu können. Diese Prägung kann bei den herangewachsenen Kindern je nach Temperament zu zwei Lösungsstrategien führen:

- Die einen versuchen, das Ziel der Anerkennung mit erhöhtem Einsatz zu erreichen;
- Die anderen finden sich mit ihrer *„Minderwertigkeit"* ab, die keine Anerkennung verdient.

Daraus ergeben sich unterschiedliche Lebensskripte. Diejenigen, die versuchen, das Ziel doch noch zu erreichen, streben zum Beispiel danach, immer perfekter zu werden. Wir sind in unserer Praxis oft genug Zeugen von unglaublichen Leistungen, mit denen unsere Klienten aber erstaunlicherweise nie zufrieden sind! Sie ackern bis an den Rand des Burnout, nur um festzustellen, dass sie es natürlich noch besser hätten machen können. Die Latte wird immer höher gehängt; sie bleibt für immer unerreichbar, denn die Perfektionisten sind ja selbst zutiefst im Doublebind gefangen und folgen unbewusst der Regel:

*Du kannst es nicht richtig machen.*

Das Lebensskript derer, die sich schon sehr früh aufgaben, weil sie sich einfach nicht zutrauten, die Anforderungen ihrer Eltern jemals zu erfüllen, ist je nach Temperament ebenfalls ganz unterschiedlich. Alle sind im tiefsten Inneren davon überzeugt, Versager zu sein. Ganz gleich, was sie auch tun, finden sie immer etwas an sich auszusetzen, etwas, das sie noch besser hätten machen können. Lob können sie nicht annehmen, ja, es wird meist äußerst vehement zurückgewiesen. Die Betroffenen sind mit der ablehnenden Haltung ihrer Eltern identifiziert und bewahren sich durch ihre „Loyalität" das Bild des gerechten Vaters und der gerechten Mutter.

Andere Lösungsstrategien betreffen eher die Kommunikation. Beim Doublebind widersprechen sich, wie gesagt, die verbale und die nonverbale Kommunikation. Um die Botschaft trotzdem „richtig" zu interpretieren, beschließen viele Kinder, sich für nur einen Teil der Mitteilung zu entscheiden, also entweder den nonverbalen oder den verbalen Teil. Für welchen Aspekt sich die Betroffenen entscheiden, scheint wieder eine Frage des persönlichen Temperaments zu sein.

Betroffene, die sich für den nonverbalen Aspekt der Kommunikation entschieden haben, erkennen wir daran, dass sie sich selbst als *„lebendige Antennen"* bezeichnen. Diese Kinder erkannten, dass die verbalen Mitteilungen ihrer Eltern irgendwie nie so richtig stimmten, und versuchten deshalb, ihre Verwirrung zu kontrollieren, indem sie sich so gut wie möglich in ihr Gegenüber hineinversetzten, um die *„wahre Bedeutung"* der Botschaften zu ergründen.

Wenn diese Kinder erwachsen geworden sind, können sie sich sehr gut in andere einfühlen. Da dieses Hineinspüren für sie das einzige Mittel war, Kommunikation zu interpretieren, klammern sie sich an diese Wahrnehmung, was sich darin zeigt, dass sie davon überzeugt sind, die Gefühle ihres Gegenübers auf jeden Fall richtig einzuordnen. Dem gesprochenen Wort messen sie dagegen wenig Bedeutung zu. Sie bleiben bei ihrem Gefühl, auch wenn der Beurteilte anderer Meinung ist. Solche „Antennen" sind ständig „auf Empfang" und selten bei sich selbst. Sie nehmen jede Stimmung auf und leiden häufig an dieser hohen Empfindsamkeit. Manche entwickeln eine Empathie, die an Hellsichtigkeit zu grenzen scheint.

Der nun folgende Fall aus unserer Praxis ist sicher extrem, doch zeigt er, wohin dieses Verhaltensmuster führen kann:

*Wir betreuten ein Paar, dessen Tochter an einer psychischen Erkrankung litt. Daher achteten wir besonders auf paradoxe Kommunikation. Die Ehefrau war eine lebendige Antenne und hielt sich für spirituell weit entwickelt. Ihre Gefühle und Wahrnehmungen standen nicht zur Diskussion; sie galten als „die Wahrheit". Ihr Ehemann betete seine hübsche Frau an und schätzte normalerweise ihre „hellsichtigen" Eingebungen. Als sich diese Wahrnehmungen plötzlich gegen ihn richteten, weil die Frau in seiner Aura bemerkt haben wollte, dass er sie betrogen hatte, suchte er aufgeschreckt Hilfe bei uns. Seine Beteuerungen halfen ihm gar nichts, auch nicht, dass er objektiv beweisen konnte, zum angenommenen „Tatzeitpunkt" gar nicht bei der Freundin seiner Frau gewesen sein zu können. Die Ehefrau blieb felsenfest bei ihrer Überzeugung.*

Wenn es seinem Temperament mehr entspricht, kann sich ein Kind auch dafür entscheiden, ausschließlich den verbalen Anteil der Kommunikation zu werten und den nonverbalen auszuschließen. Das Kind versucht den Doublebind zu „knacken", indem es sein Gegenüber auf das gesprochene Wort festlegt. Da der Kontext dabei nicht berücksichtigt wird, setzt sich ein so geprägter Mensch später leicht ins Unrecht: Was in einem bestimmten Zusammenhang gültig ist, gilt oftmals nur dort und längst nicht überall und immer.

Bestandteile einer paradoxen Diskussion sind häufig:
- Das Vergessen (oder Leugnen) eigener Wortbeiträge nach dem Motto: „Das habe ich nie gesagt!"
- Das Interpretieren aller Äußerungen, ohne Rückversicherung, ob die Interpretation der Wirklichkeit des Gegenübers entspricht, wie zum Beispiel: „Wenn du so mit mir sprichst, kannst du mich nicht lieb haben!"
- Das vehemente Abstreiten eigener aggressiver Regungen: „Ich weiß gar nicht, was du hast. Du bist so negativ. Ich will doch nur dein Bestes!"
- Einseitige Beschuldigungen unter völligem Ausschluss einer eigenen Beteiligung: „Es ist völlig klar, wer hier nicht im Recht ist."

Das Kind fühlt sich in kürzester Zeit verwirrt, weiß selbst nicht mehr, was es gerade gesagt hat, und reagiert je nach Temperament entweder mit Wut oder einem Gefühl von Schuld und Lähmung. In jedem Fall steht fest, dass das Kind für die Missstimmung verantwortlich ist.

Da das Kind gelernt hat, dass es seine Eltern nie auf eine eindeutige Botschaft festlegen kann, vermutet es natürlich hinter jeder Aussage eine zweite, nicht ausgesprochene Bedeutung. Aus diesem Grund neigt der erwachsen Gewordene dazu, alles, was man ihm sagt, zu interpretieren. Der Betroffene ist vollkommen davon überzeugt, dass das, was gesagt wird, nicht dem entspricht, was gemeint ist. Solche Menschen haben Schwierigkeiten, die Signale der Umwelt richtig zu deuten, weil sie sich sehr leicht hintergangen fühlen. Häufig fühlen sie sich ungerecht behandelt und merken gar nicht, dass sie selbst durch ihr chronisches Misstrauen und ihren Pessimismus entscheidend dazu beitragen.

Andere Kinder versuchen, den verwirrenden Botschaften mit absoluter Eindeutigkeit zu begegnen. Sie sind chronisch ehrlich, auch wenn sie sich dafür Schwierigkeiten einhandeln: Lieber lassen sie sich bestrafen! Aber auch die Unehrlichkeiten anderer decken diese Kinder ohne Rücksicht auf Verluste auf. Solche Menschen können häufig „keinen Spaß verstehen", weil sie dazu neigen, alles wörtlich zu nehmen.

Es gibt noch eine dritte Möglichkeit, auf Doublebinds zu reagieren: Das Kind entscheidet, nicht zu wählen. Diesen dritten Weg spürten wir zusammen mit den Klienten auf, die uns wegen Entscheidungsschwierigkeiten aufsuchten. Als Kinder waren sie daran gewöhnt, immer zwei Botschaften, die sich gegenseitig aufhoben, gleichzeitig zu erhalten. Da sie ihrem Temperament nach eher ängstlich waren, wagten sie nicht, der verbalen oder der nonverbalen Kommunikation den Vorzug zu geben: Sie entschieden sich gegen die Möglichkeit einer Entscheidung. Im Alltag sind solche Menschen unentschlossen bis handlungsunfähig. Sie wirken eher zerstreut und sind häufig unkonzentriert. Viele verlieren sich bei der drohenden Gefahr einer Entscheidung in innere Welten und können die reale Umwelt vollständig „vergessen".

Gerne „verlegen" die Betroffenen wichtige Termine oder Schriftstücke und geben ihre Unterlagen, wenn überhaupt, auf den letzten Drücker ab, wobei wichtige Dokumente fehlen können. Zuweilen verzetteln sie sich in so vielen Aktivitäten, dass die Gefahr, sich zu entscheiden, auf Grund vollständiger Überlastung entfällt. Körperlich völlig entkräftet, bringen sie überhaupt nichts mehr zustande und haben damit eine gute Entschuldigung, im Vakuum zu verharren. Andere fangen viele Dinge an, ohne sie jedoch jemals zu Ende zu bringen.

Alle Menschen, die in einer mit paradoxer Kommunikation belasteten Familie aufwuchsen, haben als Erwachsene Schwierigkeiten, die sie nicht zuordnen können. Da sie nie gelernt haben, sich und ihre Bedürfnisse wahrzunehmen, versuchen sie verzweifelt, aus den Äußerungen ihrer Mitmenschen etwas über sich zu erfahren. Viele haben Probleme damit zu sagen, was sie wollen. Sie fühlen sich wertlos und neigen dazu, für alles Verantwortung zu übernehmen. Da der Glaubenssatz, nach dem sich ihr Lebensskript orientiert, nicht bewusst und darüber hinaus paradox ist, gelingt es ihnen nicht, wirklich etwas zu verändern.

Der Weg zur Veränderung führt zuerst einmal über das Verständnis der Paradoxien und das Bewusstmachen der eigenen Muster. Diesen Weg sind wir mit vielen Klienten bereits gegangen und können daher bezeugen, dass er funktioniert.

## Doublebinds in der Partnerschaft

Der Beziehungsforscher John Bowlby stellte in Langzeituntersuchungen fest, dass die Bindungserfahrungen der Kleinkinder die Beziehungsmuster der Erwachsenen entscheidend prägen. Die Auswirkungen des paradoxen Verhaltensmusters „Doublebind" finden wir in der von ihm *„unsicher ambivalent"* genannten Beziehungsstruktur beschrieben:

Unsicher ambivalent gebundenen Kleinkindern falle es später außerordentlich schwer, sich von ihren Ursprungsfamilien abzunabeln, weil sie durch die unerfüllten Sehnsüchte an ihre Eltern gebunden blieben. Gleichzeitig klammerten sich die Betroffenen verzweifelt an neue Bindungspersonen, von denen sie sich die Erfüllung ihrer Wünsche erhofften. Ihrem Kindheitsmuster gemäß, idealisierten sie die Partner und lehnten sie gleichzeitig ab. Die große Sehnsucht nach engen Beziehungen würde selten erfüllt, sei es, dass sie treffsicher Partner fänden, die genauso große Angst vor Nähe hätten wie sie selbst, oder dass sie der angebotenen Nähe zutiefst misstrauten (Huber, 2003, S. 93).

Der Psychoanalytiker Bowlby wusste nichts von systemischem Denken und Doublebinds und doch beschreibt er das Bindungsmuster, das durch einen paradoxen Kommunikationsstil entstehen muss: unsicher und ambivalent, hin- und hergerissen zwischen Idealisierung und Hass. Dass solche Beziehungen selten erfüllend verlaufen, ist wohl nicht verwunderlich.

Bei jeder unsicher ambivalenten Beziehung steht folgende Frage im Vordergrund: Wie kann ich meine große Angst vor Nähe und meine genauso große Sehnsucht nach Nähe mit einem anderen Menschen in einer Partnerschaft leben ? Die Antwort darauf lautet:

*Ich tue nur so, als ob die Beziehung bestünde.*
*In Wirklichkeit vermeide ich sie !*

Der Leser, die Leserin, sei an dieser Stelle noch einmal daran erinnert, dass niemand – wirklich niemand ! – dieses Muster bewusst anwendet. Es geht hier nicht um Männer oder Frauen, die ihre Partner wissentlich hintergehen, weil sie sich gewisse „Hintertürchen" offen halten wollen. Die vom Doublebind Betroffenen sind sich selbst ausgeliefert und wünschen sich oft nichts mehr, als dieses destruktive Muster endlich loszuwerden. Das Motto „*Ich vermeide die Beziehung zu dir*", wird natürlich nicht bewusst formuliert, sondern gehört zu den ungeschriebenen Gesetzen eines „Doublebindsystems".

Eine gute Möglichkeit, gleichzeitig die Sehnsucht nach Liebe und die Angst vor Nähe zu leben, sind Affären mit verheirateten oder fest liierten Männern oder Frauen. Wer sich nur in Menschen verliebt, die nicht wirklich frei sind, hat unbewusst seine guten Gründe, ohne diese indes zu kennen.

*Ein Klient klagte, er sehne sich seit Jahren nach einer festen Partnerin; seltsamerweise verliebe er sich jedoch nur in verheiratete Frauen, mit denen er kurze, sehr leidenschaftliche Affären habe. In demselben Gespräch sagte er nur wenige Minuten später, die Vorstellung, mit einer Frau zusammenzuleben, erfülle ihn mit Panik. Dabei war ihm überhaupt nicht bewusst, dass der Wunsch nach einer festen Partnerin und seine Panik vor einer Partnerschaft sich gegenseitig neutralisierten. Als wir ihn darauf aufmerksam machten, erkannte er zu seinem Erstaunen, dass er sich diesem paradoxen Beziehungsskript gemäß immer die „richtigen" Partnerinnen ausgesucht hatte.*

Andere verlieben sich in Menschen, die mindestens am anderen Ende der Erde wohnen. Nicht wenige pflegen jahrelang Beziehungen, bei denen sie sich nur wenige Wochen im Jahr sehen. Andere pflegen ihre Partner immer dann zu verlassen, wenn es ernst zu werden droht. Sie ziehen aus der gemeinsamen Wohnung aus, weil sie wissen, dass sie die Beziehung nur retten können, wenn sie Abstand schaffen. Sie handelten nach der unbewussten Regel:

*„Nur in der Ferne bin ich dir nahe,
doch in der Nähe bin ich dir fern."*

Nun gibt es natürlich sehr viele Paare, die trotz Doublebinds in festen Partnerschaften leben; diese Beziehungen halten sogar meist sehr lange. Trotzdem gilt auch hier die Regel: *„Ich vermeide die Beziehung zu dir!"* Wie hält man den Partner auf Abstand, wenn man in einer Beziehung, meist sogar in einer Wohnung, zusammenlebt und darüber hinaus nicht einmal weiß, wie groß die eigene Angst vor Nähe ist, weil die Sehnsucht nach Nähe so sehr im Vordergrund steht?

Eines der hier wirksamen Muster ist die symmetrische Beziehungsgestaltung, die Paul Watzlawick in seinem Buch „Menschliche Kommunikation" (S. 103 ff.) eindrücklich beschrieb. Menschen, die paradox kommunizieren, sind sehr darauf bedacht, Unterschiede möglichst zu nivellieren, da Verschiedenheit nicht als Bereicherung, sondern als Bedrohung verstanden wird. Wenn Paare ihre Ähnlichkeit betonen, liegt ein symmetrisches Beziehungsmuster vor.

Nun sollte man annehmen, eine Beziehung, in der ausschließlich Symmetrie verfolgt wird, sei harmonisch, weil Konflikte in jedem Fall vermieden werden. Dies ist jedoch nicht so. Die Auseinandersetzungen oder, wie Watzlawick es nennt, die *„symmetrischen Eskalationen"*, verlaufen nur wesentlich weniger offensichtlich aggressiv. Häufig verbergen sie sich hinter so genannten Sachthemen.

Nehmen Sie folgendes Beispiel: Sie fragen ein Paar nach seinen Erlebnissen im Urlaub. Der Mann beginnt zu erzählen, die Frau hört ihn an und sagt dann: „Ja, aber da habe ich meine Einwände", und berichtet ihre Version der Geschichte, woraufhin der Mann entgegnet: „Ja, aber du hast nicht berücksichtigt ...", und so geht es weiter und weiter. Beide bleiben vordergründig freundlich, denn es geht ja offensichtlich „nur" um Inhalte, die verschieden erinnert wurden. Doch in Wirklichkeit tobt bereits ein erbitterter Kampf um die Kontrolle über die gemeinsame Welt, die keiner der beiden zu Gunsten des anderen aufgeben wird.

Da keiner den Bericht seines Partners ohne Einschränkungen und Einwände akzeptiert, sagt er ihm damit:

*Das, was du sagst, gilt nicht für mich.*
*Deine Wahrheit entspricht nicht meiner Wahrheit,*
*deine Welt entspricht nicht meiner Welt.*
*Ich vermeide die Beziehung zu dir.*

Diskussionen, bei denen sich beide mit immer neuen „logischen" Einwänden überbieten, sodass es letztlich nicht zu einer Entscheidung kommt, sind ebenfalls ein beliebtes Muster.

Außer Einwänden gibt es noch andere Spielarten, mit denen man sich täglich neu beweisen kann, dass man in verschiedenen Wirklichkeiten lebt: Vereinbarungen. Diese können der Symmetrie sehr gefährlich werden, da sie ja meist von einem der beiden Partner vorgeschlagen werden. Wenn der andere sie anerkennen würde, müsste er sich unterordnen. Dies kann er, je nach Temperament, auf verschiedene Weisen vermeiden.

Manche tun so, als stimmen sie zu, überlassen diese Zustimmung aber bereits in der nächsten Sekunde dem gnädigen Ozean des Vergessens. Andere stimmen zwar zu, behalten sich aber vor, diese Zustimmung nach Lust und Laune wieder zurückzuziehen. Wieder andere stimmen zu, finden dann aber in letzter Minute genügend Gründe, die die Einhaltung einer gemeinsamen Vereinbarung unmöglich machen.

Sachzwänge sind häufig *das* Mittel, um eine Beziehung dauerhaft zu vermeiden. Den Regeln des Doublebind-Systems getreu ist der Sachzwang „schuld" an allen möglichen Widrigkeiten: Kunden, Klienten, Patienten, alles ist wichtiger als die Vereinbarung mit der eigenen Partnerin oder dem Partner.

Häufig dient die Hilfeleistung für einen anderen Menschen als beste Entschuldigung, und das betrifft keinesfalls nur die helfenden Berufe. Der Mann, der sich zu jeder Tages- und Nachtzeit bereiterklärt, Reparaturarbeiten für Nachbarn, Freunde oder Bekannte auszuführen, gehört genauso dazu wie die Frau, die jederzeit Sonderaufträge für ihre Firma übernimmt. Das Telefon wird zu einem wichtigen Verbündeten. Seit das Handy nicht mehr aus der Jackentasche wegzudenken ist, kann man sich getrost auf seine abstandschaffende Wirkung verlassen.

„Liebling, es tut mir schrecklich leid, aber Herr/Frau Meier-Müller-Schulze hat eine Kolik/eine Krise/ein verstopftes Abflussrohr/ein PC-Problem und nur ich kann ihr helfen. Leider, leider muss ich weg!", und schon sind sie weg, die getreuen Helfer der Kranken und Bedürftigen, so als ob es in Mitteleuropa niemanden sonst gäbe, der bestens dazu geeignet wäre, Herrn/Frau Meier-Müller-Schulze zu unterstützen.

Kommen solche Paare in die Beratung, weil einer von beiden diese Situation nicht mehr aushält, werden die Sachzwänge zu „heiligen Kühen" erklärt, die niemand in Frage stellen darf. Natürlich geht es auch bei diesen Partnerschaften allem Anschein zum Trotz nicht um Sachzwänge, sondern um die Definition der Beziehung.

Derjenige, der es nicht schafft, sein Telefon abzustellen, um mit der Frau oder dem Mann des Herzens Zeit zu verbringen, sagt seinem Partner: *„Sei dir meiner nie wirklich sicher. Ich habe vielleicht eine Beziehung zu meinen Patienten, Klienten, Geschäftspartnern, Freunden und Kunden, aber nicht zu dir. Ich stelle dir jedoch in Aussicht, dass es ein anderes Mal klappen könnte."* So bleiben alle Beteiligten im Spiel, das in die nächste Runde geht, und nicht selten jahrzehntelang gespielt wird. Wir betreuten Paare, die nach drei Jahrzehnten Ehe fassungslos erkannten, wie sie ihre Beziehung unter Vorgabe von Sachzwängen bisher vermieden hatten.

Das größte Problem bei ausschließlich symmetrischen Beziehungen besteht darin, dass der erbitterte Kampf um die sogenannten „Kleinigkeiten" die Lebensenergien raubt. Jede scheinbar noch so unwichtige Entscheidung wird zu einem zermürbenden Machtkampf, der sich im Endeffekt nicht lösen lässt. Ruhe gibt es nur zeitweilig, wenn beide so erschöpft sind, dass ihnen schlichtweg die Kraft zum Kämpfen fehlt. Die nächste Runde beginnt jedoch unweigerlich dann, wenn sich beide wieder stark fühlen. Trennen können sich die Betroffenen auch nicht, weil die Angst vor dem Alleinsein so riesengroß ist, dass sie den ständigen Kampf trotz allem vorziehen.

Selbst wenn die Beteiligten versuchen, ihre Probleme durchzusprechen, bleiben sie zwangsläufig an der Oberfläche „Sachthema", weil sie natürlich nicht wissen, dass sie in einem paradoxen Kommunikationsmuster gefangen sind. Aus diesem Grund sind sie ehrlich verzweifelt. Ohne Kenntnis der zu Grunde liegenden Dynamik bleibt die Problematik unlösbar.

Deshalb geben wir dem Doublebind eine solche Sonderstellung: Er ist eben nicht ein x-beliebiges Kommunikationsmuster, für oder gegen das man sich entscheiden kann, denn das können nur diejenigen, die sowieso nicht davon betroffen sind. Ist man erst einmal infiziert, wird man auf dem „paradoxen Auge blind" mit allen destruktiven Folgen für die Paarbeziehung, die Elternschaft und das Berufsleben.

Erst wenn beide verstanden haben, dass nicht der Partner, sondern die paradoxe Kommunikation und die symmetrische Beziehungsstruktur die „Feinde" sind, gegen die es zu kämpfen lohnt, hat die Partnerschaft die Chance, eine wirkliche Beziehung zu werden. Das erfordert jedoch Durchhaltevermögen, eine grundsätzliche Wertschätzung des Partners und „gnadenlose" Ehrlichkeit gegenüber sich selbst.

Diejenigen, die den Weg gegangen sind, haben ihre „Beziehungskiste" in ein Beziehungshaus verwandelt. Wie bei einer Wohnung braucht die Renovierung Geduld, die Bereitschaft, Veränderungen auszuprobieren und die unvermeidlichen Rückfälle bestenfalls mit Humor zu bewältigen.

Die Paare, die diese Zeit miteinander durchstehen, sind in der Lage, wirkliche Nähe zu erleben *und* dem anderen Raum für eigene Bedürfnisse zu geben. Unterschiedlichkeit wird als Bereicherung erlebt, Gefühle werden angesprochen, Konflikte ausgetragen und Lösungen erarbeitet. Über die Krise haben diese Paare gelernt, die Beziehung als Nährboden für gemeinsames Wachstum zu erleben. Solche Partnerschaften sind gut gerüstet, die ganz normalen Krisen des Alltags zu bewältigen. Ihr Fundament ist jetzt nicht mehr auf den Sand der Emotionen, sondern auf den Fels gemeinsamen Wachstums gebaut.

Und dieser Boden trägt!

*Selbstreflektion:*
Ich erkenne bei mir folgende Lösungsstrategie:
Diese Strategie hat folgende Auswirkungen in meinem Berufsleben:
Diese Strategie hat folgende Auswirkungen in meiner Partnerschaft:

# Die weibliche und
# die männliche Sicht der Wirklichkeit

Häufig streiten Paare, weil sie die Wirklichkeit unterschiedlich wahrnehmen. Zuweilen hören wir so konträre Berichte ein- und derselben Situation, dass wir, wenn wir es nicht besser wüssten, glauben könnten, es handle sich um zwei Geschichten, die nichts miteinander zu tun haben.

Dass die Wirklichkeit unterschiedlich wahrgenommen wird, ist völlig normal. Systemische Psychotherapeuten sind grundsätzlich davon überzeugt, dass jeder die Wirklichkeit auf Grund seiner individuellen Prägung interpretiert. Die philosophische Richtung, die dieser Sicht zu Grunde liegt, heißt Konstruktivismus, und die moderne Hirnforschung beweist, dass diese Sicht weit mehr ist als Philosophie. Je öfter wir einen Gedanken denken und danach handeln, umso wahrscheinlicher ist es, dass wir den gewohnten Ablauf wiederholen.

Doch abgesehen von der individuellen „Brille", durch die wir unsere Wirklichkeit interpretieren, färben Männer und Frauen ihre unterschiedlichen Wahrnehmungen geschlechtsspezifisch. Die Gleichheit der Menschen vor dem Gesetz heißt nicht, dass Männer und Frauen gleich beschaffen sind. Die Anziehung zwischen den Geschlechtern beruht ja zum nicht geringen Teil auf dieser Unterschiedlichkeit. Das, was in schönen Stunden jedoch so anziehend wirkt, geht uns bei Konflikten ganz schön auf die Nerven. Auffallend ist, dass sich Männer und Frauen in der Regel über ähnliche „Nervmuster" beim anderen Geschlecht beklagen.

Eigentlich ist es ein alter Hut, dass Männer und Frauen die Welt verschieden sehen. Es gab von Anfang an verschiedene Aufgaben: Die Männer waren Jäger, die sich, wenn nötig, auch weit weg von der Wohnstätte entfernten, um Beute zu machen. Die Frauen blieben bei den Kindern, hielten sich vor allem in deren Nähe auf und versorgten sie.

Ob diese Aufgabenteilung Ursache oder Wirkung ist, bleibt Spekulation. Nachdem in den letzten dreißig Jahren vor allem Prägungen aus Erziehung und Gesellschaft für die unterschiedlichen Verhaltensweisen von Männern und Frauen verantwortlich gemacht wurden, lässt sich die geschlechtsspezifische Unterschiedlichkeit heute sogar wissenschaftlich nachweisen.

Wir wollen in diesem Kapitel versuchen, zwischen geschlechtsspezifischer neurophysiologischer Veranlagung, den Prägungen durch Erziehung, Gesellschaft und Religion, und der persönlichen Individualität zu unterscheiden.

Zuerst erklärt unser Kollege Volkmar Suhr die Unterschiede, die neurophysiologisch zwischen männlichen und weiblichen Gehirnen nachzuweisen sind. Danach zeigen wir, wie sich diese Unterschiedlichkeit in Paargesprächen zeigt, erörtern die gesellschaftlichen Auswirkungen einer vorwiegend männlichen Wirklichkeit, sprechen über die Ursünde, als Frau geboren zu sein, zeigen die verschiedenen Haltungen zu festen Beziehungen auf und beschäftigen uns mit dem Thema Sex.

In jedem Abschnitt wird es Männer und Frauen geben, die sich überhaupt nicht mit dem Geschriebenen identifizieren können. Es geht uns auch nicht darum, Menschen in Schubladen einzuordnen, sondern Modelle vorzustellen. Auch wenn Sie sich selbst nicht wiederfinden, kann Ihnen das Modell als Anregung dienen, die Problematik zwischen Männern und Frauen anders wahrzunehmen.

## Neurophysiologie und Geschlecht –
## Warum sie mitfühlt, während er weiß, wo es langgeht
Volkmar Suhr

Die aktuelle neurologische Forschung liefert nahezu täglich neue Erkenntnisse über die Funktionsweise unseres Gehirns. Die diesbezüglichen diagnostischen Möglichkeiten sind durch die bildgebenden Verfahren sehr verbessert worden, sodass es möglich ist, unser Nervensystem in seinen Einzelfunktionen recht differenziert zu erfassen.

Aller Euphorie zum Trotz muss aber bereits an dieser Stelle angemerkt werden, dass erst der kleinste Teil unseres Gehirns tatsächlich bekannt ist und noch unendlich Vieles ungeklärt im hypothetischen Bereich verbleibt. Sind doch die mit Spannung erwarteten Ergebnisse einer hoch spezialisierten und technisierten Neurologie zuweilen ernüchternder und die tatsächlich belegbaren Verschiedenheiten zwischen männlichen und weiblichen Gehirnen zwar durchaus vorhanden, aber dennoch viel geringer als vielleicht erhofft. Die Forschung geht mitunter nach folgendem Motto vor: „Es kann doch im Kopf etwas nicht stimmen, wenn er die Socken einfach nicht wegräumt oder sie viel zu selten Lust auf Sex hat."

Es soll entgegen diesen Polarisierungen hier eher um Tendenzen, Richtungen, Schwerpunkte und grundlegende Ausrichtungen weiblicher und männlicher Nerven- und besonders auch Hormonsysteme gehen. Diese Forschungsperspektive erlaubt einen entspannten und dennoch exakten Blick auf die Dinge – gleich einem paartherapeutischen Glaubensbekenntnis, bei welchem Unterschiede und Gemeinsamkeiten zunächst einmal festgestellt und nicht gleich beurteilt werden.

Auch die gesellschaftspolitische Dimension des Geschlechterdiskurses ist in diesem Zusammenhang wichtig. Ohne hier näher auf die reichlich vorhandenen Ansätze zu „Gender" einerseits und „Geschlechtsrolle" andererseits einzugehen, muss doch klar sein, dass die Diskussion von biologischen Unterschieden immer vor dem Hintergrund von Sozialisation also Kultur, Erziehung und nicht zuletzt Religion geführt wird. Um zu verhindern, dass wir in gerade überwundene, über lange Zeit tradierte Geschlechtsrollen zurückfallen, sei ein kritisch-konstruktivistischer Blick empfohlen. Auch sollte aller neurobiologischer und hormoneller Grundausstattung zum Trotze die Selbstverantwortung im Zentrum unseres Denkens und Handelns stehen. Kurz: Kein Hormon und keine neuronale Struktur ist imstande, Ausflüchte oder Entschuldigungen für grundsätzlich hirnphysiologisch und hormonell gesunde Menschen zu bieten.

Wir gehen davon aus, dass wir zunächst Menschen, also empfindende, intelligente Wesen sind, welche selbstverantwortlich, bewusst und kooperativ ihren Weg suchen und auch finden können. Eben dies wird zusehends durch die Neurobiologie untermauert. Wir sind ganz offensichtlich lebenslang lernende Wesen mit Neuronen, die sich ebenso lange neu verschalten können. Es herrscht stetiger Wandel und potentielles Wachstum (Rösler, 2004, S. 32f; Spitzer, 2005, S. 38). Bei allen sehr wohl bestehenden Verschiedenheiten zwischen Männern und Frauen, verbindet uns dies.

## Verhaltensunterschiede

Es erscheint aus vielerlei Hinsicht wenig sinnvoll, die meisten Frauen in ihrem Potenzial sinnbildlich auf die Venus und die Männer auf den Mars zu verfrachten, reißt doch eine solche Betrachtung weitere Gräben auf. Zudem sind Männer und Frauen aus genetischer Perspektive zu 99% identisch (Brizendine, 2006, S. 12). Andererseits unterscheiden sich die Geschlechter in ihrem beobachtbaren Verhalten sehr. Männer verfügen zwar über ein „weibliches" und Frauen über ein „männliches" Repertoire, sie nutzen jedoch diese Anteile sehr unterschiedlich. Die meisten Menschen scheinen sich also irgendwann und irgendwie zu entscheiden, fortan als Mann oder als Frau zu leben. Die

Übergänge sind jedoch fließend und unterliegen aktuell erheblichen Veränderungen. Beginnen wir in der Kindheit und Jugend! Es besteht Einigkeit darüber, dass Jungen und Mädchen nach wie vor verschiedene Verhaltensweisen zeigen. Bereits bei Neugeborenen lassen sich geschlechtsspezifische Unterschiede in der Interessenslage entdecken. So konnte festgestellt werden, dass Mädchen eher zu einem Gesicht und Jungen eher zu einem abstrakten Mobile „Blickkontakt" aufnehmen (Baron-Cohen, 2004, S. 85f ).

Weiterhin lässt sich beobachten, dass allen pädagogisch gut gemeinten Interventionen zum Trotz eben doch die meisten Mädchen Puppen und Jungen technisches Spielzeug bevorzugen. Die meisten Jungen raufen gerne und neigen dazu, andere zu hänseln (ebd. S. 50 f, Hines, 2004, S. 109ff; Spitzer, 2006, S. 210f). Sie treten häufiger antisozial und aggressiv auf, während Mädchen sich offenbar besser in andere hineinversetzen und mitfühlen können.

Bei Verteilungskämpfen sorgen Jungs zunächst für sich, während Mädchen auch an andere und vor allem an Gerechtigkeit denken und diese durchzusetzen versuchen. Kommen Jungen neu in eine Gruppe, wollen sie das Ruder übernehmen, während Mädchen sich langsam herantasten. Anders herum neigen Jungen eher dazu, Neulinge auszugrenzen bzw. gar keine Notiz von ihnen zu nehmen. Mädchen hingegen gehen in die Rolle der freundlichen Gastgeberin.

Entgegen der Konzepte von Co-Edukation finden sich Jungen und Mädchen nach wie vor eher in gleichgeschlechtlichen Gruppen zusammen. Rangkämpfe, die sich bei beiden Geschlechtern und besonders in den gleichgeschlechtlichen Peergroups abspielen, weisen deutliche Unterschiede auf: Jungen gehen gleich zur Sache und verschaffen sich ihren Vorteil mehr oder minder gewalttätig und durch Herabsetzen von anderen Gruppenmitgliedern, während Mädchen eher strategisch vorgehen. Hier steht ein dezidiertes Spiel mit Vertrauen und engen Bindungen im Vordergrund. Rivalinnen werden zuweilen mit der Drohung des Verbindungsabbruchs in Schach gehalten. Wir haben es also mit einer Art weiblicher Gewalt zu tun, die paradoxerweise ein

Mindestmaß an Empathie voraussetzt (Baron-Cohen, 2004, S. 52f, 55, 63ff, 69 ). Die bis hierher dargelegten Unterschiede entwickeln sich offenbar bei den meisten Männern und Frauen weiter, sodass Frauen besonders im Ambiente der Arbeitswelt eher über sich, Männer jedoch über andere lachen können. Frauen können mittels ihrer besseren Empathiefähigkeit die Gemeinschaft nach innen stabilisieren und haben in diesem Sinne vielleicht mehr Demokratieverständnis. Auch hat man festgestellt, dass Mütter sich in ihrer Sprache eher auf das Kind einstellen, während Väter komplizierte Sätze gebrauchen (ebd. S. 84).

Erwähnenswert ist sicher noch, dass Mord und Gewaltverbrechen eindeutige Männerdomänen sind, während Mädchen und Frauen ihre Aggressionen offensichtlich mit mehr Bedacht und Strategie einsetzen. Eben dazu bedarf es aber wiederum Empathie (ebd. S. 58, 59, 83, 109, 120, 177) !

## Einblicke in die Evolution

Bei näherer Betrachtung all dieser geschlechtsspezifischen Unterschiede im Verhalten drängt sich im Hinblick auf die Theorie der Evolution die Frage auf, ob und inwiefern diese Verschiedenheiten einen speziellen Sinn haben, welcher offenbar zu unserem Überleben als Spezies beiträgt. Es zeigt sich aus neurobiologischer Sicht, dass Männer und Frauen über die Zeit unterschiedliche und gleichzeitig höchst sinnvolle Fähigkeiten entwickelten, die sich zudem ausgesprochen gut ergänzen (könnten).

Die Tatsache, dass Männer besser werfen und zielen, dürfte sicher eine überlebenswichtige Kompetenz sein, sind doch auf diese Weise angreifende Feinde und wilde Tiere besser abzuwehren und Beute effektiver zu jagen und zu erlegen. Das gute räumliche Vorstellungsvermögen, die Fähigkeit, Spuren zu lesen und Werkzeuge und Waffen herzustellen, erleichtern sowohl das Beschaffen von Nahrung wie auch die Verteidigung der Gruppe (Kimura, 1999, S. 16, 28, 31f).

Bei Frauen hat es sich offenbar in Bezug auf den Nachwuchs als sinnvoll herausgestellt, Fähigkeiten im Bereich der Feinmotorik, Kommunikation und Empathie zu entwickeln (ebd. S.36; Baron-Cohen, 2004, S. 86, 165ff, 177; Brizendine, 2006, S. 156ff). Baron-Cohen beurteilt die Evolution dahingehend, dass sich im Laufe der Zeit ein männliches Gehirn mit den besonderen Fähigkeiten des Systematisierens und der vermehrten Aggression – „*S-Gehirn*"– als auch ein weibliches Nervensystem mit weitaus besseren Fähigkeiten zur Empathie – „*E-Gehirn*" – entwickelt habe (ebd. 2004, S. 18ff).

Außer Frage steht aber auch für Baron-Cohen, dass es einen tieferen Sinn haben muss, dass Männer und Frauen auf so vielen Ebenen verschieden sind. So zeigt er auf, dass Männer mittels ihres „*S-Gehirns*" leichter Gewalt ins Spiel bringen können und damit eine schützende, also wünschenswerte Funktion für den Stamm übernehmen können. Baron-Cohen zufolge stabilisieren Männer die Gemeinschaft mittels Jagen, Werfen, Schlagen, Macht, Aggression und Dominanz nach außen – zumindest sei das einmal so gewesen. Frauen hingegen manifestierten Werte wie Freundschaft, Kommunikation, Nähe, Empathie und Bemutterung und schafften so eine Stabilität nach innen (ebd. S.164, 166f, 174ff).

Baron-Cohen schlägt mit seiner Unterscheidung zwischen „E- und S-Gehirnen" und den durchaus erhaltenswerten männlichen und weiblichen Nuancen ein Konzept vor, welches eine ganze Reihe von Unterschieden als entwicklungsgeschichtlich sinnvoll erachtet. Die Evolution hat seiner Meinung nach nichts Fehlerhaftes oder Unvereinbares hervorgebracht, sondern Wesen mit verschiedenen Empfindungen, Interpretationen und Aufgaben, welche jedoch über eine Fülle von Gemeinsamkeiten verfügen. Auch hält er keinen der beiden Gehirn-Typen für besser (ebd. S. 164ff, S. 250)!

Der Neurologe Manfred Spitzer mahnt in Bezug auf die Evolutionstheorie an, dass unsere Gene und schon gar nicht die Männer per se nur durch gewalthafte Stärke überlebt haben können. Er ist der Überzeugung, dass es bei der rein darwinistischen Sichtweise vor allem darum gehe, die bestehenden Machtgefälle auf der Welt aufrechtzuerhalten

(Spitzer, 2006, S.58, S. 248). Aus neurologischer Sicht sei dies keineswegs zu belegen, da Kooperation das Belohnungssystem des Gehirns ankurbele, womit wahrscheinlicher wird, dass Menschen sich gegenseitig unterstützen (ebd. S. 60). Hier rückt also der Mensch als Wesen in den Vordergrund, welches nicht nur zur Gemeinschaft fähig, sondern auch neurophysiologisch dafür prädestiniert ist. *„Nächstenliebe gehört zum Menschen, sie macht uns Freude, auch und gerade aus rein (neuro) biologischer Sicht"* (ebd.).

Es gilt übrigens als gesichert, dass der Ausschluss aus der Gemeinschaft im Gehirn als Schmerz identifiziert und auch von den Betroffenen so empfunden wird (Spitzer, 2006, S. 247). Besonders Hirnareale in der Großhirnrinde, welche bei Frauen größer sind, nehmen in ihrer Aktivität zu, sollte sich die Gemeinschaft gegen das Individuum stellen. Ob Frauen den Ausschluss vom Kollektiv tatsächlich schmerzhafter als Männer empfinden, ist bisher jedoch nicht belegt, der Prozess der Ausgrenzung hat jedoch eindeutige neurobiologische Folgen (ebd.).

Der kurze Blick in die Stammesgeschichte des Menschen endet vorerst also in einer komplexen Diskussion. Ein Konsens ist nicht in Sicht, gleichwohl eine anregende Auseinandersetzung rund um das Wesen Mensch und sein Gehirn. Eine Abkehr vom Menschenbild der hegemonialen Überlegenheit scheint jedoch aus neurobiologischer Sicht mehr als fällig zu sein. Unser Nervensystem ist offenbar vielmehr auf ein Miteinander ausgerichtet als es bisher angenommen wurde.

## Grundlegendes zum Nervensystem

Das Gehirn ist unsere oberste Schaltzentrale, das man grundsätzlich in drei Bereiche unterteilen kann:

- das Großhirn mit der Großhirnrinde – Neocortex
- das Limbische System – „Säugetiergehirn"
- den Hirnstamm – „Reptiliengehirn"

Entwicklungsgeschichtlich sind der Hirnstamm und das Limbische System älter als das Großhirn. Auf das Nötigste reduziert lässt sich sagen, dass im Hirnstamm lebenswichtige Funktionen wie Atmung und Kreislauf nach dem Prinzip „alles oder nichts" gesteuert werden. Im Limbischen System (u.a. Amygdala und Hippocampus), das anatomisch nicht eindeutig abzugrenzen ist, werden Empfindungen, Flucht und Kampf und Gedächtnisleistungen gesteuert.

Im Großhirn finden schließlich bewusstes Denken und bewusste Wahrnehmung statt. Im präfrontalen Cortex (Teil des Großhirns) finden wir hierbei besondere „Programme" des sozialen Zusammenseins, des Taktgefühls und, gemäß der Erkenntnis der Kinesiologie, die „Lösungen" für emotional Bedrängendes (Faller, 1995, S.535f; Tölle, Windgassen, 2003, S. 292ff; Stokes, Whitesisde, 2003, S. 19ff).

Im Gehirn laufen also unsere „Lebensfäden" zusammen wobei selbst geringste Verletzungen zu schweren Behinderungen führen können. Wundersamerweise führen andererseits schwerste Schädelverletzungen manchmal zu gar keinen Ausfällen – das Zentrale Nervensystem gibt uns noch viele Rätsel auf.

Das Gehirn nimmt Impulse und Eindrücke auf und gibt Impulse ab. Das Hineinkommende wird sinnlich, also sensorisch, wahrgenommen. Die körperlichen Antworten, die mit einem Reiz zusammenhängen, erfolgen motorisch.

Hören wir zum Beispiel, dass unser Name gerufen wird, kommt diese Information akustisch an, wird an das Gehirn weiter geleitet – wir „erkennen" unseren Namen –, und die motorische Antwort könnte

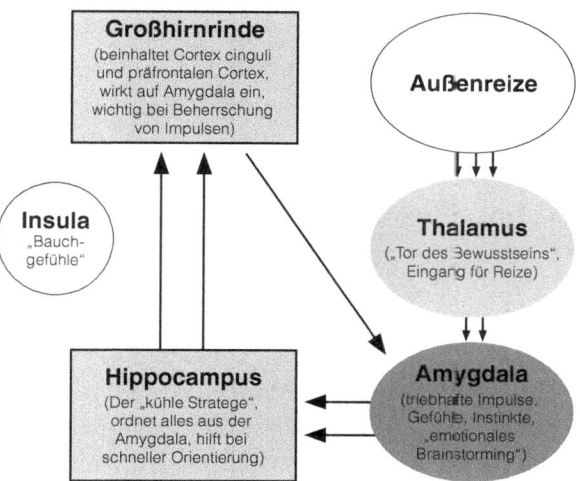

sein, dass wir uns umdrehen und nach dem Rufer Ausschau halten. Die Informationsweitergabe in und zwischen den Neuronen läuft chemisch und elektrisch. Wie die Informationen genau weitergegeben werden, ist erst zu einem kleinen Teil erforscht. Eine wichtige Rolle spielen hierbei die Botenstoffe, die Transmitter und die Hormone, welche eine Basis für das Funktionieren sowohl des Nervensystems als auch des Organismus darstellen.

Das Gehirn sorgt für sich und verfügt über verschiedene Schutzmechanismen. Nur manche der aufgenommenen Eindrücke werden bewusst wahrgenommen. Einige Dinge werden gespeichert, andere werden gar nicht erst hineingelassen – ein lebenswichtiger Filter! Wiederholte und/oder schockartige Eindrücke und Informationen finden zumeist tiefen Eingang in unser Nervensystem – wir vergessen manches nie. Und noch eines: Lernen schafft neue Verknüpfungen! Unser Gehirn ist also das ganze Leben hindurch zur Veränderung bereit (Spitzer, 2005, S. 58).

## Anatomische Unterschiede

Würde man einem Arzt ein grundsätzlich gesundes, unverletztes menschliches Gehirn zur Untersuchung auf den Tisch legen, so könnte dieser keine Angaben zu Geschlecht, Intelligenz, sexueller Orientierung, Integrität, Ethik oder gar Moral des Betreffenden tätigen. Nichts von dem wäre sichtbar. Erst beim Vergleich mehrerer Gehirne lassen sich Verschiedenheiten feststellen.

### *Männer haben ein größeres Gehirn*

Eine verständlicherweise kontrovers diskutierte medizinische Tatsache ist die, dass das Gehirn von Männern im Schnitt etwa 100 g mehr wiegt als das der Frauen, und Männer damit normalerweise über ca. 4 Milliarden mehr Nervenzellen verfügen. Ob dies in irgendeiner Form relevant ist, bleibt vorerst hypothetisch, denn man ist der Ansicht, dass Männer und Frauen trotz verschieden großer Gehirne gleich intelligent sind (Hines, 2004, S. 183ff, S. 87; Kimura, 1999, S. 128). Bei den sichtbaren Unterschieden vermutet man, dass das männliche Hormon Testosteron eine wichtige Rolle spielt und dazu führt, dass bei Männern die rechte Hirnhälfte größer ist als das linke Gegenstück (Baron-Cohen, 2004, S. 149). Hormone und Hirnentwicklung hängen also eng zusammen.

### *Männer haben größere „Lustzentren"*

Die für Lust und Sex zur Verfügung stehenden Areale sind bei Männern doppelt so groß wie bei Frauen (Hines, 2004, S. 107, Brizendine, 2006, S. 148). Selten ist die Neurobiologie so klar und deutlich.

### *Frauen haben eine größeres „Sorgenzentrum"*

Ein Hirnareal, welches mit Sorgen, Schmerz und Empathie in Zusammenhang gebracht wird (Cortex cinguli anterior), ist bei Frauen größer (Brizendine, 2006, S. 24; Bauer, 2005, S. 47). Dies bedingt vielleicht, dass Frauen sich eher und öfter um jemanden Sorgen machen als Männer.

*Frauen haben mehr Masse für Sozialverhalten*
Eine Region des Großhirns, welche für das Bewusstsein, Taktgefühl, Sozialverhalten und das Finden von Lösungen zuständig ist (Präfrontaler Cortex), fällt bei Frauen größer aus (ebd.). Dies erstaunt nicht sonderlich, denn Frauen sind in ihrem Verhalten eher sozial orientiert. Es scheint in einigen Fällen eben doch so zu sein, dass die Größe eines Hirnareals mit besserer Leistung zusammenhängt.

*Frauen haben ein größeres „Bauchgefühlzentrum"*
Eine tief im Inneren des Großhirns gelegene Struktur (Insula), die vornehmlich mit der Verarbeitung der Körpergefühle in Zusammenhang gebracht wird, ist größer und aktiver bei Frauen (Brizendine, 2006, S. 24). Dies scheint zu belegen, dass Frauen am Ende das bessere „Bauchgefühl" haben als Männer. Eindeutig ist das jedoch nicht.

*Die Hirnhälften sind bei Frauen stärker vernetzt*
Das Verbindungsstück zwischen den Hirnhälften, auch „Balken" genannt, ist bei Frauen und offenbar auch bei einigen homosexuellen Männern größer. Gerade Letzteres ist allerdings nicht in Gänze geklärt (vgl. Baron-Cohen, 2004, S. 157f). Eine stärkere Verbindung der Hirnhälften könnte jedoch zur besseren Vernetzung des Gehirns insgesamt führen. Wie sich noch zeigen wird, spricht vieles dafür, dass Frauen das Gehirn nicht so sehr linear, sondern ganzheitlich nutzen.

*Eindrücke und Gefühle werden anders verarbeitet*
Abschließend sei noch das „Funktionspaar" Amygdala und Hippocampus erwähnt, welches geschlechtsspezifische Unterschiede zeigt. Grundsätzlich ist die Amygdala der Ort, an welchem zunächst einmal alle Emotionen und Eindrücke ankommen. Sie ist bei Männern größer. Vielleicht ist dies der Grund, dass die meisten Männer triebhafter sind und ihre Wut nicht so gut kontrollieren können wie Frauen.

Der Hippocampus, der die eintreffenden Eindrücke ordnet, ist bei Frauen größer (Brizendine, 2006, S. 24). Dies ist allerdings nicht gleichbedeutend damit, dass Frauen ihre Gefühle generell besser regeln können; sie behalten emotional geprägte Erinnerungen nur einfach besser. Sehr zum Leidwesen vieler Männer können sich Frauen an die winzigsten Details einer emotionalen Verletzung oder eines romantischen Erlebnisses erinnern, während Männern nicht die Gesamtsituation, sehr wohl aber die Details verloren gehen können (ebd. S. 24, S. 198 ff). Vielleicht fällt in diese Rubrik auch der stets vergessene Hochzeitstag? In diesem Punkt darf zumindest tendenziell auf das männliche Gehirn verwiesen werden – Mann kann es sich einfach nicht so gut merken wie Frau sich dies wünscht. Einwände sind an dieser Stelle natürlich erlaubt!

Insgesamt sind die sichtbaren und messbaren Verschiedenheiten in ihrer Bedeutung noch nicht abschließend erforscht, auch wenn im Laufe der letzten Jahre viel Neues ans Licht gebracht wurde. Rückschlüsse über eventuelle Zusammenhänge sollten mit größter Vorsicht und in tiefem Respekt vor der menschlichen Fähigkeit, sich mittels des Bewusstseins zu wandeln und das eigene Verhalten zu steuern, getätigt werden. Gerade im Geschlechterdiskurs besteht die Gefahr, den eigenen Erfahrungsraum zu generalisieren. Am Ende stehen wir vor einer Fülle von Unterschieden und vergessen darüber, dass wir als Menschen sehr viele Gemeinsamkeiten haben.

## Die Kraft der Hormone

Was unterscheidet einen Jungen von einem Mädchen? Aus genetischer Sicht ist diese Frage eindeutig: Ein Junge hat ein X- und ein Y-Chromosom, ein Mädchen zwei X-Chromosomen. Kommt ein Baby zur Welt, ist eine der ersten Fragen: „Was ist es denn?" Ist das eindeutig beantwortet, herrscht Zufriedenheit oder auch nicht – je nach Wunsch, Kultur und Religion. Auf jeden Fall wird klar und deutlich kategorisiert.

Nun ist unsere Biologie nicht ganz so eindeutig. Auch ist keineswegs das Y-Chromosom alleine dafür verantwortlich, dass sich augenscheinlich ein Junge entwickelt. Es gibt genetisch eindeutige Mädchen (XX), die jedoch äußerlich wie Männer aussehen, auch in Bezug auf das Geschlechtsteil, obwohl die inneren Geschlechtsorgane weiblich sind. Dieses Phänomen nennt sich CAH (Congenital Adrenal Hyperplasia) und kommt bei beiden Geschlechtern vor.

Neben den Genen spielen also die Hormone nicht nur eine entscheidende Rolle bei der Ausbildung der primären und sekundären Geschlechtsmerkmale, sondern auch bei der geschlechtsspezifischen Entwicklung des Gehirns samt den dazu gehörenden Verhaltensweisen. Folglich werden hierbei die Gene deutlich über- und die Hormone in ihrer Wirksamkeit unterschätzt. Einschränkend kommt jedoch hinzu, dass die Wirkweise vieler Hormone und vor allem deren tages- sowie jahreszeitlichen Schwankungen in weiten Teilen bisher ungeklärt sind (Kimura, 1999; S. 121). Es bleibt also abzuwarten, was zukünftige Forschungen hervorbringen werden.

### Von der weiblichen Nutzung des Gehirns

Das Gehirn aller Menschen ist zunächst weiblich. Erst durch Einwirkung von Testosteron differenziert sich das männliche Gehirn etwa ab der sechsten Schwangerschaftswoche (Hines, 2004, S. 22, S. 24f). Das Gehirn der meisten Frauen unterscheidet sich nur in einigen wenigen Details von dem männlichen Äquivalent, die Nutzung dieser über die Geschlechtergrenzen hinweg recht ähnlichen „Hardware" unterscheidet sich jedoch sehr. Auch hier lassen sich Zusammenhänge zwischen Verhalten und eben typisch weiblicher Aktivierung des Gehirns herstellen.

*Die empathische Frau*
Der Neurobiologe Simon Baron-Cohen bestätigt Frauen eine bessere Fähigkeit zur Empathie und kommt, wie bereits erwähnt, zu dem Schluss, dass diese über ein sogenanntes „*E-Gehirn*" verfügen. Männer können besser systematisieren und nutzen ihr Gehirn männlich – verfügen also über ein „*S-Gehirn*" (2004, S. 18). Dies sei jedoch keineswegs immer eindeutig, und so gebe es auch Männer mit einem „*E-Gehirn*" und Frauen mit einem „*S-Gehirn*". Das Geschlecht entscheidet folglich nicht unbedingt über die Tendenz der Hirnnutzung (S. 20ff).

Die Entstehung des „*E-Gehirns*" führt Baron-Cohen auf einen niedrigeren Testosteronspiegel bei weiblichen Föten zurück (S. 138ff). Die Fähigkeit, sich in andere hineinzuversetzen, kann mit hirnphysiologischen Verschiedenheiten in Zusammenhang gebracht werden. So ist das betreffende Hirnareal bei Frauen größer und eben diese Region wird besonders aktiv, wenn wir jemand anderen beobachten, der z. B. Schmerz erleidet, und den Schmerz nur durch die Beobachtung selbst spüren (Bauer, 2005, S. 85, Brizendine, 2006, S. 24).

In der aktuellen Neurobiologie wird derzeit davon ausgegangen, dass Empathie eine weitaus komplexere Fähigkeit ist als bisher angenommen. Die Spiegelneuronen scheinen in diesem Zusammenhang eine wichtige Rolle zu spielen (Bauer, 2005, S. 105ff) und die neurophysiologischen Belege verdichten sich, dass wir Menschen über eine „Hardware" für Mitgefühl verfügen. Bei Verhaltenstests ist die Sachlage hingegen bereits jetzt eindeutig und bestätigt Frauen eine bessere Empathiefähigkeit (Baron-Cohen, 2004, S. 46, S. 176ff).

Die Amygdala, eine Hirnregion, in welcher alle Gefühle zunächst einmal eintreffen, um danach sortiert zu werden, spielt eine wichtige Rolle bei der Empathie. Ist die Amygdala verletzt, nimmt die Empathiefähigkeit bei Frauen und Männern ab (ebd. S. 156). Die Amygdala scheint bei Frauen dennoch anders als bei Männern zu funktionieren. Sie ist zwar wie bei Männern mit Arealen verbunden, die in ihrer Aktivität zunehmen, wenn es um Empathie geht. Nur hat die Fähigkeit, Empathie überhaupt zu empfinden, ganz offensichtlich etwas mit

Selbstbeherrschung zu tun und diese ist bei Frauen weitaus besser vorhanden als bei Männern (ebd. S. 158).

Die hier angesprochene Selbstbeherrschung besteht darin, die eigenen Bedürfnisse nicht abzuspalten, sondern sie lediglich eine Weile zurückzustellen. Genau dieser Impuls scheint in einer Hirnregion zu entstehen, welche bei Frauen größer ist. Aus sozialisationstheoretischer Sicht spricht zudem Vieles dafür, dass die Erziehung von Mädchen dabei eine wichtige Rolle spielt (Chodorow,1985, S. 91; French, 1992, S. 812).

In Bezug auf die Mutterrolle ist Empathie natürlich eine Art Schlüsselqualifikation. Hier stellt die Neurobiologin Louann Brizendine heraus, dass mit der Geburt eines Kindes auch das „Muttergehirn" geboren werde. Dies hänge mit den Glückssubstanzen Oxytocin und Dopamin zusammen, welche neue Schaltkreise im weiblichen Gehirn aktivierten. Ihrer Meinung nach ist nur ein Muttergehirn in der Lage, den Säugling fortan unter vielen anderen am Geruch zu erkennen (2006, S. 24, S. 161ff). Am Beispiel der Empathiefähigkeit zeigt sich besonders deutlich, dass nicht nur die Sozialisation, sondern Hormone und die neurophysiologischen Strukturen zu einer Ausbildung der Geschlechtsspezifik führen. Inwieweit eine diesbezügliche Gewichtung vorzunehmen ist, werden zukünftige Forschungen zu klären haben. Zu diesem Zeitpunkt empfiehlt sich weiterhin ein multidimensionaler Blick auf die Empathie. Aus phänomenologischer Sicht ist die Sachlage allerdings eindeutig: Frauen bzw. Männer mit einer eher „weiblichen Nutzung" des Gehirns können sich besser in andere hineinversetzen und fühlen intensiver mit.

### *Die Quasselstrippe*

Die sprachlichen Fähigkeiten bei Frauen sind generell besser ausgebildet (Baron-Cohen, 2004, S. 91; Kimura, 1999, S. 101; Spitzer, 2005, S. 256ff). Dies ist allerdings nicht gleichbedeutend damit, dass Frauen die adäquatere Form der Kommunikation beherrschen, denn es möchte schließlich jeder einmal zu Wort kommen ! Die weiblichen Vorteile bei den sprachlichen Fähigkeiten lassen sich besonders gut anhand eines verletzten Gehirns erläutern, denn in diesem Falle wird deutlich, wie unterschiedlich männliche und weibliche Sprachbildung im Gehirn abläuft.

Die Sprache wird grundsätzlich bei beiden Geschlechtern durch die Sprachzentren in der linken Hirnhälfte gesteuert. Sind diese Zentren zum Beispiel durch einen Schlaganfall in Mitleidenschaft gezogen, hat der Betroffenen zumeist deutliche Sprachstörungen (Aphasie) und häufig auch eine rechtsseitige Lähmung. In einem solchen Fall kommt es bei Frauen jedoch sehr viel seltener zur Aphasie. Dies begründet man derzeit damit, dass die Hemisphären bei Frauen nicht in dem Maße einseitig funktionieren wie bei Männern, d. h., dass Sprache bei Frauen offenbar von beiden Hirnhälften gebildet werden kann, wohingegen bei den meisten Männern diese Funktion eindeutig in der linken Hemisphäre verankert ist.

In diesem Falle stellt sich die bessere Vernetzung über beide Hemisphären als deutlicher Vorteil für die Frauen heraus und belegt die unterschiedliche Nutzung einer sehr ähnlichen „Hardware" (Kimura, 1999, S. 145). Das weibliche Gehirn funktioniert bei der Sprachbildung also ganzheitlicher und kann sich bei einem Hirnschaden schneller und besser helfen, indem die gesunde Hirnhälfte die ausgefallenen Funktionen der kranken Hirnhälfte übernimmt.

*Die Frau ohne Wut*
Das Thema Wut und offen ausgetragene Aggression ist sicher kein weibliches. Auch aus neurobiologischer Sicht wird deutlich, dass die meisten Frauen nicht derart schnell wütend werden wie Männer und zudem über eine kleinere Amygdala verfügen, die, im Gegensatz zu ihrem männlichen Gegenstück, auch noch über weniger Testosteronrezeptoren verfügt. Das männliche Geschlechtshormon Testosteron steht recht eindeutig im Zusammenhang mit der Entstehung von Wut und Gewalt (Brizendine, 2006, S. 201f; Baron-Cohen, 2004, S. 156). Die männliche Amygdala scheint also viel mehr für Wut und Aggression prädestiniert zu sein als die weibliche.

Da die Amygdala jedoch auch durch das Areal für Lösungen, Reflexion, Bewusstsein, soziales Miteinander kontrolliert wird und eben dieses Areal bei Frauen größer ist als bei Männern, liegt nahe, dass Frauen hier vielleicht den Vorteil haben, ihre Wut besser kontrollieren zu können (Brizendine, 2006, S. 201). Aus neurophysiologischer Sicht verdichtet sich, dass das Gehirn bei Frauen offenbar aktiv einem Wutausbruch oder der Anwendung von Gewalt entgegensteuert.

Louann Brizendine bringt dies damit in Verbindung, dass die Urahninnen es sich nicht erlauben konnten, ihren Beschützer zu provozieren und ihn damit zu vertreiben. Sie vertritt die These, dass Frauen auch heute noch nach diesen archaischen neurologischen Strukturen funktionieren und zurückhaltend reagieren. Zudem werde bei Frauen eine Hirnregion aktiviert, welche stark mit der Angst vor Schmerzen und Verlusten assoziiert wird. Brizendine vermutet, dass die Aktivierung dieses Hirnareals die Frauen mehr an die Folgen von Wut und Gewalt denken lässt als die Männer (ebd. S. 203).

## *Die Sorgenvolle*

Depressionen treffen in der Hauptsache Frauen (Tö le, Windgassen, 2003, S. 237). Brizendine geht davon aus, dass die weiblichen Hirnschaltkreise offensichtlich stärker dazu neigen, Angst und Sorgen hervorzubringen. Sie stellt dies jedoch zunächst als eine Kompetenz im Sinne einer verbesserten Aufmerksamkeit für Gefahren dar. Die weibliche Konzentration auf die Sorge, besonders betreffend die Nachkommen, sei eigentlich ein neurophysiologischer Vorteil, welcher dem Schutz der Kinder diene. Dieser verkehre sich jedoch besonders im mittleren Erwachsenenalter in sein Gegenteil und sei für die weitaus höhere Rate an depressiven Erkrankungen bei Frauen mitverantwortlich (2006, S. 205ff).

Neben sozialen und kulturellen Einflüssen erforscht man bereits seit Jahren die genetischen, hormonellen und neurobiologischen Zusammenhänge – allerdings mit zum Teil sich widersprechenden Ergebnissen. In Bezug auf den Zyklus der Frau wird deutlich, welche

Achterbahnfahrt die Hormone verursachen können. Der Östrogen- und Progesteronspiegel spielt hierbei eine entscheidende Rolle, sodass Frauen in den ersten vierzehn Tagen des Zyklus entspannter scheinen. Brizendine spricht im Zusammenhang mit Hormonen von „Dünger" für das weibliche Gehirn. Danach folgt der Eisprung und damit eine hormonelle Veränderung. Es kommt zur Ausschüttung von Progesteron, welches dazu führt, dass viele Frauen zu dieser Zeit langsamer, gereizter und unkonzentrierter sind. Brizendine geht davon aus, dass eben dieser Zustand zu einer vermehrten Stressanfälligkeit führt. Wenige Tage vor der Mensis schließlich komme es Brizendine zufolge zu den Tagen, an welchen Frauen zuweilen über Hundefutterwerbung weinen müssten (2006, S. 81).

Zusammenfassend kann hier gesagt werden, dass Hormone ganz offensichtlich eine wichtige Rolle bei der Stimmungslage spielen. Diese Erkenntnis ist allerdings weder bahnbrechend noch neu. Die Blickrichtung von Louann Brizendine, die Depression als eine in ihr Gegenteil verkehrte weibliche Kompetenz zu betrachten, ist hingegen neurobiologische „Terra incognita". Es bleibt abzuwarten, ob diese aus psychologischer Sicht interessante These eines Tages auch neurobiologisch untermauert werden kann.

### *Die Lustvolle*

Der Umgang mit Lust und Sex ist sehr geschlechtsspezifisch. Soweit ist das nichts Neues. Aus neurobiologischer Sicht wird dieser Themenkomplex allerdings eher selten betrachtet. Da sich das Hormon- und das Nervensystem als „Kollegen" verstehen, müssen bei diesen Betrachtungen stets beide Perspektiven beachtet werden.

Für eine Zunahme des weiblichen Interesses an Sex ist mitnichten nur das weibliche Hormon Östrogen, sondern auch das eigentlich männliche Geschlechtshormon Testosteron verantwortlich. Bei Frauen bedarf es jedoch einer weitaus geringeren Konzentration von Testosteron im Blut als bei Männern, welche naturgemäß über ein Vielfaches dieses Hormons verfügen (Hines, 2004, S. 107; Brizendine, 2006, S.146).

Die für Lust und Sex zur Verfügung stehende neuronale Masse ist bei Frauen nur halb so groß wie bei Männern (ebd. S. 149). So kann man zu dem Schluss kommen, dass Frauen logischerweise weitaus weniger an Sex denken als Männer. Ansonsten sind Lust und Erregung ein komplexes System, welches durch Sinneseindrücke und allgemeine Befindlichkeit gekennzeichnet ist.

Im Gehirn scheinen sich trotz aller Ähnlichkeiten und desselben „Feuerstoffes" Testosteron bei Frauen andere Dinge abzuspielen als bei Männern. Für Frauen ist es offenkundig gerade beim Orgasmus wichtig, dass die Amygdala mit ihrem zuweilen sorgenvollen Charakter abgeschaltet wird, ansonsten könne dem sexuellen Höhepunkt auch noch in letzter Minute „etwas dazwischen kommen" (ebd. 2006, S. 129).

Die Ausführungen von Louann Brizendine eröffnen eine neue Perspektive. Sie fasst Neurobiologie, Gender und Lustverhalten zusammen und stellt klar, dass all diese Faktoren zusammenwirken und nicht isoliert voneinander betrachtet werden sollten. Sie schreibt: *„Insbesondere bei Frauen wird die Erregbarkeit sowohl von biologischen als auch von psychologischen Faktoren beeinflusst. Frauen, die beruflich und privat stark belastet sind, unterliegen stärkeren Ablenkungen, die ihre Gehirnschaltkreise auf Trab halten und das sexuelle Verlangen beeinträchtigen"* (ebd. S. 135).

Der weibliche Zyklus mit seinen deutlichen Hormonschwankungen trägt noch zu einer Zu- bzw. Abnahme der sexuellen Lust bei. Machen Östrogen und Testosteron eher Lust auf Sex, regelt Progesteron dies offenbar wieder herunter. Da jedoch während der zweiten Hälfte des Zyklus Progesteron an Wirkung zunimmt, dürfte sich dies auf die weibliche Sexualität auswirken.

Brizendine fragt nach der evolutionstheoretischen Bedeutung des weiblichen Orgasmus. Da der Uterus beim Orgasmus die Spermien ansaugt, vertritt sie die Hypothese, dass dies den Spermien des Liebhabers, bei welchem es überhaupt zu einem sexuellen Höhepunkt kommt, den Vortritt vor einem ungeliebten Ehemann geben könnte (2006, S. 137ff.). Somit entscheidet der weibliche Orgasmus darüber, wessen Gene weiter gegeben werden. Dies lässt die Tatsache, dass es eine „Unzahl" an unehelichen Kindern gibt, welche von ahnungslosen „Vätern" großgezogen werden, in einem für die Männer recht ernüchternden Licht erscheinen, sind sie in diesem Falle nicht nur die Betrogenen, sondern offensichtlich auch noch die genetisch „Aussortierten".

Brizendine geht in ihrer Argumentation so weit, dass Frauen nicht, wie bisher vermutet wurde, eher auf Monogamie angelegt seien als Männer. *„Sie sind so konstruiert, dass sie sich alle Möglichkeiten offen halten können, und den Orgasmus täuschen sie vor, um die Aufmerksamkeit des Partners von ihrer Untreue abzulenken"* (S. 145). Diese Perspektive gleicht in einigen Kreisen zwar einem Sakrileg und sorgt in der aktuellen Diskussion für erhebliche Kontroversen, soll aber gerade deshalb hier nicht fehlen.

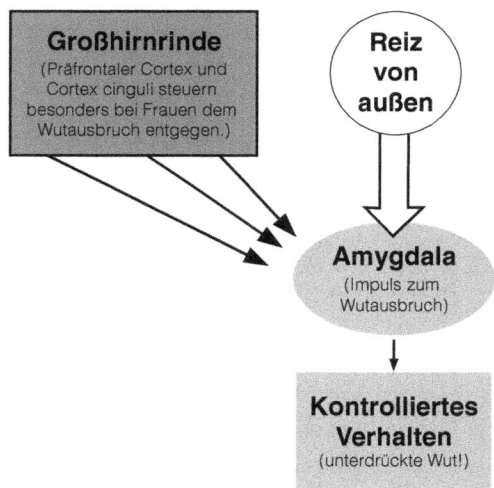

## Von der männlichen Nutzung des Gehirns

Wie bereits erwähnt, ist das Gehirn aller Menschen zunächst weiblich. Erst durch Einwirkung des männlichen Hormons Testosteron differenziert sich das männliche Gehirn etwa ab der 6. Schwangerschaftswoche (Hines, 2004, S. 22, S. 24f.). Das männliche Gehirn und seine rechte Hemisphäre sind etwas größer als bei Frauen, ebenso die Amygdala, der Ort des „emotionalen Brainstormings". Der Hippocampus, der die Gefühle ordnet, ist hingegen kleiner. Bei allen bestehenden Unterschieden ist man bisher der Ansicht, dass Männer und Frauen – trotz verschieden großer Gehirne – gleich intelligent sind (Hines, 2004, S. 183ff., S. 87 Kimura, 1999, S. 128).

*Der Systematisierer*
Der Schwerpunkt bei den meisten Männern liegt ganz offenkundig beim Systematisieren, weniger beim Einfühlen (Baron-Cohen, 2004, S. 18, 20f, 52, 103ff). Dies ist natürlich nicht gleichbedeutend damit, dass Männer per se gefühllos oder gar gewalttätig sind. Baron-Cohen, welcher die bereits mehrfach erwähnte Einteilung in *„Empathie-Gehirne"* und *„Systematisierungs-Gehirne"* vornimmt, hat beobachtet, dass Männern das Systematisieren neurobiologisch buchstäblich „im Blut" liegt; sie tun es nicht etwa deshalb, weil sie dafür belohnt würden (ebd. 2004, S. 100). Mit anderen Worten: Männer sind eben so und ihre Aufmerksamkeit richtet sich auf Systeme jeder Art, während Frauen sich tendenziell Menschen zuwenden. Aus diesem Grunde sind Baron-Cohen zufolge Jungen auch besser in Mathematik und Naturwissenschaften (S. 105). Gerade solcherlei Behauptungen werden zurzeit höchst kontrovers diskutiert. Bei mathematisch Hochbegabten gibt es jedoch eindeutige Werte: Es herrscht ein Verhältnis von 1:13 zugunsten der Männer (S. 108).

Aus biologischer Sicht ist die Dosis an pränatalem Testosteron maßgeblich verantwortlich für die Entwicklung des *„S-Gehirns"* (S. 138). Als fast unstrittig gilt die Rolle dieses Hormons bei der Entwicklung von Aggression und Gewaltbereitschaft. Baron-Cohen fand heraus, dass ein niedriger Testosteronspiegel während der Schwangerschaft eindeutig zur Entwicklung eines „*E-Gehirns*" beiträgt – ungeachtet des tatsächlichen Geschlechtes. Die untersuchten Jungen zeigten im späteren Verlauf einen größeren Wortschatz und nahmen schneller Blickkontakt mit anderen Personen auf, was als Indikator einer eher weiblichen Nutzung des Gehirns angesehen wird (S. 142f).

Bei Jungen, deren Testosteronspiegel pränatal hoch war, konnte bei Tests während des vierten Lebensjahres nachgewiesen werden, dass sie typische männliche Verhaltensweisen wie eine höhere Zielgerichtetheit im Handeln erkennen ließen, aber auch eine niedrigere Sozialkompetenz zeigten (ebd.).

Verfügen Menschen über viel Testosteron, nehmen die Systematisierungsfähigkeiten offenkundig zu, haben sie zu wenig Testosteron, nehmen sie ab. Hat ein Junge/Mann jedoch außerordentlich hohe Testosteronwerte, verringert sich diese Fähigkeit erstaunlicherweise wieder (S. 146f). Dies würde bedeuten, dass es einen Idealwert für Testosteron gäbe, welcher zu einem optimalen „*S-Gehirn*" führen müsste. Bisher konnte dieser Wert jedoch nicht genau beziffert werden.

Ein weiteres Merkmal für ein männliches Gehirn ist die einseitigere Nutzung, das heißt die konsequentere Zuordnung von Fähigkeiten zu jeweils einer Hemisphäre. Dies hat den Vorteil, dass Männergehirne oft schneller, zielgerichteter, detailorientierter und linearer funktionieren. Damit ist ein Sortieren von Eindrücken schneller möglich. Das Zielgerichtete, das Sich- nicht-irritieren-lassen, ist denn auch ein erheblicher Vorteil der männlichen Hirnnutzung. Männer können jedoch Probleme bei der „ganzheitlichen" Sicht haben – der Blick für das Ganze geht ihnen zuweilen verloren (S. 159).

Das auch von Baron-Cohen festgestellte Dominanzstreben kommt eher ambivalent daher. Da Empathie nicht in dem Maße wie beim weiblichen Gehirn zur Verfügung steht, wird eher zu Gewalt gegriffen, um bestehende Strukturen in der Gruppe zu erhalten (S. 164, S. 171, S. 176). Einerseits sorgt dies für Ordnung, andererseits bleibt die Gleichberechtigung natürlich auf der Strecke. Die Fähigkeit, Gewalt auszuüben, wirkt sich oft genug destruktiv auf die Gemeinschaft aus, obwohl männliche Aggression auch als Schutzfunktion und damit als nützlich für die Gemeinschaft diskutiert werden sollte. Von „Männergehirnen" erdachte Systeme schaffen also Ordnung, sie müssen sich jedoch auch nach ihrem sozialen und gemeinschaftlichen Nutzen fragen lassen.

*Der Kompass im Gehirn*
Es ist doch immer wieder dasselbe: Er fährt – und sie kann die Karte nicht lesen. So denkt er. Sie sieht das ganz anders. Aus psychologischer Sicht hat man solcherlei Episoden schon unendliche Male analysiert und dabei die Neurobiologie fast vergessen. Aber eben auf dieser Ebene scheint sich eine Erklärung anzubahnen.

Eines vorweg: Männer und Frauen orientieren sich unterschiedlich – Männer ein wenig besser, denn zur Orientierung gehört die räumliche Vorstellungskraft, die bei den meisten Männern ausgeprägter ist (Kimura, 1999, S. 54; Hines, 2004, S. 16, Baron-Cohen, 2004, S. 160, Spitzer, 2006, S. 257). Die Orientierung im Raum ist ein gutes Beispiel dafür, dass Männer und Frauen bei der gleichen Aufgabenstellung – z. B. Zurechtfinden an einem unbekannten Ort – nicht nur unterschiedlich vorgehen, sondern auch grundverschiedene Hirnareale aktivieren !

Doch zunächst zu den Verhaltensunterschieden: Frauen orientieren sich eher an dem Musikgeschäft an der Ecke und an der Lage der Kirche, die links hinter dem Supermarkt zu finden ist. Bei der weiblichen Orientierung geht es also um Landmarken. Männer hingegen generieren eine geometrische Repräsentation des Raums (Spitzer, 2005, S. 257). Hierzu gehört auch die Vorliebe, Angaben zu den Himmelsrichtungen zu machen, was bei einer Vielzahl von Frauen eher zur Verwirrung denn zur Orientierung beiträgt.

Bei der weiblichen Orientierung wird das rechte Frontalhirn – Sozialverhalten und Taktgefühl – und bei der männlichen Orientierung der linke Hippocampus – ordnet Eindrücke – aktiviert. Es werden bei den Frauen also für die eigentliche Orientierung eher unwichtige Fähigkeiten angeregt, weshalb sie vielleicht schlicht mehr Zeit benötigen als Männer. Andererseits: Muss die weibliche Orientierung nicht auch ganz anders ablaufen? Der weibliche Weg dürfte eher die Bedürfnisse der Nachkommen und Mitmenschen einbeziehen. Dies ist allerdings vorerst eine Hypothese.

Bei Männern übernimmt der Hippocampus die Regie, der „kühle Stratege", und dies dürfte maßgeblich dazu beitragen, dass Männer sich schneller zurechtfinden als Frauen. Aber auch diese Zusammenhänge sind bisher nicht ganz geklärt. Eine Anekdote belegt allerdings anschaulich, dass Männer den Hippocampus tatsächlich sehr beanspruchen, wenn es um Fragen der Orientierung geht: Es wurde bei einer Untersuchung mit Taxifahrern in London festgestellt, dass deren Hippocampus vergrößert war (Maguire, Gadian, Johnsrude et al., 2000, S. 398ff).

Aus evolutionstheoretischer Sicht war es wahrscheinlich wichtig, dass die Männer dank ihrer Orientierung nach der Jagd zurück zur Gruppe fanden. Da Frauen eher die Aufgabe hatten, sich um die Nachkommen zu kümmern, scheint die Entwicklung eines derart ausgeprägten Orientierungssinnes nicht so wichtig gewesen zu sein (Spitzer, 2006, S. 259).

Wie eine Fülle von Aussagen der Evolutionstheorie sind auch diese lediglich Hypothesen. Genau genommen wissen wir über viele urzeitliche menschliche Lebensweisen fast nichts. Klar ist jedoch, dass männliche und weibliche Gehirne sich bei der Orientierung im Raum deutlich voneinander unterscheiden.

*Der Zielsichere*

Es gilt als unstrittig, dass Männer besser werfen und zielen können als Frauen (Kimura, 1999, S. 31f). Baron-Cohen führt diese Fähigkeiten eindeutig auf die bessere Systematisierungskapazität zurück, weil Männer die in prähistorischen Zeiten erworbenen, erhöhten Kompetenzen im Jagen, Speerwerfen, Schleudern und Pfeilschießen nutzen konnten (2004, S. 166f).

Doreen Kimura verfolgt einen eindeutig neurobiologischen Weg bei der Untersuchung von geschlechtsspezifischen Unterschieden und ist der Ansicht, dass Sozialisationsprozesse die oben genannten Fähigkeiten nicht beeinflussen. Sie führt als Beleg hierfür an, dass sich seit den 1970er Jahren keine Veränderung in dieser Geschlechtsspezifik gezeigt habe (1999, S. 62). Dies legt den Schluss nahe, dass es hirnphysiologische Hintergründe geben muss. Also: Männer können besser werfen und zielen als Frauen.

*Nichts als Sex im Kopf*
Männer denken immer nur an das eine. Soweit ist das wirklich nichts Neues. Aus hormoneller Sicht weiß man, dass Testosteron, das männliche Geschlechtshormon, offenbar zum vermehrten Trieb der Männer beiträgt (ebd. S. 119). Jahreszeitlich steigt der Testosteronspiegel übrigens zum Herbst hin an und verursacht eine vermehrte Spermienproduktion. Dies dient wohl der Geburtenplanung, denn so müssten mehr Kinder im Sommer geboren werden, was aus prähistorischer Sicht arterhaltend gewesen sein dürfte. Tatsächlich ist die Geburtenrate im Sommer höher.

Auf hirnanatomischer Ebene gilt als gesichert, dass die für Lust und Sexualität zur Verfügung stehenden Areale beim Mann doppelt so groß sind wie bei Frauen. Es liegt nahe, dass die meisten Männer wohl deshalb um ein Vielfaches öfter am Tag an Sex denken, weil ihnen einfach mehr Neuronen für solche Gedanken zur Verfügung stehen (Baron-Cohen, 2004, S. 18ff).
Ergänzend soll noch erwähnt werden, dass die Sozialisation in diesem Bereich eine nicht unerhebliche Rolle spielt (Connell, 1995, S. 54; Chodorow, 1985, S. 258ff; Mitscherlich, 1992, S. 181). Man kann den Eindruck gewinnen, dass das Ausklammern von Gefühlen bei der Erziehung von Jungen zu einer stärkeren Externalisierung der Sexualität führt, wodurch die damit verbundenen Emotionen abgekoppelt werden. Männer laufen viel eher Gefahr, den emotionalen Kontakt zu sich und somit auch zum Sexualpartner verlieren (Böhnisch, Winter, 1997, S. 127 S. 129, S. 156).

Die Neurobiologin Louann Brizendine merkt diesbezüglich an, dass Männer ihr Bedürfnis nach Sexualität weit weniger von der Stimmung in der Partnerschaft abhängig machen als ihre Frauen (2006, S. 136). In Kürze: Männer denken mehr an Sex, wollen mehr Sex, und sowohl ihr Gehirn als auch die Erziehung scheinen dies zu unterstützen.

*Der Tyrann*
Gemäß den bisherigen Ausführungen wird deutlich, dass Aggression und Gewalt Männerdomänen sind. Männer verüben weitaus die meisten Morde und leiden am häufigsten an einer dissozialen Persönlichkeitsstörung (Baron-Cohen, 2004, S. 53, S. 59; Hines, 2004, S. 136; Tölle, Windgassen, 2003, S. 126). Beim Thema „Gewalt" besteht folglich eine eindeutig männliche Tendenz. Das Hormon Testosteron, wird, wie bereits erwähnt, mit der Entstehung von Aggression in Zusammenhang gebracht. Insofern erstaunt die geschlechtliche Zuordnung nicht (Hines, 2004, S. 134f; Baron-Cohen, 2004, S. 53).

Ein Blick in die Historie wiederum lässt Zweifel aufkommen, war doch Katharina die Große nicht gerade ein Friedensengel, auch lässt sich darüber streiten, ob Margaret Thatcher nun visionär oder einfach rücksichtslos war. Hierzulande stellte sich in jüngerer Vergangenheit Margot Honecker als besonders perfide und menschenverachtend heraus. Mit anderen Worten: Was Männer können, können Frauen offenbar auch – sie tun es nur sehr viel seltener!

Die Neurobiologin Melissa Hines gibt zu bedenken, dass nicht nur Hormone auf das Verhalten, sondern auch umgekehrt das Verhalten auf die Bildung von Hormonen wirken könne. Hines zufolge korreliert Testosteron übrigens nicht immer mit steigender Aggression (2004, S. 136).

Hier kommt also wieder unser Bewusstsein ins Spiel. Es gibt demnach keine Entschuldigung für Gewalt. Festzuhalten bleibt: Männer entscheiden sich ganz offensichtlich viel öfter zur Aggression als Frauen, und das männliche Gehirn unterstützt dies. Da hilft nur eines: Männer schaltet euer Großhirn ein und widersteht dieser Tendenz!

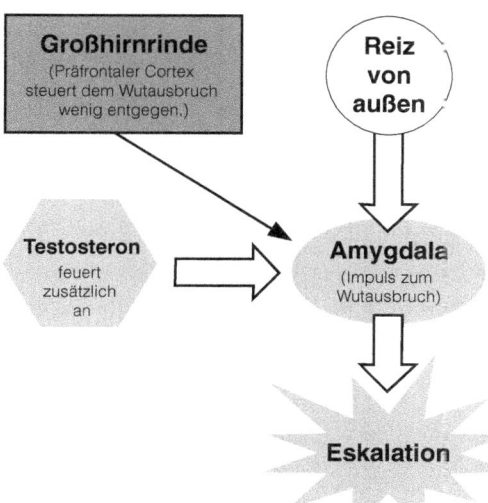

## Männlichkeit und Autismus

Autismus ist eine psychische Störung, welche zu den tiefgreifenden Entwicklungsstörungen gezählt wird. Sie zeigt sich durch Verzögerungen in der Sprachentwicklung, der Kommunikation und durch stereotypes Wiederholen von Handlungen. Die Störung ist eine Domäne der Jungen, welche bis zu viermal häufiger betroffen sind als Mädchen (Tölle, Windgassen, 2003, S. 231). Derzeit ist vielerorts von einem fast astronomischen Anstieg der Autismusrate die Rede (Baron-Cohen, 2004, S. 188; Mutter et al., 2006; S. 77). Über die Hintergründe wird jedoch höchst kontrovers diskutiert (Mutter et al., 2006).

Dem Autismusforscher Simon Baron-Cohen zufolge gibt es eine ganze Reihe von Zusammenhängen zwischen der männlichen Gehirnnutzung, dem Systematisieren also, und der Genese des Autismus. Er vermutet, dass die Extremform des bereits erwähnten „*S-Gehirns*" autistische Züge hat. Bei manchen Autisten sei zudem eine Veränderung der Amygdala feststellbar. Dies ist für Baron-Cohen möglicherweise eine Ursache für das – nach Sicht der Umwelt – höchst problematische Verhalten von Autisten anderen Menschen gegenüber. Dabei sind Autisten nicht generell gefühllos, sondern eher taktlos (2004, S. 190). Einerseits seien sie ohne Umschweife in der Lage, ihr Gegenüber zu kränken, andererseits könnten sie sich leidenschaftlich für einen Menschen engagieren, der ihrer Ansicht nach ungerecht behandelt worden sei. Eben diese Eigenschaften sind – Baron-Cohen zufolge – grundlegende Eigenschaften des „*S-Gehirns*".

Autisten neigten zu Genauigkeit, zum Systematisieren und zum Sammeln, hätten eine Schwäche für das Wiederholen von Verhaltensmustern, und sie achteten nachhaltig auf Details. Hinzu komme, dass sie zu Wutausbrüchen neigten, sollte die Umwelt nicht vorhersagbar und kontrollierbar sein (S. 191f). Sie seien übrigens auch in der Lage, Gefühle vorzutäuschen, um mit ihrer Umwelt überhaupt noch in Kontakt treten zu können (S. 197). Dies tun auch viele psychisch gesunde Männer mit eindeutigen „*S-Gehirnen*", und an dieser Stelle würden sicher einige Frauen ihre Gatten eindeutig ins autistische Spektrum einordnen.

Zuweilen wird die mangelnde Empathiefähigkeit von einer hohen Begabung begleitet (S. 224). Das Bild vom verschrobenen Professor, welcher kaum Sozialkontakte hat, aber auf „einstein'schem Niveau" Physik betreibt, drängt sich nicht nur auf, sondern ist ein Beispiel für eine extreme Ausprägung des „*S-Gehirns*".

Die gefährliche Kehrseite des extremen „*S-Gehirns*" ist jedoch die herabgesetzte Empathie. Da man sich nicht mit Selbstzweifeln abmühen muss, kann skrupellos gehandelt werden, und von allen anderen wird Gehorsam verlangt. Die Kombination einer extrem männlichen Nutzung des Gehirns mit Empathiemangel zeigt sich bei einer Vielzahl höchst „erfolgreicher Herren", welche ohne große Umschweife imstande sind, Existenzen zu vernichten. Besonders in der von Männern dominierten Wirtschaftswelt lässt sich dies recht eindeutig beobachten.

Auch die Leichtigkeit, mit welcher zuweilen die Unwahrheit gesagt und zum eigenen Vorteil manipuliert wird, deutet auf eine extrem einseitige Nutzung des Gehirns hin – von Empathie keine Spur! Nun könnte man entgegnen, dass ein extremes „*Empathie-Gehirn*" ebenso wenig nutzbringend wäre. Hier wendet Baron-Cohen jedoch ein, dass diese Ausprägung weitaus weniger schädlich für die Gemeinschaft sei.

Kurz: Die extrem männliche Nutzung des Gehirns hat ganz offensichtlich autistische Züge. Dieser Zustand darf allerdings nicht dazu führen, die vom Autismus Betroffenen mit skrupellosen Zeitgenossen einfach in einen Topf zu werfen. Autisten sind krank und wissen dies. Die anderen halten sich für gesund und absolut unfehlbar. Gerade dies Gefühl der eigenen Unfehlbarkeit übertrifft als Störung den Autismus, denn es ist wahnhaft und kann im Grunde nur noch als psychopathisch bezeichnet werden. Es öffnet diesen Männern das Tor zur Gewalt.

### Neurobiologie und Gesellschaft – eine Schlussbetrachtung

Die Neurobiologie stellt klar heraus, dass Männer und Frauen hormonell und neuronal unterschiedlich ausgestattet sind und die „Hardware" Gehirn zuweilen sehr verschieden nutzen. Besondere Unterschiede bestehen jedoch im Verhalten. Ob in Bezug auf diese vielfältigen Verschiedenheiten einerseits und die vergleichsweise wenigen neurologischen Erkenntnisse andererseits ein eindeutiger Zusammenhang besteht, muss allerdings noch genauer erforscht werden. Die Evolution ist offenkundig eng mit der Entstehung unserer Gehirne und deren Nutzung verbunden. Dass jedoch nur der Stärkere und Rücksichtslosere als überlebensfähig gilt, kann aus neurobiologischer Sicht nicht belegt werden, ist doch deutlich geworden, dass Kooperation – das Miteinander – und nicht das Gegeneinander unser Belohnungssystem im Gehirn anregt. Es gibt also Hoffnung, dass wir Menschen auch aus biologischer Sicht eine „Hardware" für Gemeinschaftssinn in uns tragen.

Hirnphysiologie und Hormone stellen sich als Einheit dar. Der Einfluss beider Systeme aufeinander scheint unendlich kompliziert und vor allem sehr wirksam zu sein. Mit anderen Worten: Wir verdanken unser Denken, Fühlen, Erinnern und Verhalten in weiten Teilen der Zusammenarbeit unseres Nerven- und Hormonsystems.

Der große Themenkomplex der Empathie zum einen und des Systematisierens zum anderen zeigt sich zwar genderspezifisch, muss aber auch geschlechtsübergreifend betrachtet werden. So konnte belegt werden, dass nicht nur das Geschlecht entscheidet, sondern die Hirnnutzung eher in die eine oder andere Richtung tendiert. Es gibt folglich Männer mit stark empathischen Zügen und Frauen mit eindeutigen Fähigkeiten im Systematisieren.

Die hier dargestellten Übergänge, welche sich offenbar aus einem Zusammenspiel von Sozialisation und Neurobiologie heraus entfalten, können und sollen jedoch nicht über handfeste Unterschiede hinwegtäuschen. Frauen haben mit ihrem Zyklus eine Jahrzehnte während hormonelle Herausforderung zu bestehen. Dass sich diese Schwankungen auf das Befinden und Verhalten auswirken, hat sich klar gezeigt. Schwangerschaft, Mutterschaft und Vaterschaft sind Phänomene, welche aus hormoneller und neurobiologischer Sicht betrachtet verdeutlichen, dass Männer und Frauen eben doch recht verschieden sind und dies in bestimmten Bereichen auch sein müssen. Die größte hormonelle Herausforderung für Männer scheint das Hormon Testosteron zu sein, welches im Zaum gehalten werden muss, wenn es nicht zu Gewaltausbrüchen kommen soll.

Abschließend bleibt zur Toleranz für das jeweils „andere" Nervensystem aufzurufen. Männer müssten demnach den Frauen mehr Verständnis für ihren Zyklus entgegenbringen und ihnen einfach mehr Zeit zur Orientierung lassen, denn auch Frauen erreichen ihr geografisches Ziel – nur anders und ein wenig langsamer. Und Frauen sollten bedenken, dass Männer es nicht böse meinen, wenn sie „ständig" an Sex denken, und Lust ist zunächst ja auch nicht sexistisch. Die Männer könnten sich über das emotional detaillierte Gedächtnis der Frauen freuen, füllt es doch eigene Lücken. Die Frauen müssten diesbezüglich vielleicht ein wenig nachsichtiger sein, wenn er die exakte Musterung des Hochzeitskleides seiner Angetrauten nach Jahren eben nicht mehr erinnert. Das männliche Gedächtnis scheint dafür nicht gemacht zu sein.

Die deutlichen Unterschiede zwischen Mann und Frau sind also neurobiologisch klar, treten allerdings nicht während des gesamten Lebenslaufes in Erscheinung, denn im Alter wird es auch neurobiologisch „ruhiger" im System Mensch.

Als wesentlich ist noch festzuhalten, dass Ausgrenzung – ungeachtet des Geschlechts – sprichwörtlich Schmerzen verursacht. In prähistorischen Epochen dürfte ein Ausschluss aus der Gemeinschaft den sicheren Tod bedeutet haben. Eben dies fordert uns auf, den Blick von den Geschlechtsunterschieden abzuwenden und uns als fühlende Wesen zu betrachten. Die Neurobiologie liefert zudem mit den hier nur kurz erwähnten Spiegelneuronen einen nachhaltigen Einblick in die geschlechtsübergreifende Fähigkeit zur Empathie. Es ist sicher nicht sinnvoll, den Geschlechterdiskurs aus neurobiologischer Sicht zu vernachlässigen, aber es ist auch vonnöten, diesen in dem Bewusstsein zu führen, dass Männer und Frauen lebendige, gleich intelligente und empfindende Wesen sind, die eine Fülle von Kompetenzen besitzen, welche sich ergänzen können.

Zudem ist die Nutzung unseres Gehirns offensichtlich nicht zwingend mit dem biologischen Geschlecht verbunden. Vielleicht entscheiden wir alle viel mehr als angenommen, wie wir die zur Verfügung stehenden Nervenzellen und unsere Hormone nutzen. Und trotzdem bleiben wir mit wenigen Ausnahmen eindeutig Mann oder Frau. Wie auch immer wir uns entscheiden zu leben, sind wir nicht Opfer unserer Hormone oder Neuronen, und es besteht auch kein biologischer Zwang zur Aggression. Wir sind vielmehr uns selbst und dem Anderen gegenüber dafür verantwortlich, trotz neurobiologischer Unterschiede in Frieden und Gemeinschaft zusammenzuleben.

Volkmar Suhr

## Die Tücken des Paargesprächs

Wir sind geradezu begeistert von den Erkenntnissen der Neurophysiologie, beweisen sie doch das, was wir als Paartherapeuten schon lange wissen, wissenschaftlich jedoch nicht nachweisen konnten: Männer und Frauen sind verschieden, reagieren verschieden und gehen mit Problemen unterschiedlich um. Dr. Deborah Tannen, Professorin für Linguistik, bezeichnet in ihrem Buch *„Du kannst mich einfach nicht verstehen"* die Gespräche zwischen Männern und Frauen gar als *„interkulturelle Kommunikation"* (1991, S. 17). Diese Unterschiedlichkeit wird im Kontext der Problemlösung jedoch keineswegs geschätzt und als Ergänzung der eigenen Fähigkeiten verstanden, sondern eher bekämpft. Dabei machen wir immer wieder folgende Erfahrung:

*Männer erwarten von Frauen, dass sie wie Männer reagieren.*
*Frauen erwarten von Männern, dass sie wie Frauen reagieren.*

Dies liegt zum einen daran, dass wir sehr gern von unseren Erfahrungen auf andere schließen. Doch nicht nur das führt zu Fehleinschätzungen:

Männer erleben mit ihren Berufskollegen und mit ihren Freunden, dass ihre Problemlösungsstrategien zum Erfolg führen. Frauen erleben mit ihren Berufskolleginnen und ihren Freundinnen, dass ihre Problemlösestrategien ebenfalls zum Erfolg führen. Erst wenn Männer und Frauen aufeinander treffen, entstehen Schwierigkeiten. Dies führte in der Vergangenheit dazu, Frauen aus vielen Berufen auszuschließen.

Aus der Sicht der Männer machen Frauen alles komplizierter. Ihre Emotionen wirken behindernd und zeitraubend. Lange hielt sich das Klischee von der *„emotionalen, nicht rationalen"* Frau. Das zeigt auch die deutsche Sprache: Wir können uns nur beherrschen, nicht etwa „befrauschen", da die Gefühlskontrolle als männliches Privileg gilt. Männer scheinen tatsächlich viel mehr als Frauen in der Lage zu sein, bestimmte Gefühle auszublenden. Heute wissen wir, dass dies im männlichen Gehirn bereits so angelegt ist.

Als Christiane sich mit unserem damals vierzehnjährigen Sohn Marian über Gefühle unterhielt, sagte er: „Weißt du Mama, da machen wir einfach nicht so' n Geschiss. Die Mädchen machen wegen jeder Kleinigkeit 'nen Aufstand oder heulen und das nervt. Wir Jungs bleiben da cooler." Da Männer außerdem im Allgemeinen dazu neigen, weniger zu reden, also auch weniger über ihre Gefühle zu sprechen, haben wir damit eine der Wurzeln für Paarkonflikte.

Frauen halten ihre Männer im Gegenzug häufig für „gefühlsarm" bis „verschlossen". Da sie selbst durch die Beschaffenheit ihres Gehirns nur schwer in der Lage sind, Gefühle auszublenden, können sie sich nicht vorstellen, dass ihre Männer wirklich anders funktionieren. Im Allgemeinen sind sie sicher, dass die Männer sie mit ihrer Weigerung, über Gefühle zu sprechen, persönlich kränken wollen. Viele machen die Erziehung für die „Verschlossenheit" der Männer verantwortlich: Jungen dürfen eben nicht weinen!

Frauen sind davon überzeugt, dass die weibliche Art des Umgangs mit Gefühlen die einzig richtige ist, während Männer selbstverständlich ihre Variante bevorzugen: Sie gehen zielorientiert und strukturiert auf Lösungssuche, wobei sie ihre Mitmenschen zuweilen aus dem Blick verlieren. Frauen möchten sich zuerst einmal verstanden wissen, verstehen dann alle anderen am Problem Beteiligten, um unter Berücksichtigung der Gemeinschaft ebenso zielorientiert nach der Lösung zu suchen. Wie gut würde sich beides ergänzen! Stattdessen tritt die männliche Betonung der Sachlichkeit, Struktur und Zielorientiertheit häufig in Konkurrenz zu der empathischen, ganzheitlichen Sicht der Frauen!

Immer wieder hören wir folgende Geschichte: Die Frau erzählt ein Problem, der Mann bringt die Lösung, die Frau beschwert sich: „Du verstehst mich überhaupt nicht!" Der Mann ist ratlos, verletzt, ärgerlich und antwortet: „Dann mach doch deinen Kram allein!" Dieses Missverständnis gehört zum Standardprogramm der Paarberatung.

Wenn eine Frau ein Problem erzählt, möchte sie, dass der Mann ihr Raum für das Äußern ihrer Gefühle gibt. Für sie entsteht dadurch Nähe. In der Nähe fühlt sie sich geborgen und weiß sich verstanden und damit ist ihr Ziel erreicht. Wenn sie Hilfe bei der Lösung des Problems braucht, wird sie das schon äußern, denn Frauen sind sowohl in der Lage, ihre Schwierigkeiten alleine zu meistern, als auch um Hilfe zu bitten.

Die Frau versteht nicht, dass für den Mann das Problem in erster Linie auf der Sachebene besteht und er deshalb gerne dazu beitragen will, die Schwierigkeit aus der Welt zu schaffen. Die dabei beteiligten Emotionen kann er gut ausblenden, helfen sie doch in seiner Erlebniswelt keineswegs bei der Lösung. Deshalb geht er das Problem rein sachlich an. Das hat Vor- und Nachteile.

Frauen könnten von Männern lernen, dass man sachbezogene Schwierigkeiten gut und schnell nur auf der Sachebene lösen kann. Zwar gibt es immer auch die Beziehungsebene, doch die braucht eben viel mehr Zeit. Wenn es „Frau" gelingt, ihren Gefühlen in bestimmten Kontexten nicht so viel Raum zu geben, wird sie mit der Zeit die Vorteile dieses Vorgehens feststellen.

Frauen profitieren außerdem oft genug von der Fähigkeit ihrer Männer, Gefühle auszublenden. Viele Männer gehen weit über ihre Grenzen, um für ihre Familien zu sorgen. Und viele Männer sind in der Lage, ihre eigenen Bedürfnisse zurückzustellen, wenn ihre Frauen auf Grund einer Krankheit oder eines Kindheitstraumas Schwierigkeiten mit der Sexualität haben.

Andererseits bezahlen Männer für das Ausblenden der Emotionen häufig genug einen hohen Preis. Oft werden sie erst durch Beschwerden ihrer Körper darauf aufmerksam, dass sie sich im Beruf grenzenlos überfordern. Der Herzinfarkt des Managers gilt heutzutage ja fast schon als einkalkuliertes Risiko.

Auch auf der Beziehungsebene wirkt sich dieses Verhalten aus. Alexander bezeichnet die Frauen als „Experten" in Beziehungsfragen, weil Frauen meist schon sehr früh merken, dass etwas in der Beziehung

„nicht stimmt". Männer kommen häufig erst, wenn „das Kind schon in den Brunnen gefallen ist". Dadurch, dass sie ihre Gefühle ausblenden, realisieren sie zuweilen viel zu spät, dass sich die Frau emotional schon längst getrennt hat.

Häufig erzählen die Frauen folgende Geschichte: Sie berichten über ihre erfolglosen Versuche, mit ihren Männern über ihre Gefühle und ihre Bedürfnisse in der Beziehung zu reden. Die Männer bleiben auf der Sachebene und antworten: „Was willst du eigentlich, du hast doch alles ! Ich gehe nicht fremd und ich verdiene genügend Geld. Und um die Kinder kümmere ich mich auch, wenn ich Zeit habe." Die Frauen vereinbaren Beratungstermine, bei denen die Männer weiterhin ihr Unverständnis signalisieren und die Frauen in ihren emotionalen Bedürfnissen nicht ernst nehmen. Erst wenn sich die Frau in einen anderen Mann verliebt und die Trennung droht, wird den Männern die Gefahr deutlich. Häufig genug ist es dann jedoch zu spät.

So besteht ein Großteil unserer Beratungstätigkeit in Übersetzungsarbeit. Wir übersetzen von männlich in weiblich und von weiblich in männlich. Keines von beiden ist besser ! Wir sind verschieden und können voneinander lernen. Der erste Schritt zum Wir besteht darin, das Anderssein anzunehmen und zu respektieren. So können die unterschiedlichen Strategien dem Kontext gemäß eingesetzt werden und beide können das Ziel, das ihnen gemeinsam vorschwebt, tatsächlich verwirklichen.

## Die männliche Wirklichkeit: Die Dominanz der Ratio

Männer dominieren seit einigen tausend Jahren in den meisten Kulturen das öffentliche Leben. Sie machen die Politik, verwalten die Religionen, sind verantwortlich für das Wirtschaftsleben und die Vertretung der Familie nach außen. Dass Frauen als eigenständige Wesenheiten wahrgenommen werden, geschieht historisch erst seit wenigen Jahren. In Deutschland erhielten Frauen vor nicht einmal hundert Jahren, 1918, das Wahlrecht, das ihnen im Dritten Reich jedoch wieder aberkannt wurde. Nach Gründung der Bundesrepublik 1949 erhielten sie es wieder, samt dem Recht auf Erwerbstätigkeit und Bildung; die Schweizerinnen haben dieses Rechte dagegen erst seit 1971.

Das *„Gesetz über die Gleichberechtigung von Mann und Frau auf dem Gebiete des bürgerlichen Rechts"* trat in Deutschland 1958 in Kraft, in der Schweiz erst 1981. Kaum zu glauben, aber ohne die Erlaubnis ihrer Ehemänner dürfen Frauen in Deutschland erst seit 1977 arbeiten. Wirklich gleichberechtigt sind sie auch heute noch nicht. Sie verdienen im Schnitt weniger als Männer und sind in Führungspositionen weniger häufig vertreten.

Da Männer die Welt dominieren, ist es die männliche Sichtweise, die unsere Wirklichkeit bestimmt.

Doch wie zeigt sich die männliche Wirklichkeit?

Es scheint festzustehen, dass die Art, wie Männer die Welt begreifen, die „richtige" ist. Alle anderen Systeme – und darunter fallen nicht nur Frauen, sondern auch homosexuelle Geschlechtsgenossen – gelten als unterlegen und werden aber oft genug massiv abgewertet.

In der Beraterpraxis haben wir immer wieder damit zu tun, dass Männer nicht einsehen wollen, dass die Art ihrer Frauen, die Welt ganz anders wahrzunehmen, genauso richtig und berechtigt ist wie ihre eigene. Sie sind davon überzeugt, dass nur sie die Realität richtig einschätzen. Aus diesem Grund fällt es ihnen äußerst schwer, sich selbst und ihr Verhalten in Frage zu stellen. Ältere Männer haben diese Prägung durch ihre Erziehung erhalten, erfolgreiche Männer erleben täglich im Beruf, dass sie mit ihrer Art zu denken Recht haben. Daraus resultiert, dass die Frauen für emotionale Konflikte verantwortlich gemacht werden. Wir haben immer wieder erlebt, dass so geprägte Männer lieber ihre Beziehung opfern und die Frau wechseln als ihr rational männlich dominantes Weltbild.

Die Wirklichkeit der Männer ist natürlich überlegen, und Männer lieben es, ihre Überlegenheit zu definieren, bzw. die Hackordnung festzulegen. Schon im Kindergarten kämpfen die Jungen darum, wer der Stärkste und Schnellste ist und wer am weitesten pinkeln kann – während die Mädchen Beziehung üben und mit ihren Puppen Familie spielen (Tannen, 1991, S. 40ff.). Womit nicht gesagt werden soll, dass es unter Frauen keine Konkurrenz gibt! Häufig haben diese Kämpfe jedoch mit Männern zu tun, zum Beispiel damit, eine Mitbewerberin um die Gunst eines Mannes vom Spielfeld zu ekeln.

Auch in Paarbeziehungen gibt es Männer, die darauf bestehen, ihren Frauen grundsätzlich in allem überlegen zu sein. Sie mischen sich in alles ein, auch wenn sie von den Arbeitsbereichen, die die Frauen regeln, keine Ahnung haben.

Ein beliebtes Thema ist die Erziehung der Kinder. Der Vater ist selten zu Hause und sieht seinen Nachwuchs höchstens abends und am Wochenende. Doch dann läuft er zur Hochform auf und zeigt seiner Frau den „einzigen" Weg, wie Erziehung funktionieren kann. Frauen sind daran nicht unschuldig.

Wer von Ihnen kennt folgenden Spruch: „Warte nur, bis der Papa nach Hause kommt, der wird es dir schon zeigen!"? Ein sehenswerter Film zu diesem Thema ist „Papa ante Portas" von Vicco von Bülow, besser bekannt als Loriot, der in seiner unnachahmlichen Weise den Schrecken darstellt, den ein frisch pensionierter Mann in der Domäne seiner Frau verbreiten kann. Viele Männer sind übrigens erleichtert, wenn ihnen bewusst wird, dass sie nicht immer und ständig überlegen sein müssen.

Auch heute noch wird Männern grundsätzlich mehr Wissen und Kompetenz zugetraut als Frauen. Obwohl Frauen heute in nahezu allen Berufsgruppen vertreten sind, glauben auch Frauen häufig, dass Männer mehr können. Machen wir ein Experiment: Wie fühlen Sie sich, wenn Ihr Flugzeug von einer Pilotin gesteuert wird? Aus welchem Grund ist Ihnen das Geschlecht der Flugzeugführerin überhaupt aufgefallen? Wahrscheinlich werden Ihre Antworten ganz unterschiedlich ausfallen. Jüngere Männer und Frauen werden anders reagieren als diejenigen Frauen, denen die Überlegenheit der Männer schon als Kinder eingetrichtert wurde.

Obwohl Christiane die Bücher und Artikel schreibt, wird häufig Alexander als alleiniger Autor angesprochen. Einmal erhielt sie einen Anruf von einem Geschäftsmann, der das Gespräch mit den Worten begann: „Kann ich mal Ihre bessere Hälfte sprechen?" Christiane konterte schlagfertig: „Mit der sprechen Sie bereits."

Der Anspruch der Allwissenheit der Männer ist eine besondere Herausforderung für intelligente Frauen. Wenn Sie solche Frauen im Fernsehen beobachten, werden Sie häufig erleben, dass sie sich in Gegenwart von Männern wie „kleine Mädchen" zeigen, um vom Mann nicht als Bedrohung für seine Überlegenheit und Allwissenheit erlebt zu werden. Bezeichnenderweise wurde ein Foto auf dem Rücken eines von Christiane geschriebenen Buches von verschiedenen Männern entweder als Zeichen ihrer Dominanz oder ihrer Hilflosigkeit interpretiert. Intelligente und erfolgreiche Frauen haben oft Schwierigkeiten, einen Partner zu finden, der selbstbewusst genug ist, sich daran zu freuen, dass die Frau in bestimmten Bereichen mehr weiß und kann.

Da Männer Gefühle ausblenden können, scheint die Welt der Männer *„absolut logisch, rational und objektiv zu sein"* (Wilson-Schaef, 1981 S. 26). Dieser Mythos bestimmt unseren Alltag, besonders aber unser Schulsystem, die Universitäten, die Wirtschaft und die Politik. „*Rationalisierer*" sind in unserer Gesellschaft hoch angesehen. Viele Männer sehen in diesem Verhaltensmuster ein anzustrebendes Ziel und wenn eine Frau Karriere in bestimmten Bereichen machen will, tut sie gut daran, sich ebenfalls möglichst emotionsfrei zu verhalten. Im Militär und in den Wissenschaften, in der Wirtschaft und in der Politik, überall wird rationalisiert. Es gibt sogar schon psychotherapeutische Richtungen, die meinen, ohne Gefühle auskommen zu können, und beim Coaching sind Emotionen gar verpönt.

Nun wissen wir aus der Kommunikationsforschung, dass der gesunde Mensch *immer* fühlt. Jede Kommunikation besteht aus Inhalts- und Beziehungsaspekt und deshalb kann niemand absolut objektiv, logisch und rational sein. Es mischen sich, ob wir wollen oder nicht, eigene Wahrnehmungen in die Beurteilung jeder Situation. Dies gilt selbst für wissenschaftliche Versuche, denn es gibt nichts Beobachtetes ohne den Beobachter. So schrieb der Physiker Heisenberg: *„Auch in der Naturwissenschaft ist also der Gegenstand der Forschung nicht mehr die Natur an sich, sondern die der menschlichen Fragestellung ausgesetzte Natur, und insofern begegnet der Mensch auch hier wieder sich selbst"* (1955, S.18).

Wirkliche Gefühllosigkeit ist dagegen ein Zeichen schwerster Depression und so unerträglich, dass die Gefahr groß ist, dass sich die Erkrankten umbringen. Gefühle sind ein Teil unserer Wirklichkeit, ob wir wollen oder nicht. In unserer Gesellschaft wird jedoch viel dafür getan, den Umgang damit zur Privatsache zu erklären.

Unser gesamtes Bildungssystem von der Grundschule bis zum Universitätsabschluss ist hauptsächlich auf die Vermittlung von rationalem, reproduzierbarem Wissen ausgelegt. Gefühle werden, wenn die Zeit neben der Vermittlung der wissenschaftlichen Grundlagen reicht, höchstens noch im Religions-, bzw. Ethikunterricht zugelassen. So wird deren Bewältigung zur Privatangelegenheit der Schüler und dies gelingt mehr oder weniger gut, zuweilen sogar katastrophal schlecht, wenn wieder einmal ein Schüler durchdreht und Amok läuft. Kann es uns da erstaunen, dass der Ausdruck von Gefühlen als nachteilig, das Unterdrücken derselben jedoch als erstrebenswert gesehen wird?

Darf man als Kind und Jugendlicher ab und zu noch emotional „entgleisen", ist damit spätestens im Berufsleben endgültig Schluss. Gefühle muss man im Griff haben, ganz gleich in welchem Job man später arbeitet. Es gilt geradezu als Charakterschwäche, seine Emotionen zu zeigen. Distanziert, cool, stets beherrscht, sachlich und überlegen ist der Erfolgsmensch in Mitteleuropa. Und da wundern wir uns über die wachsenden Schwierigkeiten in Beziehungen?

Wenn es Firmen wirtschaftlich schlecht geht, werden Arbeitsplätze „wegrationalisiert", und auch dieser Begriff vermeidet die emotionale Komponente. Dass Menschen von dieser Maßnahme betroffen sind, Familien durch die Arbeitslosigkeit in Not geraten, damit müssen sich diejenigen, die wegrationalisieren, nicht auseinandersetzen. Ebenso wenig wie diejenigen, die gefallene Soldaten und getötete Zivilisten zu „Kollateralschäden" erklären.

Auch Männern geht es nicht wirklich gut mit der verordneten Gefühlsarmut. Viele kommen in unsere Kurse, weil sie herausfinden wollen, ob sie überhaupt empfindungsfähig sind. Dabei stellt sich schnell heraus, dass Männer genauso gefühlvoll sind wie Frauen; sie gehen nur völlig anders damit um.

Männer können Gefühle im Gegensatz zu Frauen völlig ausblenden und das ist, wie wir jetzt wissen, in der Struktur ihres Gehirns angelegt. Auch fiel uns auf, dass Männer nur bei ganz bestimmten Emotionen von Gefühlen sprechen. Ärger, Aggression, Kampfgeist, Enttäuschung, Begeisterung – all diese Emotionen würden die meisten Männer nie als Gefühl bezeichnen, sondern eher als Zustände. Gefühle haben für Männer mit Liebe und Zärtlichkeit zu tun und diese gehören nun wirklich nicht ins harte Geschäfts- und Berufsleben.

Die Paare, denen es gelang, den Mythos der absoluten Rationalität und Objektivität aufzugeben und die selbstbewusst zu ihren Gefühlen standen, gaben ihrer Partnerschaft eine völlig neue Basis, auf der es viel leichter wurde, Konflikte konstruktiv zu lösen. Doch davon mehr im Kapitel über den Streit und die konstruktive Auseinandersetzung.

## Von der Ursünde, eine Frau zu sein

Halt ! Nehmen Sie sich ein bisschen Zeit, gehen Sie nicht zu schnell auf die Barrikaden und wischen Sie das Thema nicht gleich vom Tisch: Die Minderwertigkeit der Frauen ist seit Tausenden von Jahren Bestandteil nahezu aller Hochkulturen dieses Planeten !

Machen wir einen kurzen Ausflug in die Welt der Religionen: Die Christen haben einen männlichen Gott, dessen Sohn von einer Jungfrau geboren wurde, also einer Frau ohne Weiblichkeit. Frauen sollen dem Manne untertan sein: *„Ihr Frauen ordnet euch euren Männern unter wie dem Herrn, denn der Mann ist das Haupt der Frau, wie auch Christus das Haupt der Kirche ist; er hat sie gerettet, denn sie ist sein Leib. Wie aber die Kirche sich Christus unterordnet, sollen sich die Frauen in allem den Männern unterordnen"* (Eph. 6 22).

Buddha verglich Frauen mit Haien, die den Mann vom Weg der Erleuchtung abhalten: *„Und was ist, ihr Mönche, die Gefahr des Haies ? Da ist, ihr Mönche, ein edler Sohn, von Zuversicht bewogen, aus dem Hause in die Hauslosigkeit gewandert ... und da erblickt er ein Weib, halb angekleidet nur oder nur halb verhüllt. Und weil er ein Weib gesehen hat, halb angekleidet nur oder nur halb verhüllt, wird sein Herz von Gier geschwellt, und weil sein Herz von Gier geschwellt ist, gibt er die Askese auf und kehrt zur Gewohnheit zurück. Ein solcher, ihr Mönche, sagt man, hat aus Furcht vor der Gefahr des Haies die Askese aufgegeben und ist zur Gewohnheit zurückgekehrt. Die Gefahr des Haies ihr Mönche: das ist die Bezeichnung für das Weib"* (67. Rede). Zwar erlaubte er später den Frauen, eigene Klöster zu gründen und Nonnen zu werden, doch bis heute ist die höchste Äbtissin dem niedrigsten Mönch unterstellt.

Im Hinduismus gelten Frauen als Eigentum ihrer Männer, und obwohl der Koran das heilige Buch ist, das den Frauen die meisten Rechte garantiert, haben die Frauen im gelebten Islam häufig nichts zu sagen. Wer sich tiefergehend mit der Prägung der Paarbeziehungen durch die Religionen beschäftigen möchte, findet in Christianes Buch

*"Was uns verbindet und was uns unterscheidet, die Familie im Spiegel der großen Religionen"* (VSK 2005) viele interessante Informationen.
Glauben Sie nicht, dass dieses Thema der Vergangenheit angehört. Eine Klientin erzählte, ihre Eltern hätten sie nach der Geburt ihres ersten Kindes nicht besucht, weil sie so enttäuscht gewesen wären, dass es nur ein Mädchen geworden sei. In ihrem Dorf gäbe es ein Sprichwort: *„Lieber zehn Söhne als eine Tochter!"* Die Frau stammt aus Westeuropa, nicht etwa aus dem Nahen Osten!

Wir treffen in der Praxis wesentlich mehr Frauen als Männer, die unter Minderwertigkeitsgefühlen leiden. Besonders häufig beklagen sich Mütter, die neben ihrer hoch anspruchsvollen Arbeit, Kinder auf die Zukunft vorzubereiten, keinen Job haben. Obwohl sie eine Aufgabe erfüllen, an der viele Manager scheitern würden, scheint jeder schlecht bezahlte Bürojob wertvoller zu sein als die Arbeit in der Familie.

Aber auch Frauen in Führungspositionen leiden darunter, nie gut genug zu sein. Sie stehen unter hohem Druck, denn sie müssen nicht nur exzellente Leistungen bringen, meist besser als die der männlichen Kollegen, sondern darüber hinaus noch gut aussehen und weiblich wirken.

Wir kennen keine noch so schöne Frau, die mit ihrem Aussehen zufrieden wäre. Die meisten haben gar keine eigene Meinung zu ihrem Körper, sondern wiederholen die Meinung ihrer Männer. Kleidung wird immer noch von den meisten Frauen so ausgewählt, dass sie den Männern gefällt. Keine Frau würde sich in hochhackigen Schuhen durch den Alltag quälen und die Verformung ihrer Füße und die Bildung von Krampfadern in Kauf nehmen, wenn diese Schuhe den Männern nicht gefallen würden.

Männer dagegen müssen sich nicht unbedingt pflegen. Wir kennen niemanden, der sich darüber aufregt, dass die meisten männlichen Politiker keine schönen Männer sind, dazu schlecht angezogen, an Übergewicht leiden und hässliche Frisuren haben. Wurde Helmut Kohl jemals wegen seiner Figur oder seiner Glatze angegriffen? Doch das Aussehen, die Frisur und die Kleidung unserer Bundeskanzlerin, der ersten Frau, die es an die Spitze unseres Staates geschafft hat, sind ein beliebtes Gesprächsthema. Da steht endlich einmal eine Frau ganz vorn und hat Erfolg und sie wird – auch von Frauen – wegen ihres Aussehens niedergemacht!?

*„Welches ist der kleinste Koffer der Welt? –*
*Angela Merkels Schminkkoffer!"*

Gleichberechtigung? Es reicht eben nicht aus, sie gesetzlich zu verordnen, wenn sie in den Köpfen von Männern und von Frauen nicht umgesetzt wird. Erfolgreiche Frauen gelten als unerotisch; sie sind keine richtigen Frauen, sondern „Mannweiber", „alte Jungfern" usw. Anne Wilson-Schaef nennt diese Bezeichnungen *„Stopper".* Sie dienen dazu, Frauen davon abzuhalten, ihr Potential zu leben:

*„Männer mit Durchsetzungsvermögen sind kompetent und dynamisch, Frauen mit Durchsetzungsvermögen sind widerlich und aggressiv. Wenn ein Mann seine unterschiedliche Meinung kundtut, so ist er geradeheraus und ehrlich. Wenn eine Frau unverblümt ihre Meinung sagt, bezeichnet man sie als männermordendes, kastrierendes Biest ..."*
(1981, S. 84).

Als Christiane sich auf Grund eines Coachingauftrags die passende Kleidung kaufen musste, rieten ihr Frauen, die in der Wirtschaft arbeiteten, nur ja einen Hosenanzug zu wählen. Die Beine zu zeigen, sei nicht karrierefördernd, und auch den Busen solle sie mit einem Jackett bedecken. Nicht, dass Christiane etwa vorgehabt hätte, als Sexbombe die Männerwelt aufzumischen, doch warum sollte sie sich als Mann verkleiden, um Erfolg haben zu können?

Die Frauenbewegung ist noch nicht alt und gerade in der Anfangszeit versuchten Frauen, die Männer in ihrem eigenen System zu übertreffen. Viele Frauen verhielten sich männlicher als manche Männer und das aus gutem Grund, denn eine Frau musste sich wie ein Mann verhalten, um im Beruf erfolgreich zu sein. Das spiegelt sich in der Sprache: Wir kennen nur die *„Herrin"* und wir können nur *„Herr"* und nicht *„Frau"* über unsere Gefühle sein. Eine Frau, die etwas gut macht, *„steht ihren Mann"* und das nicht nur in Deutschland: In Schweden wird eine Frau, die ihre Arbeit gut macht, *„en hel karl", „ein ganzer Kerl"* genannt. Und der britische Segler Martin Perry sagte über die Ausnahmeseglerin Ellen McArthur: *„Sie hat mehr Eier als ich jemals haben werde"* (Yacht 2006, 8, S. 11).

Frauen merken erst langsam, dass ihre Art, die Welt zu sehen, nicht falsch ist, sondern anders. Sie ist auch nicht besser als die Sicht der Männer, sie ist genauso gut. Es gibt Bereiche, die können Frauen besser als Männer, doch genauso gibt es Gebiete, in denen Männer besser sind. Dass das neue Verständnis, welches Frauen und Männer über sich gewinnen, neue Partnerschaftsmodelle braucht, liegt auf der Hand. Wir leben in einer so schnellen und komplexen Welt, dass 08/15-Lösungen nicht mehr funktionieren. Lassen Sie uns gemeinsam die Klischeevorstellungen über die Ehe untersuchen, die unter anderem dazu führten, dass heute immer weniger Menschen heiraten.

## Die feste Beziehung:
## Freiheitsberaubung oder Ort für Entwicklung?

Männer und Frauen haben häufig ein unterschiedliches Verständnis von Beziehung, speziell von fester Bindung. Während für viele Männer die Ehe das „Ende der Freiheit" bedeutet, ist sie für Frauen eher der Ort, an dem sie sich Entwicklung und Wachstum wünschen.

Wir werden nicht müde darauf hinzuweisen, dass es natürlich sehr viele Männer gibt, die in ihrer Ehe Entwicklung und Wachstum suchen und finden, und auch viele Frauen, die ihre Ehe als Gefängnis empfinden. Es geht hier mehr um die Grundstimmung, die sich in Bräuchen, Traditionen und in den Witzen niederschlägt. Die kontroverse Stimmung gegenüber der festen Bindung zeigt sich in den USA und in Großbritannien darin, dass vor der Hochzeit ein „Junggesellenabend" gefeiert wird, an dem die Brautleute mit ihren Freunden zum letzten Mal all das tun dürfen, was ihnen von jetzt ab verwehrt sein wird: durchzechte Nächte, Besuche in Striplokalen, Glücksspiele und „One Night Stands".

Dieser Brauch schwappt nach Europa über und ersetzt hier langsam den Polterabend, der einen völlig anderen Inhalt hat: Das Zerschlagen des alten Geschirrs symbolisiert den Beginn von etwas Neuem, darüber hinaus sollen böse Geister durch den Krach vertrieben werden und außerdem bringen Scherben bekanntlich Glück.

In Mitteleuropa sind die Gefühle gegenüber der Ehe kontrovers. Dies zeigt sich zum Beispiel in unzähligen Witzen, und es ist nicht schwer, sie im Internet zu finden:

*Die Witwe: „Mich tröstet, dass mein Mann nicht lange leiden musste!"*
*„Wie, waren sie nur kurz verheiratet?"*

Wer lacht über solche Witze? Warum wird die Ehe von Männern als Gefängnis gesehen, indem all das, was Spaß macht, nicht mehr möglich ist, wogegen Frauen in der Ehe Geborgenheit und Sicherheit suchen?

Wenn man dem Klischee Glauben schenkt, sind es die Frauen, die sich die Männer „angeln". Sie schaffen „Tatsachen", indem sie zum Beispiel schwanger werden. (Männer vergessen gerne, dass sie am Akt beteiligt waren.) Ist der Mann erst einmal in der Falle, steht er unter der Knute der Frau, die plötzlich dick und hässlich wird und ihn böswillig kontrolliert. Der vormals so dominante Mann wird zum jämmerlichen Pantoffelhelden.

Kommt Ihnen die Beschreibung der Ehefrau bekannt vor? Sie gleicht verblüffend der Beschreibung der „bösen Hexe" in vielen Märchen. Doch wie kommt es, dass die unmündige „kleine" Frau, die der Führung des Mannes dringend bedarf, plötzlich zur machtgierigen Dämonin mutiert? Auch zu dieser Frage finden wir reichhaltige Auswahl in unserer Kirchengeschichte.

Hier eine Kostprobe des katholischen Theologen Albertus Magnus aus dem 13. Jahrhundert: *„Die Frau ist zur Sittlichkeit weniger (als der Mann) geeignet ... Frauen sind unbeständig und neugierig. Wenn die Frau mit einem Mann Verkehr hat, möchte sie möglichst zur gleichen Zeit unter einem anderen Mann liegen. Die Frau kennt keine Treue.*

*Glaube mir, wenn du ihr Glauben schenkst, wirst du enttäuscht werden ... Die Frau ist ein missglückter Mann und hat im Vergleich zum Mann eine defekte und fehlerhafte Natur. Was sie selber nicht erhalten kann, versucht sie zu erreichen durch Verlogenheit und teuflische Betrügereien. Darum, um es kurz zu sagen, muss man sich vor jeder Frau hüten wie vor einer giftigen Schlange und dem Gehörnten"* (Quaestiones super animalibus XV q.11).

Wenig später wurden die ersten Hexenprozesse abgehalten, bei denen im Laufe von 400 Jahren mehr als eine Million Frauen verbrannt wurden, darunter viele Hebammen, die bei der Geburt behinderter Kinder – sogenannten Teufelsbälgern – geholfen hatten.

Auch heute noch nennen Männer ihre Frauen „meine Alte" und die Geliebte ist nur solange jung, schön und anschmiegsam, solange sie nicht verheiratet ist. Dass diese Meinung immer noch vertreten wird, zeigt eine Werbung aus einer deutschen Zeitschrift (Yacht, 2004, 6). Diese Werbung wurde nicht von der Zeitschrift und nicht vom Hersteller des Bootes in Auftrag gegeben, sondern von einem Geschäftsmann veröffentlicht, der sein Geld mit dem Verchartern von Segelyachten verdient. Wir haben diese Anzeige aus juristischen Gründen nachgestellt.

Die Frau erhoffte sich von der Ehe dagegen einen sicheren Hafen. Da noch vor fünfzig Jahren nur wenig Frauen eigenes Geld verdienten, waren sie darauf angewiesen, dass der Mann den Lebensunterhalt nach Hause brachte. Nach außen hin war der Mann der Chef und sorgte für seine Familie; damit übernahm er die Rolle des guten Vaters, die Frau glich nach außen eher einem Kind, unfähig, für sich selbst zu sorgen.

Kaum betrat der Mann die gemeinsame Wohnung, verkehrten sich jedoch die Rollen. Nun spielte die Frau die Rolle der Mutter und der Mann die des Kindes, unfähig, sich auch nur ein Brot zu streichen. Sie kochte sein Essen, sorgte für seine Kleidung und vor allem trug sie die Verantwortung für seine emotionale und sexuelle Versorgung. Wenn der „Haussegen schief hing", gab sich häufig die Frau dafür die Schuld. Aus diesem Grund neigen Frauen auch heute noch dazu, die Schwächen ihrer Männer zu entschuldigen. Und auch heute hören wir in der Praxis, dass sich junge, emanzipierte, aufgeklärte Frauen allein dafür verantwortlich fühlen, wenn die Ehe kriselt oder gar auseinander geht.

Es gibt immer noch viele Paare, die nach dem alten Ehemodell zu leben versuchen, wobei die Frauen verstärkt große Schwierigkeiten damit haben, dass der nach außen starke Mann in der Beziehung zum kleinen Jungen mutiert, der es nicht schafft, den Knopf am Hemd anzunähen, ein Ei zu kochen oder seinen Seelenfrieden zu bewahren, wogegen er im Bett wieder als „Held" gefeiert werden will. Frauen akzeptieren nicht mehr, nach außen das unmündige Kind spielen zu müssen, während sie die Familie, die Erziehung der Kinder, die totale Versorgung des Mannes managen und darüber hinaus häufig einen Beruf ausüben. Die Frauen von heute brauchen keine Beschützer; sie wünschen sich Partner, mit denen sie Beziehungen führen wollen, in denen beide wachsen und in denen die zu erledigenden Aufgaben gerecht auf beiden Schultern verteilt werden.

Wir teilen die Überzeugung von Eva Herman nicht, die in ihrem Buch „Das Eva-Prinzip" tatsächlich behauptet: *„Nie in der Menschheitsgeschichte haben Männer die Hausarbeiten freiwillig verrichtet oder Kinder aufgezogen, aufgrund ihrer Veranlagungen sind sie auch nicht dafür vorgesehen. Werden Männer trotzdem in die Pflicht genommen, bedeutet das meist eine Verunsicherung ihrer Identität, die psychische Probleme aufwerfen kann"* (2007, S. 81).

„Welcher Art sind diese psychischen Probleme ?", fragen wir erstaunt, „und weshalb sind wir Frauen dagegen immun ?" Der alte Ehe-Schuh scheint nicht mehr zu passen. Statt der guten alten Zeit – wenn es sie denn überhaupt jemals gegeben hat – hinterherzuweinen, versuchen wir lieber herauszufinden, wie Partnerschaft in dieser schnellen, komplexen Zeit funktionieren kann, in der Männer und Frauen ihre Identität erst wieder finden müssen.

Wenn niemand mehr davon ausgehen kann, dass klar ist, was von einem Mann und einer Frau in einer festen Partnerschaft erwartet wird, müssen die Regeln des Zusammenlebens individuell ausgehandelt werden. Weil aber sehr viele Menschen mit Eltern aufgewachsen sind, deren Paarbeziehung nach dem alten Ehemodell funktionierte, kommen die meisten nicht darauf, dass Absprachen überhaupt erforderlich sind. Hier liegt die Ursache vieler Konflikte, die durch eine klare, kongruente Kommunikation vermieden werden könnten.

Wenn jeder weiß, was er braucht, und fähig ist, das seinem Partner mitzuteilen, sind beide einen großen Schritt weiter. Da wir alle Pioniere auf dem noch nicht erforschten Gebiet sind – Paarbeziehung mit zwei gleichberechtigten Menschen –, ist Fehlerfreundlichkeit angesagt. Dann kann diese Expedition zum vollen Erfolg führen.

## Für Frauen: Kuschelsex versus Quickie
## Für Männer: Spontansex versus Hindernislauf

Wundern Sie sich nicht über die beiden unterschiedlichen Überschriften, denn sie spiegeln nur die unterschiedliche Wahrnehmung von Männern und Frauen zum Thema Sexualität. Voraus ging eine längere Suche nach einer Überschrift, von der sich beide Geschlechter repräsentiert fühlten. Nachdem uns das nicht gelungen war, befragten wir viele Männer und Frauen nach Begriffen, die für ihr Verständnis passten. Die beiden Überschriften sind das Ergebnis.

Als unser Sohn Marian dieses Kapitel las, wurde er plötzlich sehr ernst und sagte: „Ihr müsst unbedingt schon am Anfang schreiben, dass ihr Männer nicht für sexistische, schwanzgesteuerte Schweine haltet!" Nicht, dass wir je vorgehabt hätten, Männer so zu polarisieren! Doch wurde uns auf Grund dieses vehement vorgetragenen Wunsches klar, dass es zwischen der männlichen und der weiblichen Sexualität einen entscheidenden Unterschied gibt, der thematisiert werden muss:

Männer sind grundsätzlich in der Lage, ihre Sexualität gegenüber Frauen und Kindern als Waffe einzusetzen. Sexuelle Gewalt an Kindern wird zu über 90% von Männern ausgeübt, und es sind ausschließlich Männer, die Frauen überfallen und vergewaltigen. Aufgrund ihrer physischen Überlegenheit und der biologischen Beschaffenheit des Aktes waren Frauen seit Anbeginn der Zeiten Opfer männlicher Sexualität. Auch heute bleiben die meisten Täter straffrei, während sich die Opfer – Frauen und Kinder –, oft ein Leben lang mit den Folgen auseinandersetzen müssen.

Das soll nicht heißen, dass Frauen bessere Menschen sind. Die Bilder von der amerikanischen Soldatin, die das Foltern von irakischen Kriegsgefangenen sichtlich genoss, sind nur ein Beispiel für die Gewalt, die Frauen an Männern verüben. Im Bereich der Sexualität können Frauen mit Männern spielen, sie können aufgrund ihrer Attraktivität Macht über Männer ausüben, doch mit dem Geschlechtsakt an sich können Frauen nicht verletzen. Es mag auch an diesem Machtgefälle liegen, dass die Sexualität von Männern und Frauen völlig unterschiedlich wahrgenommen wird.

Der Mann kann grundsätzlich mit jeder Frau schlafen und „reinen Sex" genießen, ohne für die Frau das Geringste zu empfinden. Deshalb sehen viele Männer einen „One Night Stand" nicht als Betrug an ihren Lebenspartnerinnen. Obwohl in den Medien und in Zeitschriften propagiert wird, moderne Frauen hätten ein ähnlich unbekümmertes Sexualleben, kennen wir kaum Frauen, die uns das bestätigen. Den meisten Frauen, die sich auf viele wechselnde Sexualpartner einlassen, geht es dabei gar nicht um den Sex, sondern um Macht. Sie beweisen sich, dass sie es auf Grund ihrer Attraktivität schaffen, den Mann ins Bett zu kriegen. Viele berichten, dass sich der anfängliche Kick schnell verflüchtigt und stattdessen Leere und Langeweile einkehren, obwohl es Frauen geben mag, die das ganz anders sehen.

Doch es gibt im Gegensatz zu den Männern nur wenige Frauen, die sich einen Sexualpartner mieten. Das „älteste Gewerbe der Welt" hat dagegen seit Jahrtausenden Hochkonjunktur. Die meisten Frauen, auch diejenigen, die schon mal einen Swingerclub besucht haben, würden sich, wenn sie wählen müssten, für die vom Gefühl getragene Bindung entscheiden.

Sexualität ist für Männer eines der wichtigsten Beziehungsthemen. Viele Frauen haben Schwierigkeiten damit, dass der Mann wesentlich mehr Lust hat und von ihnen die Erfüllung seiner Wünsche fordert, denn viele Männer sehen in einer festen Partnerin die Garantie für regelmäßigen Sex. Wenn sich die Frau verweigert, fühlen sie sich betrogen und drohen nicht selten mit der Beendigung der Beziehung.

Diese Haltung ist keine Erfindung der Neuzeit, sondern Jahrtausende alt. Sie gehört nicht nur zu unserem Kulturkreis, sondern ist auf der ganzen Welt verbreitet. Doch während die katholische Kirche die Frau allein dazu verdonnerte, die sexuellen Bedürfnisse ihres Mannes jederzeit zu erfüllen, sind im Judentum und im Islam auch die Männer verpflichtet, ihre Frauen regelmäßig glücklich zu machen. In beiden Religionen kann sich die Frau scheiden lassen, wenn der

Mann nicht mit ihr schläft. Das Dogma der katholischen Kirche gibt den Frauen allein die Verantwortung für die Sexualität. Es empfiehlt den Geschlechtsverkehr auch heute noch nur zur Zeugung von Kindern, jedoch dürfen Eheleute seit 1963 Lust dabei empfinden. Davor galt Sex zur Vermeidung von Unzucht als lässliche Sünde. Versagen durfte sich die Frau ihrem Manne nie, denn wenn er zu einer anderen ging, lud *sie* schwere Sünde auf sich. So war die Ehe die Medizin für lustvolle Ehemänner, die Frau entging der Sünde, wenn sie beim Akt bestenfalls nichts empfand und Kinder gebar. Die Frau als Verursacherin der Ursünde, der Vertreibung aus dem Paradies, stand dem Mann gegenüber in ewiger Schuld und sühnte diese, indem sie für die Befriedigung seiner Bedürfnisse jederzeit zur Verfügung stand.

Glauben Sie nicht, dass sich das in unserer modernen, aufgeschlossenen Zeit so erheblich verändert hat. Viele Frauen wachsen mit dem denkwürdigen Satz auf: „Du darfst dich deinem Mann nie verweigern, sonst treibst du ihn in die Arme eine Hure!" Vor kurzem begleiteten wir ein sehr junges Paar, keine dreißig Jahre alt, bei der Scheidung. Sie hatten geheiratet, um ihre Sexualität zu legalisieren, und zu spät gemerkt, dass zu einer Ehe wesentlich mehr gehört.
Die Vergewaltigung in der Ehe ist erst seit 1997 strafbar. Das Ja-Wort erlaubte bis dahin jedem Mann jederzeit die Befriedigung seiner sexuellen Wünsche. Wie kann es uns da verwundern, dass sehr viele Männer auch heute noch von ihrem Recht auf Sexualität überzeugt sind?

Verstehen Sie uns nicht falsch! Genau wie Küchenmesser, die zur Zubereitung von Nahrung gedacht sind, jedoch auch potentiell zur Mordwaffe taugen, ist die männliche Sexualität eine Kraft, die sowohl zur Erzeugung neuen Lebens, zum Bereiten großer Freude als auch zum Verletzen taugt. Wir finden es angemessen, dass Männer sich auch darüber Gedanken machen. Die überwiegende Anzahl unserer männlichen Klienten geht jedoch sehr verantwortlich mit diesem Thema um. Wenn Männer in einer Beziehung leben, kommen sie andererseits durch nichts so schnell wieder in tiefen emotionalen Kontakt zu ihren Frauen wie durch Sexualität. Männer leiden darunter, dass so viele Bedingungen erfüllt sein müssen, bevor die Frauen bereit sind. Wenn Frauen sich darüber beklagen, ihre Männer hätten „nur Sex" im Kopf, haben sie die gesunde Seite der männlichen Sexualität nicht verstanden. Frauen dagegen möchten vor der Sexualität Intimität spüren, das heißt, sie möchten sich dem Mann emotional nahe fühlen. Möglicherweise entstand dieses Bedürfnis durch das beschriebene Machtgefälle: Die Frau will sicher sein, dem Mann vertrauen zu können! Auch heute ist für Frauen die Stimmung in der Beziehung ausschlaggebend dafür, ob sie Lust haben, mit ihren Männern ins Bett zu gehen. Vielleicht kennen Sie den Witz, der diesen Unterschied verdeutlicht:

*Wie gewinnt man das Herz einer Frau?*
*Respektiere sie.*
*Hör ihr gut zu.*
*Halte sie fest.*
*Küsse sie.*
*Unterstütze sie.*
*Kauf ihr was Schönes.*
*Beschütze sie.*
*Liebe sie.*
*Geh bis ans Ende der Welt für sie.*

*Wie gewinnt man das Herz eines Mannes:*
*Komm nackt, bring Essen mit!*

Keine der beiden Sichtweisen ist die „richtige". Es hat sich bei Paarkonflikten jedoch als äußerst hilfreich erwiesen, die unterschiedlichen Empfindungswelten zu erklären. Die meisten Männer sind nicht gefühlskalt, „schwanzgesteuert" und nur auf ihr eigenes Vergnügen aus, wenn sie mit ihren Frauen schlafen wollen, obwohl es solche Männer gibt. Die meisten Frauen sind nicht frigide und zickig, wenn sie sich weigern, mit ihren Männern zu schlafen, obwohl es auch Frauen gibt, die den Entzug von Sexualität als Machtmittel einsetzen.

Erfolgversprechend scheint eine Kombination von beiden Erlebniswelten zu sein: Männer können von Frauen lernen, Sexualität in einen emotional innigen Rahmen einzubetten und sich viel Zeit für Zärtlichkeit zu lassen. Frauen können von Männern lernen, zu ihren Bedürfnissen zu stehen und sich zu nehmen, was sie wollen. Sie können lernen, guten Sex ganz spontan und ohne Schuldgefühle zu genießen, „den Hebel einfach umlegen", wie eine Freundin sagte. Die geglückte Mischung von Kuschel- und Spontansex verspricht nach Meinung der Anwender und Anwenderinnen höchste Zufriedenheit, da Männer und Frauen beide auf ihre Kosten kommen.

Häufig kommen Paare, weil es „im Bett nicht gut klappt". Wenn medizinische Gründe ausscheiden und die verschiedenen Erlebniswelten berücksichtigt werden, bleiben nicht mehr viele Ursachen übrig. Meist ist die Sexualität selbst nicht das Problem. Sexualität ist jedoch für Frauen und auch für Männer ein so empfindliches Thema, dass sich tiefer liegende Schwierigkeiten hier häufig zuerst zeigen. Eine Frau, die sich ihrem Mann nicht nahe fühlt, mag häufig auch nicht mit ihm schlafen.

Manche Frauen berichten, dass sie deshalb nicht mit ihren Männern schlafen wollen, weil sich diese in ihrer Bedürftigkeit ähnlich anfühlen wie Kinder. Wenn wir uns in die Biografie des Mannes vertiefen, finden wir meist folgende Geschichte: Der kleine Junge konnte seiner Mutter nicht so nahe sein, wie er es gebraucht hätte, und spürt immer noch ein Defizit. Jetzt sucht er diese Nähe bei der Frau seines Herzens. Er wählt nach Männerart die Sexualität als das geeignete Mittel zum Herstellen dieser Nähe, doch die Frau spürt besonders dann, wenn sie auch Mutter ist, einen eigentümlichen Mix: eine kindliche Bedürftigkeit, die keinesfalls enttäuscht werden darf, gepaart mit erwachsener männlicher Lust. Sie wird als Mutter und als Geliebte angesprochen, eine Mischung, die für sie nicht nur völlig unerotisch, sondern darüber hinaus noch wie ein Doublebind wirkt.

Wenn sie den Mann zurückweist, ist er zutiefst enttäuscht und verletzt. Für ihn wiederholt sich sein Kindheitstrauma: Sein Bedürfnis nach lustvoller Nähe wird zurückgewiesen ! Sobald ihm die unbewusste Vermischung klar wird, kann er sich selbst um seine kindlichen Bedürfnisse kümmern, möglicherweise mit therapeutischer Begleitung. Bei den meisten Paaren entspannt sich danach der Umgang mit der Sexualität.

Bei schweren Störungen wie überwältigender Unlust oder totaler Verweigerung ist die Ursache gar nicht so selten eine Traumatisierung in der Kindheit durch sexuelle Gewalt. Beide können betroffen sein, obwohl es die Mädchen häufiger trifft. Hier ist eine therapeutische Aufarbeitung des Traumas erforderlich, denn leider heilt die Zeit nicht alle Wunden.

## Regeln und die daraus folgenden Verhaltensmuster

Jede Familie, die in einem Haushalt zusammenlebt, muss dieses Zusammenleben organisieren, und meist kennen alle Beteiligten die Regeln, nach denen das Familienleben funktioniert. Es gibt jedoch zweierlei Arten von Regeln: diejenigen, die ausgesprochen werden, und solche, die so selbstverständlich scheinen, dass sie nicht verbalisiert werden. Diese unausgesprochenen Regeln sind uns häufig nicht bewusst, denn wir lernten sie als Kinder in unseren Familien. Da wir alle Kinder waren, hat jeder von uns unbewusste Regeln aus der Herkunftsfamilie mitgebracht, die wir, ohne es zu wissen, in unseren aktuellen Beziehungen anwenden.

Ganz gleich, ob wir in einer konservativen Familie aufgewachsen sind oder in einer Kommune, ob unsere Eltern eine harmonische Ehe führten oder sich bekämpften, verheiratet oder geschieden waren, ob sie gesund waren oder krank, ob wir bei Pflegeeltern oder im Heim aufwuchsen – jeder von uns hat in seiner Kindheit viel darüber gelernt, wie Beziehungen funktionieren, bzw. nicht funktionieren. Da auch der Partner unbewusste Regeln mitbringt, kann das Gemisch explosiv wirken. Unserer Erfahrung nach werden Paarkonflikte häufig durch die Kollision dieser unbewussten Verhaltensmuster aus den Herkunftsfamilien ausgelöst.

Um dem Thema eine Grundlage zu geben, befassen wir uns im ersten Teil dieses Kapitels mit dem Phänomen der Regelbildung und beziehen uns dabei auf die Forschungen von Paul Watzlawick, die er unter anderem in seinem Buch „*Wie wirklich ist die Wirklichkeit?*" (3. Auflage 2005) darstellte. Im zweiten Teil versuchen wir, uns die Wirkung von übernommenen, unbewussten Regeln aus der Herkunftsfamilie auf unsere aktuelle Beziehung zu verdeutlichen. Im dritten Teil erörtern wir die Frage, in wen wir uns verlieben, denn auch dies hat zu einem nicht geringen Teil mit unseren Herkunftsfamilien und den dort gelernten und erfahrenen Verhaltensmustern zu tun.

Warum wir es für so wichtig halten, diese unbewussten Beziehungsmuster kennenzulernen? Ganz einfach! Wenn ich nicht weiß, welche

Regel ich befolge, kann ich sie nicht verändern. Erst wenn ich meine bisher unbewusste Betriebsanleitung kenne, kann ich sie an den aktuellen Kontext anpassen. Deshalb ist das Bewusstmachen der bisher unbewussten Beziehungsregeln ein wichtiger Bestandteil unserer Arbeit mit Paaren.

### Wie wir unsere Regeln bilden

Wie uns die Kommunikationswissenschaft lehrt, sind es nicht Worte, die uns prägen; wir richten uns in erster Linie nach nonverbalen Signalen. Das heißt, dass Kinder nicht so sehr durch das lernen, was Eltern sagen, sondern durch deren Verhalten. Dass das „gute Vorbild" mehr bewirkt als alle „guten Worte" ist allgemein bekannt, doch in der Erziehung wird dieses Wissen meist wenig berücksichtigt, sonst würden sich nicht so viele rauchende Eltern darüber beklagen, dass ihre Kinder ebenfalls zur Zigarette greifen, obwohl sie diese eindringlich vor den Gefahren des Rauchens warnten. Kinder sind eben keine Computer, die mit digitalen Signalen programmiert werden können, um später das „richtige" Programm auszuspucken.

Doch warum leiten Menschen und auch Tiere aus Verhalten Regeln ab? Befassen wir uns kurz mit den Gesetzen der Regelbildung. Eine Regel entsteht aus dem Bedürfnis, Ereignisse in ein Schema einzuordnen, an dem man sich orientieren kann. Dieses Bedürfnis teilen Menschen mit Tieren. Jeder Hundebesitzer kann das bestätigen, denn wenn der Hund einige Male zur selben Zeit spazieren gehen durfte, wird er bald genau um diese Uhrzeit auf seinem Recht bestehen.

Wir selbst machten mit unserem Segelboot im Skaggerak folgende Erfahrung: Wenn wir unter Motor fuhren, wurden wir nicht selten von neugierigen Seehunden begleitet, während wir unter Segeln nie Seehunde sichteten. Warum? Mochten die Seehunde das Motorgeräusch? Vielleicht, doch wahrscheinlich war es nicht das sonore Brummen unseres Diesels, das sie herbeilockte. Seehunde im Skaggerak haben gelernt, dass von Booten, die brummen, Futter ins Wasser fällt. Natürlich sind sie nicht in der Lage, zwischen Fischkuttern, die ihre Abfälle – also Futter – ins Meer werfen, und Sportbooten, die wegen einer Flaute motoren, zu unterscheiden.

Wie oft muss Verhalten wiederholt werden, um als Regel zu gelten? Tiere brauchen etwas länger, bei Menschen, besonders bei Menschenkindern geht dies viel schneller. Eltern müssen keine wissenschaftlichen Studien lesen, um dieses Phänomen zu beweisen. Sie kennen es aus eigener Erfahrung.

Stellen Sie sich folgende Situation vor: Ihre Sprösslinge stehen am Samstag Abend mit glänzenden Augen vor Ihnen: „Mama, Papa, dürfen wir ‚Deutschland sucht den Superstar' sehen ? Morgen ist doch Sonntag und wir können ausschlafen. Und außerdem schauen es alle in unserer Klasse. Bitte, bitte, bitte ! !" Sie schauen in die Augen Ihrer Kinder und erlauben das Vergnügen. Am darauf folgenden Samstag sitzen die Kinder pünktlich um 20.15 Uhr vor dem Fernseher und erwarten ihre Sendung. Wenn Sie nicht spätestens jetzt darauf hinweisen, dass der letzte Samstag eine Ausnahme war, werden die Kinder ab jetzt auf ihrem Recht bestehen: Ab jetzt gilt die Regel: Samstag abends darf ‚Deutschland sucht den Superstar' gesehen werden.

Wenn Sie Ihren eigenen Tagesablauf aufmerksam beobachten, werden Sie bald feststellen, wie viele Regeln Sie selbst befolgen bzw. was Sie selbstverständlich von den Menschen erwarten, mit denen Sie zusammenleben. Viele Konflikte lassen sich allein dadurch entschärfen, wenn solche Regeln formuliert werden:

„Schatz, ich hatte erwartet, dass du heute Morgen das Frühstück machst." „Ja, aber Liebling, das ist doch ganz klar Sonntags ist die Zubereitung des Frühstücks natürlich Männersache !"

Es gibt bewusste und unbewusste Regeln. Bewusste Regeln sind zum Beispiel Spielregeln. Wenn Sie sich mit Ihren Freunden zum Kartenspielen treffen, setzen Sie voraus, dass alle Mitspieler die Regeln beherrschen. In Ihrer gewohnten Runde ist dies sicher der Fall, doch sollte jemand mitspielen, mit dem Sie zuvor noch nie gespielt haben, können Konflikte dadurch verhindert werden, dass Sie die Regeln vorher abgleichen. Auch das Zusammenleben der Gesellschaft wird durch Spielregeln organisiert, die z. B. in Gesetzbüchern niedergeschrieben sind. In Deutschland haben wir für fast jeden Lebensbereich Regeln und Gesetze, in anderen Ländern Europas wird eher auf die Selbstverantwortung des Einzelnen gesetzt. Das „*Jedermannsrecht*" in Schweden ist solch eine Regel: Jeder hat das Recht, sich in der Natur frei zu bewegen, solange er keinen Privatbesitz betritt und nichts beschädigt. Dies funktioniert bestens; wir haben dort – im Gegensatz zu Ländern mit vielen Verbotsschildern und strengen Gesetzen – kaum Müll in der Natur gefunden.

Regeln, die in Gesetzbüchern stehen, sollten eigentlich eindeutig sein. Dass dies nicht so ist, erlebt jeder, der einmal einen Prozess geführt hat. Der Berufsstand der Anwälte wäre arbeitslos, wenn Gesetze nicht „interpretiert" oder „ausgelegt" werden könnten. Wenn dies schon bei schriftlich ausgearbeiteten Regeln der Fall ist, wie viel mehr betrifft das Phänomen der Auslegung oder Interpretation jene Regeln, die sich Menschen aus wiederholtem Verhalten ableiten?

Auch dazu beschreibt Watzlawick einen interessanten Versuch in seinem sehr lesenswerten Buch *„Wie wirklich ist die Wirklichkeit"*. Bei diesem Versuch erhielten die Ratten ihr Futter nur dann, wenn sie den Napf erst zehn Sekunden nach Öffnen des Käfigs erreichten. Die meisten Ratten verstanden, dass sie diese zehn Sekunden überbrücken mussten, damit Futter in den Napf fiel. Jede Ratte interpretierte diese Situation indes anders:

Die Ratte, die die zehn Sekunden zwischen Öffnen des Käfigs und Napf durch Drehungen überbrückte, tat dies ab jetzt immer, denn sie interpretierte die Situation dergestalt, dass es die Drehungen waren, die für Futter sorgten. Eine andere Ratte, die einfach nur hin- und hergelaufen war, tat dies auch weiterhin, denn sie hatte aus der Situation die Regel abgeleitet: Hin- und Herlaufen bringt Nahrung (ebd. 2005, S. 60). Wir lernen daraus: Kinder sind genauso wenig in der Lage, das komplexe Zusammenleben von Erwachsenen zu deuten, wie Watzlawicks Laborratten den Versuch der Wissenschaftler. Es ist daher völlig natürlich, dass Kinder das Verhalten ihrer Eltern auf ihre Weise interpretieren und – genauso wie die Ratten – Regeln daraus ableiten. Diese höchst subjektiven Interpretationen bilden die Grundlage dafür, wie Menschen ihre erwachsenen Beziehungen gestalten. Wahrscheinlich dämmert Ihnen langsam, warum Partnerschaften zuweilen so kompliziert zu sein scheinen.

## Ich mach´s genauso/überhaupt nicht so wie Papa und Mama!

Durch das Leben in unserer Familien werden wir geprägt. Unter Prägung verstehen wir erlerntes Verhalten, für das wir entweder direkt – durch Lob oder Geschenke – oder indirekt – durch das Ausbleiben von unangenehmen Erlebnissen – belohnt wurden. Wenn sich dieses Verhalten oft genug wiederholt, bilden sich Regeln. Nach einer gewissen Zeit glauben wir, dass das Verhaltensmuster zu uns und unserer Persönlichkeit gehört. Damit verwechseln wir Verhaltensmuster mit unserem Charakter. Diese „Masken" gilt es zu entlarven, um als bewusste Erwachsene zu entscheiden, ob die Muster überhaupt noch zu uns passen.

Natürlich lernen wir in unseren Familien vieles, was uns dazu befähigt, uns als verantwortliche Erwachsene im Leben zurechtzufinden. Ein Sprichwort sagt: *„Erwachsen werden bedeutet, etwas zu tun, obwohl die eigenen Eltern es empfohlen haben."* Deshalb gilt es, genau hinzuschauen: Dient mir diese Regel oder behindert sie mich? Ist sie eine gute Richtlinie oder eine Maske, die ich gerne absetzen möchte, um etwas Neues, etwas Eigenes auszuprobieren? Dies gilt in besonderem Maße für die Gestaltung unserer Partnerschaften.

Wie Papa und Mama miteinander umgehen, wird vor allem von Jugendlichen und jungen Erwachsenen ausgiebig erörtert. Die meisten Jugendlichen haben spätestens am Ende der Pubertät ihre Meinung gebildet: Entweder finden sie die Beziehung ihrer Eltern so gelungen, dass sie sich vornehmen, es ähnlich gut zu machen, oder sie beschließen, ihre eigene Beziehung ganz anders zu leben. Ganz gleich wie die Entscheidung ausfällt, reagieren die Kinder damit auf die elterliche Paarbeziehung.

Kinder aus sehr harmonischen Familien, in denen die Eltern nie vor dem Nachwuchs gestritten hatten, haben möglicherweise Schwierigkeiten damit, Probleme anzusprechen. Sie halten einen offen ausgetragenen Konflikt für eine ernste Bedrohung der Partnerschaft. Kinder aus Familien, in denen dauernd gestritten wurde, neigen entweder ebenfalls dazu, Schwierigkeiten lautstark anzusprechen, oder sie versuchen, Auseinandersetzungen zu vermeiden. Gab es traumatische Scheidungen, ertragen sie möglicherweise die destruktiven Verhaltensweisen ihrer Partner, nur um nicht denselben Terror wie früher zu erleben. Wir kennen viele Menschen, die Probleme nicht ansprechen, weil sie nicht genauso werden wollen wie ihre Eltern.

Andere lassen sich erst gar nicht auf den Partner ein. Sie leben in einer mehr oder weniger funktionalen Wohngemeinschaft, weil sie von ihren Eltern gelernt haben, dass sie sich auf Beziehung nicht verlassen können. Kinder aus „freien Beziehungen", die viele Partnerwechsel der Eltern erlebt haben, bekennen sich leidenschaftlich zur Kleinfamilie und sind stolze Besitzer eines Reihenhäuschens, während die Kinder, die sich in ihren Familien von Konventionen beengt fühlten, nie heiraten wollen und Besitz als „Spießertum" deklarieren.

2007 lief im deutschen Fernsehen zu diesem Thema eine amüsante Werbung der Landesbausparkasse:

*Die kleine Lena wohnt mit ihrem Vater Horst in einer Bauwagenkolonie. Sie erzählt ihm von den Eltern einer Klassenkameradin, die ein eigenes Haus haben. Horst entgegnet abfällig: „Sind doch Spießer!" Lena berichtet weiter von Bernd, der eine Wohnung mit einem tollen Ausblick hat. Horst knurrt vor sich hin: „Auch Spießer!" Klein-Lena überlegt kurz und sagt schließlich begeistert: „Du Papa, wenn ich groß bin, will ich auch mal Spießer werden!"* (BBDO Campaign Düsseldorf für LBS, www.bbdo.de)

Die bewussten Regeln führen jedoch eher selten zu Problemen. Über Konventionen und Partnerschaftsregeln können die meisten Paare sprechen. Deshalb wenden wir uns jetzt den unbewusst gebildeten Regeln zu.

Wie wir schon sagten, interpretieren Kinder das Zusammenleben ihrer Eltern. Zwischen dem fünften und dem zehnten Lebensjahr leben sie in einer magischen Welt, in der sie alles auf sich beziehen, das heißt, dass sie sich für Spannungen in der Familie bewusst oder unbewusst verantwortlich fühlen. Sie haben nur ihre Eltern und, wie wir von Kindern aus zerrütteten Familien wissen, sind sie sich ihrer Abhängigkeit sehr wohl bewusst. Deshalb versuchen sie sowohl bewusst als auch unbewusst, Spannungen auszugleichen, damit das Gleichgewicht in der Familie erhalten bleibt.

Viele Kinder zeigen durch auffälliges Verhalten, dass etwas nicht stimmt. Kleinere Kinder können durch Bettnässen ihre Not in der Familie zeigen. Wenn medizinisch keine Ursache für das Einnässen festgestellt werden kann, liegt es häufig an Spannungen in der Paarbeziehung, dass das Kind nachts ins Bett macht; manchmal fühlt es sich in der Geschwisterreihe nicht wohl. Wir haben schon viele Kinder „trocken gelegt", indem wir nur mit den Eltern oder mit der Familiendynamik arbeiteten.

Andere Kinder versuchen, die Eltern aufzuheitern und spielen den „kleinen Sonnenschein". Um dies zu tun, müssen sie ihre eigenen Gefühle und Bedürfnisse so vollständig zurückstellen, bis sie diese selbst nicht mehr wahrnehmen. Solch ein Verhalten ist schon für Erwachsene schwer durchzuhalten; ein Kind ist damit völlig überfordert.

Eine besonders belastende Funktion ist die des Sündenbocks. Das Kind, das aufgrund seiner Struktur von den anderen Mitgliedern der Familie abweicht, ist am meisten gefährdet, zum Sündenbock zu werden. Damit dient es als Ventil für die Spannungen in der Familie und erfüllt einen wichtigen Zweck, um das Gleichgewicht im System zu erhalten.

Die Wahl des Sündenbocks steht in Zusammenhang mit den Ursachen der Spannungen. Haben die Eltern Angst zu versagen, ohne sich dies einzugestehen, wird ein Kind, dessen Leistungen den Erwartungen nicht entsprechen, zum „Symbol des Versagens". Haben die Eltern Angst vor Aggressionen, wird das Kind, das am wenigsten emotional gehemmt ist, zum „aggressiven Kind". Hat der Vater Angst davor, nicht männlich genug zu sein, wird ein Sohn zum „Weichei" erklärt.

Verhaltensweisen, die die Ehepartner aneinander nicht schätzen, werden demjenigen Kind zum Vorwurf gemacht, das dieses Verhalten ebenfalls zeigt. So können Mütter und Väter ihre Kinder wegen der

Eigenschaften kritisieren, die sie an ihrem jeweiligen Partner ärgern. Damit vermeidet das Paar, den Konflikt offen auszutragen.

Obwohl das Kind einerseits für sein Verhalten getadelt und bestraft wird, gibt man ihm gleichzeitig zu verstehen, dass es nun mal so sei und sich nicht ändern könne. Es wird zwar einerseits lautstark aufgefordert, sich zu ändern, wobei andererseits gleichzeitig mitschwingt, dass dies nicht möglich sei. Anerkennung wird ihm aber erst dann in Aussicht gestellt, wenn es sich verändert hat ..., ein klassischer Doublebind! Wenn das Kind es tatsächlich schaffen sollte, sein Verhalten zu verändern, wird die Familie alles tun, um das kritisierte Verhalten wieder hervorzulocken.

Vielleicht fragen Sie sich, warum wir in einem Buch über Paarbeziehungen so viel über Kinder schreiben; doch wenn Sie sich vergegenwärtigen, dass wir alle einmal Kinder waren, und dass viele von uns die Rollen, die wir zur Stabilisierung der Paarbeziehung unserer Eltern spielten, unbewusst auch in unserer gegenwärtigen Beziehung inszenieren, dann wird Ihnen klar, warum es so wichtig ist, nach den eigenen Mustern aus der Herkunftsfamilie zu forschen. Natürlich hatten Sie als Kind keine Chance, die Spannungen Ihrer Eltern ausschließlich auf deren Ehe zu beziehen. Deshalb wenden Sie die Prägung, die Sie als Kind durch die Paarbeziehung Ihrer Eltern und durch Ihre eigene Funktion darin erhielten, unbewusst auch auf Ihre eigene Beziehung an.

Wenn Sie zum Beispiel versuchen, Spannungen einfach wegzulächeln und beschwichtigen, liegt die Vermutung nahe, dass Sie genau diese Rolle auch in Ihrer Kindheit gespielt haben. Bekommen Sie Migräne, wenn es Ihnen zu viel wird, haben Sie wahrscheinlich nicht gelernt, Konflikte auszutragen, sondern müssen sich in körperliche Symptome flüchten. Wenn Sie freiwillig immer die Schuld für alles und jedes übernehmen und ihr Selbstwert am Boden liegt, oder wenn Sie grundsätzlich alle Schuld weit von sich weisen, könnte es sein, dass Sie der Sündenbock in Ihrer Familie waren. All diese Muster eint, dass Sie aus Ihrer Herkunftsfamilie stammen. Ihre eigenen Beziehungsmuster haben Sie noch gar nicht entdeckt. Die unbewussten Regeln werden natürlich unbewusst angewandt, und das ist, zugegeben, ein großer Nachteil, da auch der Partner nach unbewussten Regeln funktioniert. Dazu ein Beispiel aus der Praxis:

*Bei einem Paar fanden wir folgende unbewussten Regeln: Die Frau machte ihren Mann unbewusst verantwortlich für ihr Glück, da ihr Vater sich für das Glück ihrer Mutter verantwortlich gefühlt hatte. Dummerweise hatte der Mann eine andere Regel, denn in seiner Familie war die Mutter verantwortlich für das Glück der Familie und der Vater verhielt sich eher passiv. Er übertrug genauso unbewusst seiner Frau die Verantwortung für sein Glück wie sie ihn für ihr Glück verantwortlich machte. Da beide von diesem „Deal" nichts wussten, konnten sie sich gegenseitig nur enttäuschen.*

Die systemische Psychotherapie eignet sich hervorragend dazu, diese Muster aufzuspüren, da wir davon ausgehen, dass sich Systeme selbst organisieren und deshalb auch selbst erklären. Ein Paar ist ein lebendiges System, das sich auf Grund von Regeln organisiert, ganz gleich ob diese konstruktiv und zielführend oder destruktiv und blockierend wirken. Hinweise auf unbewusste Regeln liefern uns die Paare nicht nur durch ihr Verhalten, sondern auch durch die jeweiligen Erwartungen an den Partner. Deshalb wenden wir uns der Kindheit zu, um die Muster auf Grund der Erlebnisse in der Herkunftsfamilie zu verstehen und damit veränderbar zu machen.

Denn alle Paare eint dasselbe Verhalten: Sie handeln entweder genauso oder überhaupt nicht so wie die Eltern, das heißt, sie sind immer noch dabei, auf das Beziehungsmuster ihrer Eltern zu reagieren, ohne ihr eigene, ihnen gemäße Form von Beziehung entdeckt zu haben. Wenn die Paare darüber hinaus erkennen, dass sie versuchen, ihre aktuelle Beziehung auf der Basis der Interpretationen jener Kleinkinder zu regeln, die sie vor vielen Jahren waren, steht dem Ausprobieren neuer, eigener Beziehungsmuster meist nichts mehr im Weg. Denn das ist die gute Nachricht: Es gibt noch einen dritten Weg, den eigenen.

## Das Schlüssel-Schloss-Prinzip:
## In wen verlieben wir uns?

Wir haben bestimmt nicht vor, mit diesem Kapitel Ihre romantischen Gefühle zu verletzen. Wir behaupten auch nicht, dass das, was wir in unseren Kursen und mit unseren Klienten erleben, die absolute Wahrheit ist. Zu uns kommen ja nur die Menschen, die in irgendeiner Art und Weise Schwierigkeiten haben. Statistisch gesprochen untersuchen wir keine „relevante" Stichprobe. Da wir jedoch mit diesem Ansatz vielen Paaren helfen konnten, soll er einen Platz in diesem Buch finden, denn möglicherweise gehören Sie ja auch zu den Betroffenen. Es geht um die wichtige Frage, in wen wir uns verlieben.

Die Biochemiker sind schon lange davon überzeugt, dass Verliebtheit eine chemische Reaktion ist. Endorphine, körpereigene Opiate werden vermehrt ausgeschüttet. Dies geschieht ebenfalls beim Marathon und beim Schokoladeessen, doch inzwischen ist wissenschaftlich nachgewiesen, dass beim Küssen und beim Sex ein Vielfaches an Endorphinen ausgeschüttet wird. Mit diesem Phänomen mag die Euphorie, die die Verliebtheit begleitet, erklärt sein, doch nicht, warum wir uns gerade in *den* Mann oder *die* Frau verlieben. Wir wollen versuchen, Ihnen diese Frage auf unsere Weise zu beantworten.

Vielleicht haben Sie sich auch schon darüber gewundert, warum sich Töchter von Alkoholikern ausgerechnet in Alkoholiker verlieben. Bei so vielen möglichen Männern ist es statistisch unwahrscheinlich, zufällig einen mit Suchtproblemen zu erwischen. Häufig ist der Alkoholismus zu Beginn der Beziehung nicht akut, doch im Laufe der Zeit zeigt sich das Suchtmuster immer klarer. Schlussendlich hat die Frau wieder das, was sie als Kind schon so sehr verabscheute.

Was fand sie so anziehend an einem süchtigen Mann und warum verliebte sich der Süchtige ausgerechnet in eine Frau, die sich mit Sucht auskennt, obwohl beide über dieses Thema überhaupt nicht gesprochen haben? Wir stellten uns die Frage, ob das Gefühl der Verliebtheit – das Gefühl, jemanden schon immer zu kennen und sich so seltsam vertraut zu fühlen – nicht ganz einfach darauf zurückzuführen war, dass wir uns tatsächlich vertraut und zu Hause fühlen, weil wir das Muster, das uns der mögliche Partner zeigt, aus unserer Herkunftsfamilie kennen. Wir fühlen uns deshalb so vertraut und zu Hause, weil es sich genauso anfühlt wie zu Hause, dort, wo unsere ersten Bindungswünsche erfüllt oder möglicherweise nicht so erfüllt wurden, wie es gut für uns gewesen wäre. Als wir dieser Hypothese nachgingen, erzielten wir einen Treffer nach dem anderen.

Jeder von uns war Kind in einer Familie oder lebte zumindest mit erziehungsberechtigten Erwachsenen zusammen. Wir alle genossen oder erlitten eine mehr oder weniger gut auf uns abgestimmte Behandlung. Kinder beziehen alle Erziehungsmaßnahmen der Eltern auf sich – auf wen denn sonst? Werden Kinder gelobt, fühlen sie sich gut und fähig, werden sie gestraft, fühlen sich schuldig. Geschieht beides im rechten Maß, kann sich ein gutes Gefühl für den eigenen Wert ausbilden. Wird das Kind gelobt, obwohl es kein Lob verdient hätte, entwickelt es ein übersteigertes Ego. Überwiegen Abwertung oder Misshandlung, fühlt sich das Kind wertlos und unfähig.

Da jedes Kind mit einem tiefen Bindungswunsch geboren wird, werden diese Beziehungswünsche mit all den Erfahrungen verknüpft, die es damals erlebt hat: Liebe verknüpft sich mit Leistung, Erwartung mit Kontrolle, Lob mit Abwertung, Misshandlung mit Sexualität, um nur einige zu nennen. Fatalerweise stellt sich das vertraute, verliebte Gefühl für den anderen Menschen dann ein, wenn genau diese Mischung wieder vorhanden ist. Die Frau, die in einer Suchtfamilie aufwächst, findet den Mann mit der Suchtproblematik, der Mann, dessen Mutter grenzüberschreitend handelte, findet eine kontrollierende Ehefrau usw. Während der ersten Verliebtheit wird dieser Anteil des Partners nicht wahrgenommen, es überwiegt das glückselige Gefühl, endlich von einem vertrauten Menschen geliebt zu werden. Endlich werden alle Beziehungswünsche erfüllt!

Bei allen Paaren vergeht diese Phase mit der Zeit, und im Alltag zeigen sich plötzlich die Schattenseiten. Die Beziehung erlebt eine erste Belastungsphase. Heute trennen sich viele Paare, wenn sich das „wahre Gesicht" des Partners zu zeigen scheint, oftmals viel früher als noch vor wenigen Jahren. Beim nächsten Mann, bei der nächsten Frau, scheint zuerst alles besser zu sein, doch leider verflüchtigen sich die Endorphine irgendwann und alles fängt von vorne an.

Viele Klienten besuchen unsere Kurse mit der Frage: Warum verliebe ich mich immer in denselben Typ Mann, denselben Typ Frau, obwohl ich weiß, dass es mir nicht gut tut ? Unsere Antwort lautet: Weil der Mann, weil die Frau wie ein Schlüssel in Ihr Prägungsschloss passt ! Das, was Sie in Ihrer Familie erlebt haben, das, was Ihnen zutiefst vertraut ist, strahlt der Partner aus, verbunden mit dem Versprechen, in diesem vertrauten Gefühl endlich geliebt zu werden.

Wenn der Alltag einsetzt, bekämpfen sich die Partner häufig genau wegen der Muster, die die Anziehung anfänglich ausgelöst haben. Der Mann scheint sich ähnlich wie der Vater der Frau zu verhalten, die Frau scheint ähnlich wie die Mutter zu agieren, wobei die Rollenbesetzung auch gegengeschlechtlich sein kann. Es ist jedoch nicht nur so, dass sich unsere Partner tatsächlich so verhalten wie unsere Eltern. Manchmal meinen wir auch nur, dasselbe Verhalten zu sehen. Wir projizieren.

Nehmen wir ein Beispiel, das in unseren Paarberatungen und in den Systemaufstellungen tatsächlich sehr häufig auftaucht: Die Frau beklagt sich bitter darüber, dass ihr Mann Absprache mit Kontrolle verwechselt. Er kommt nur selten zur abgemachten Zeit, hält sich nicht an das, was sie miteinander ausgemacht haben und reagiert äußerst gereizt, wenn sie bei gemeinsamen Entscheidungen mitreden will. Der Mann wehrt sich, ist er doch „Manns genug, um seine Frau nicht erst um Erlaubnis fragen zu müssen". Schließlich ist er kein Pantoffelheld !

Wenn wir uns die Fakten berichten lassen, erzählt die Frau von vergessenen Kindern im Kindergarten, von nicht eingekauften Nahrungsmitteln, also von Vorfällen, in denen der Mann sie durch seine Verweigerung dazu zwingt, seinen Teil der gemeinsamen Verantwortung mitzutragen, denn schließlich können die Kinder nicht über

Nacht im Kindergarten bleiben, und wenn nichts eingekauft ist, gibt es nichts zu essen.

Wenn wir die Situationen genauer untersuchen, scheint der Mann die Absprachen, auch wenn deren Einhaltung objektiv notwendig ist, um das Alltagsleben der Familie zu organisieren, mit bösartiger Kontrolle zu verwechseln, gegen die er sich bewusst – durch Verweigerung – oder unbewusst – durch Vergessen – zur Wehr setzt.

Schauen wir uns die Kindheit dieser Männer näher an, finden wir Mütter, die ihre Söhne übermäßig kontrollierten und in einem Alter in deren Intimsphäre eindrangen, in dem sie sich hätten zurückhalten müssen. Mehr oder weniger kreativ begann der Sohn, sich der Kontrolle zu entziehen und entwickelte darüber hinaus eine intensive Abneigung gegen jedes Verhalten, das auch nur im Entferntesten nach Kontrolle zu „riechen" schien. Andererseits war die Mutter tüchtig und sehr gut in der Lage, das Leben der Familie zu organisieren.

Nachdem wir in unserer Praxis sehr viele ähnliche Geschichten hörten, fragten wir uns, warum es in Deutschland so viele Männer gibt, die durch ihre Mütter übermäßig kontrolliert werden, und entwickelten folgende Hypothese:

Durch den Zweiten Weltkrieg wurden Millionen deutscher Frauen gezwungen, für ihr eigenes Leben und das ihrer Kinder zu sorgen, da die Männer an der Front kämpften, gefangen oder gefallen waren. Wenn es ums Überleben geht, ist kein Raum für zarte Gefühle. Es ist keine Zeit, nach dem persönlichen Befinden zu fragen oder abzustimmen, ob es allen Recht ist. Auf der Flucht und im Bombenhagel gelten andere Gesetze. So waren viele deutsche Frauen dazu gezwungen, das Kommando zu führen und zu kontrollieren, um zu überleben.

Kamen die Männer zurück, waren sie häufig traumatisiert und zuerst einmal nicht in der Lage, ihre traditionellen Rollen auszufüllen. Die Frauen mussten weiterhin das Leben ihrer Familie organisieren. Viele Frauen verloren ihre Männer im Krieg und mussten die Kinder alleine großziehen. Dieser historische Hintergrund gibt vielleicht die Erklärung dafür, warum sich so viele Männer von ihren Müttern kontrolliert fühlen.

Söhne solcher Mütter suchen sich tüchtige Frauen, denn nur die tüchtige Frau fühlt sich vertraut an. Die Frau kann gut organisieren, und zuerst freut sich der Mann daran, eine fähige Partnerin an seiner Seite zu wissen. Schwierigkeiten tauchen meist auf, wenn das erste Kind geboren wird, denn dann bestimmen nicht mehr die Erwachsenen den Tagesablauf, sondern das Kind mit seinen Bedürfnissen. Der Mann sieht sich jetzt mit Erwartungen seiner Frau konfrontiert, die nicht mehr verhandelbar sind. Da ihm keine Gestaltungsmöglichkeiten bleiben, interpretiert der Mann das Verhalten seiner Frau als Kontrolle, gegen die er sich augenblicklich zur Wehr setzt.

Es ist kaum zu glauben und wenn es nicht so oft passieren würde, würden wir es hier nicht schreiben, doch die jungen Väter sind nicht in der Lage zu erkennen, dass nicht die Ehefrau sondern das Baby die Bedürfnisse anmeldet, die keinen Aufschub dulden. Nicht umsonst gehen viele Männer kurz nach der Geburt des ersten Kindes fremd. Oberflächlich betrachtet ist die Frau das Opfer ihres Mannes, bzw. der Erziehungsmethoden ihrer Schwiegermutter, doch sie hat ebenfalls ein Muster, das hervorragend zum Muster des Mannes passt. Sie kommt häufig aus einer Familie, in der Leistung einen hohen Stellenwert hatte. Doch wie sehr sie sich auch anstrengte, reichte ihre Leistung nie aus, um ihr die Anerkennung zu geben, die sie sich gewünscht hätte.

Da der Mann ihre Tüchtigkeit schätzt, blüht sie auf, denn endlich schätzt jemand das, was sie tut. Die Frau übertrifft sich selbst, der Mann ist zufrieden. Irgendwann tut die Frau jedoch etwas, was der Mann als Grenzverletzung erlebt, und er setzt sich zur Wehr. Die Frau fühlt schmerzlich, dass sie trotz allem, was sie für ihn tut, nicht gesehen wird, und tut, wie sie es in ihrer Kindheit gewöhnt war, noch mehr. Dadurch fühlt sich der Mann noch mehr kontrolliert und setzt sich noch mehr zur Wehr. Ein Teufelskreis beginnt: Das, wodurch die Frau die Schwierigkeiten ihrer Kindheit zu lösen versuchte, ärgert den Mann und er wertet sie ab. Damit erlebt sie dasselbe Muster wie in ihrer Familie.

Die sich steigernde Leistung seiner Frau erinnert den Mann an seine Mutter, er wird innerlich immer kleiner und trotziger, und an diesem Punkt ist er nicht mehr in der Lage, eine wichtige Vereinbarung von grenzverletzender Kontrolle zu unterscheiden. Augenscheinlich ist der Mann im Unrecht, doch wenn die Berater nur auf diese Seite eingehen, verpassen sie die Lösung, denn in diesem Konflikt haben beide etwas zu lernen: Beide müssen aus ihren Kindheitsmustern aussteigen, wenn sie den Konflikt nachhaltig lösen wollen.

Dasselbe Schlüssel-Schloss-Prinzip finden wir beim Süchtigen und seiner Partnerin. Je mehr der Süchtige die Kontrolle über sein Leben abgibt, umso mehr übernimmt die Partnerin die Verantwortung. In Therapeutenkreisen wird diese Struktur „*Co-Abhängigkeit*" genannt. Die Kinder, die aus Doublebind-Familien stammen, suchen sich treffsicher Partner mit Doublebinds, die Kinder aus Familien mit psychischen Erkrankungen finden unberechenbare Partner.

Ein interessantes Ergebnis brachte eine eigene Untersuchung, die wir mit Männern machten, die sich treffsicher immer wieder traumatisierte Frauen suchten. Alle berichteten von einem eher geringen Selbstwert und einem tief sitzenden Zweifel an der eigenen Männlichkeit. Durch das Unterstützen der hilfsbedürftigen Frau versucht der unsichere Mann, sich unabkömmlich zu machen. Er ist nicht nur als Partner wichtig, sondern auch als stabiler Helfer, als „Fels in der Brandung". So verringert der Mann seine Angst, von der Frau verlassen zu werden. Die Konflikte beginnen, wenn die Partnerin stärker wird und den Helfer nicht mehr braucht. Je erwachsener sich die Frau verhält, umso schwächer und abhängiger fühlt sich der Mann. Schließlich trägt er mit seiner Eifersucht und seiner Angst seinen Teil dazu bei, dass die Beziehung zerbricht.

Auch wenn unserer Erfahrung nach Beziehungen immer auf Grund dieses Schlüssel-Schloss-Prinzips zustande kommen, heißt das nicht, dass Beziehungen zum Scheitern verurteilt sind. Im Gegenteil! Wir sind schließlich keine Kinder mehr und unseren Mustern nicht mehr hilflos ausgeliefert. Wenn wir die Herausforderung annehmen, bietet uns die Partnerschaft ungeahnte Entwicklungsmöglichkeiten. Die Bewältigung der Altlasten wird von Paaren als sehr erleichternd beschrieben. Meist entwickeln die beiden großes Mitgefühl für die Kinder, die sie einmal waren. So werden aus zwei in ihren Mustern gefangenen Kämpfern Verbündete, die das Leben miteinander meistern. Dann hat sich die Verliebtheit in Liebe verwandelt.

*Selbstreflektion*
Diese Beziehungsmuster habe ich von meinen Eltern gelernt:
In meiner Partnerschaft lebe ich folgende Muster:
Mein Partner/meine Partnerin hat folgende Regel gelernt:
So passen unsere Muster zusammen:

## Beziehungskiller Kindheitstrauma

Viele Paare suchen therapeutische Hilfe, weil der eine mit den emotionalen Reaktionen des anderen nicht klarkommt. Der Mann sagt einen Satz und die Frau versinkt in bodenloser Verzweiflung; die Frau tut etwas und der Mann rastet aus. Wenn wir uns näher mit dem Drehbuch des Streits befassen, finden wir häufig, dass der Anlass die emotionale Reaktion nicht unbedingt erklärt. Es wäre ein Leichtes, demjenigen, der unangemessen reagiert, die Verantwortung für die Eskalation zu geben: Die Frau ist eben überempfindlich und der Mann hat sich nicht im Griff. Das Wort „Charakterschwäche" kann auftauchen, möglicherweise sogar „Persönlichkeitsstörung".

Gehen die beiden zur Paarberatung, steht meist die Schulung der Kommunikation oder die Verbesserung der Streitkultur im Vordergrund, ohne dass sich die Situation entscheidend verbessert. Viele Paare resignieren, versuchen mehr oder weniger erfolgreich, die Tretminen zu vermeiden, oder trennen sich. Doch beim nächsten Mann, bei der nächsten Frau treten dieselben Schwierigkeiten wieder auf, denn man nimmt sich schließlich mit in die neue Beziehung.

Was all diese Paare eint, ist die hohe emotionale Ladung und die tiefe Verletzung, die jeder Konflikt freisetzt. Wenn wirklich ein Charakterfehler für die heftigen emotionalen Reaktionen verantwortlich wäre, könnte sich durch Therapie nicht viel verändern. Wir haben jedoch eine völlig andere Hypothese:

*Wir glauben, dass irrational heftige emotionale Reaktionen auf seelische Verletzungen in der Kindheit hinweisen.*

Trauma stört die Paarbeziehung, ja, wir würden Trauma den „Beziehungskiller Nr. 1" nennen. Zum einen haben in der Kindheit traumatisierte Menschen ganz grundsätzlich Probleme, anderen Menschen zu vertrauen. Zum anderen haben sie durch die Traumatisierung Verhaltensweisen entwickelt, mit denen sich andere häufig überfordert fühlen.

Wenn Sie jetzt noch berücksichtigen, dass sich nach dem „Schlüssel-Schloss-Prinzip" Menschen ineinander verlieben, die ähnliche Schicksale erlitten haben, wird Ihnen die explosive Dynamik solcher Paarbeziehungen möglicherweise klarer. Beide reagieren heftig auf Situationen, die sie in irgendeiner Weise an ihre belastete Kindheit erinnern, und weil das Trauma durch Beziehungen entstanden ist, werden die Verletzungen durch Beziehungen ausgelöst.

Da beide nicht wissen, womit sie es zu tun haben, treiben sie sich gegenseitig immer mehr in die Enge, ohne dies zu beabsichtigen und ohne es vermeiden zu können. Darin liegt zum einen die Schwierigkeit, zum anderen aber auch die große Chance einer solchen Verbindung. Die Erkenntnis, dass es die traumatischen Erlebnisse aus der Kindheit sind, die sich so störend in der Partnerschaft auswirken, erleichtert die Paare. Je mehr sie verstehen, auf welche Reize sie eigentlich reagieren, umso mehr können sie die emotionalen Bomben entschärfen.

Aus der Neurobiologie wissen wir, dass wir unser Bewusstsein brauchen, um traumatische Emotionen zu verarbeiten. Nur das, was wir benennen können – was wir mit Hilfe unseres Bewusstseins begreifen –, können wir bewältigen. Das wiederholte Durchleben von schlimmen Emotionen heilt kein Trauma, im Gegenteil, es wird dadurch eher schlimmer. Erst wenn wir die Gefühle den auslösenden Ursachen zuordnen können, besteht die Möglichkeit, das Trauma zu verarbeitet (s. a. Sautter, 2013, „Wenn die Seele verletzt ist").

Aus diesem Grund informieren wir unsere Klienten. Wir machen uns mit ihnen auf die Suche nach den Auslösern und wenn diese letztlich gefunden sind, ebben die störenden Gefühle häufig ganz natürlich ab. Eine Klientin beschrieb dies: „Ich merkte, was sich anbahnte, verstand, worauf ich reagierte, und statt des üblichen Dramas spürte ich ein Wohlgefühl, etwa wie eine warme Dusche. Ich konnte mir sagen: ‚Heute, jetzt, in diesem Augenblick, ist alles in Ordnung!'"

Damit auch Ihnen die Zuordnung besser gelingt, erklären wir Ihnen in den folgenden Kapiteln die wichtigsten Zusammenhänge. Natürlich kann auch dieses Buch keine Therapie ersetzen. Wenn Sie erkennen, dass Sie betroffen sind, suchen Sie sich einen kompetenten Traumatherapeuten und gehen Sie Ihre Geschichte mit dessen Hilfe an!

## Beziehungstrauma und seine destruktive Spätwirkung

Was ein Trauma ist, wissen die meisten von uns spätestens seit dem Tsunami vom 26. 12. 2004. Das Fernsehen zeigte uns die Bilder der gigantischen Welle, wir sahen Menschen in den Fluten um ihr Leben kämpften und starben. Zum ersten Mal waren viele Deutsche betroffen, sodass alle niedergelassenen Psychotherapeuten angeschrieben wurden, um Therapieplätze für die Überlebenden bereitzustellen. Dass diese Menschen Hilfe brauchten, war offensichtlich.

Die Folgen von dramatischen Ereignissen wie Kriegen, Gewaltverbrechen, Terroranschlägen, schweren Unfällen und Naturkatastrophen nennen wir *„Trauma Typ I"*. Es sind jedoch meist nicht diese Traumata, die sich zerstörerisch in Beziehungen austoben. Im Gegenteil rücken Menschen nach gemeinsam erlebten Unglücken sogar enger zusammen und suchen Halt in der Familie.

Destruktiv in Beziehungen wirkt *„Trauma Typ II"*, weil es durch Beziehungen entstanden ist – in Familien, im Freundeskreis, im Kindergarten, auf dem Spielplatz oder in der Schule. Meist betrifft dies Kinder, obwohl auch Erwachsene – z. B. durch Mobbing – traumatisiert werden können.

Im Gegensatz zu Typ I entstehen Beziehungstraumata durch sich ständig wiederholende Ereignisse, die erst in der Summe traumatisierend wirken. In der Fachsprache wird dies *„serielle Traumaerfahrung"* genannt. Davon sind vor allem Kinder, aber auch Erwachsene betroffen, die wiederholten psychischen und/oder körperlichen Misshandlungen in ihren Familien oder ihrem näheren Umfeld ausgesetzt werden oder um die sich niemand kümmert. Auch eine unklare, doppeldeutige Kommunikation, die dem Kind ständig den Eindruck vermittelt, nicht richtig wahrzunehmen und nicht richtig zu fühlen, wirkt auf die Dauer traumatisierend (s.a. Sautter, 2014, Wege aus der Zwickmühle, VSK).

Der sexuelle Missbrauch an Kindern gehört leider meist auch zu den seriellen Traumata. Er nimmt in diesem Komplex insofern eine Sonderstellung ein, als ein Kind bereits durch das einmalige Erleben sexueller Gewalt traumatisiert wird. Durch die ständige Wiederholung wird diese Erfahrung keinesfalls abgeschwächt. Im Gegenteil ! Je länger ein Missbrauch dauert, umso schwerer sind die Spätfolgen.

Beziehungstraumata entstehen auch in Schulen: Lehrer traumatisieren Schüler, Schüler traumatisieren Lehrer. Gewalt von Schülern gegen Lehrer häuft sich: in Berlin beantragten Lehrer Polizeischutz (Süddeutsche, 19.5.2010). Dass sich ältere Jugendliche an Jüngeren oder Schwächeren vergreifen, ist in unserer Praxis häufig der Grund dafür, dass Kinder den Besuch der Schule verweigern.

Warum wirkt ein als Kind erlittenes Beziehungstrauma so destruktiv auf die Paarbeziehung des Erwachsenen ? Wir wissen, dass das Bindungsverhalten eines Kindes in der frühen Kindheit geprägt wird. Die Traumatherapeutin Michaela Huber schreibt in ihrem Lehrbuch *„Trauma und die Folgen": „Das Entscheidende passiert in den ersten zwölf Lebensmonaten, der Rest meist in den nächsten zwei Jahren"* (2003, S. 88). Wie der englische Kinderarzt John Bowlby und seine Assistentin Mary Ainsworth nachwiesen, ist das Bindungsmuster der Kindheit häufig ausschlaggebend für das Bindungsverhalten des Erwachsenen (Bowlby 1975, Ainsworth 1978 in Huber, 2003, S. 90).

Ein Kind, das in seiner Familie traumatisiert wird, befindet sich in einem wirklichen Dilemma: Die Menschen, denen es vertrauen soll, ja vertrauen muss, da sie für sein Überleben sorgen, sind Menschen, die es abwerten, vor denen es Angst hat, denen es sich nicht wirklich anvertrauen kann. Gleichzeitig möchte es sich, seinem natürlichen Empfinden folgend, an seine Eltern binden.

Der Erwachsene hat aus dieser Prägung gelernt. Er behält ein grundsätzliches Misstrauen anderen Menschen gegenüber – auch seinem Partner. Um trotzdem Bindung zu leben, hat er verschiedene Lösungsstrategien entwickelt, die sich nur zum Teil auf bewusste Erinnerungen und Regeln stützen, denn ein in der Kindheit traumatisierter Mensch erinnert sich nicht an alles.

Wenn die Erlebnisse die Fähigkeiten des Kindes übersteigen, die Situation angemessen zu verarbeiten, greift die Seele zu einem außerordentlichen Schritt: Das Bewusstsein des Kindes wird von den aktuellen Vorgängen abgezogen. Dieses Phänomen können wir heute mit Hilfe der modernen bildgebenden Verfahren nachweisen. Es geschieht autonom, das heißt, es ist nicht willentlich steuerbar. In der Fachsprache spricht man von *Dissoziation*, in der Alltagssprache von *Verdrängung*.

Es liegt auf der Hand, dass traumatische Erlebnisse, besonders aber sexueller Missbrauch, häufig verdrängt werden. Das heißt nicht, dass damit alle Spuren des Traumas auf der Seelenfestplatte gelöscht sind, – im Gegenteil! Viel mehr als die bewusst erlernten Regeln und Muster steuern diese unbewussten Erlebnisspuren die Gefühle und Verhaltensweisen von traumatisierten Menschen. Die durch verdrängte Traumata ausgelösten Verhaltensmuster sind sehr ähnlich, und alle beziehen sich auf den zu Grunde liegenden Konflikt. Ganz gleich wie unverständlich ein Verhaltensmuster scheinen mag: Es macht Sinn, wenn man die lange zurückliegende Ursache berücksichtigt! Im Hier und Jetzt der Partnerschaft wirkt es jedoch destruktiv. Lassen Sie uns im Folgenden einige typische Verhaltensmuster anschauen.

Trauma wird als Kontrollverlust erlebt. So jung der Mensch, der ein Trauma erlebt hat, auch gewesen sein mag, es bildet sich in ihm der feste Wille, so etwas nie wieder geschehen zu lassen. So dient die ausgeprägte Neigung zu kontrollieren dem Zweck, das ganze Leben in möglichst überschaubare Einheiten zu unterteilen, um die Regie zu behalten. Häufig versuchen die Betroffenen, ihre Mitmenschen ebenfalls lückenlos zu kontrollieren, da sie sich erst dann entspannen können, wenn sie zu jeder Zeit wissen, wo sich der Partner aufhält, was er genau und mit wem er etwas tut. Dies führt nicht selten zu schweren Konflikten in Beziehungen. Wenn man einem solchen Menschen rät, doch einfach loszulassen, verkennt man den überlebenswichtigen Sinn der Kontrolle. Das Kontrollbedürfnis eines Traumaopfers entspringt ja nicht seinem Wunsch, andere zu dominieren und ihnen den eigenen Willen aufzuzwingen. Traumaopfer versuchen mit Hilfe der Kontrolle, den unerträglichen Druck, den die Unsicherheit des Lebens in ihnen auslöst, in den Griff zu bekommen. Das wird von den Betroffenen selbst als lästig und anstrengend empfunden, doch erst wenn sie wissen, dass sie sich durch ihr Kontrollieren vor einer erneuten Traumatisierung zu schützen versuchen, kann es ihnen gelingen, Sicherheit aus anderen Ressourcen zu ziehen.

Dass übermäßige Kontrolle in einer Paarbeziehung nicht gut ankommt, brauchen wir nicht zu betonen. Derjenige, der kontrolliert, erhält die „Schuld" an den Konflikten, obwohl sich der Partner – unserer Hypothese gemäß – nur deshalb in diesen kontrollierenden Menschen verliebte, weil sein Muster genau dazu passt, und außerdem trägt er unbewusst dazu bei, dass sich der andere unsicher fühlt. Dazu ein Beispiel aus der Praxis:

*Ein junges Paar schilderte folgende Schwierigkeiten: Der Mann beschwert sich, es seiner Frau nicht recht machen zu können. Sie würde ihn beauftragen, das Kind anzuziehen, und beschwere sich dann über seine Auswahl der Kleidung. Wenn er sie aber nach der Kleidung fragen würde, beschwere sie sich darüber, dass alles an ihr hängen bliebe. Die Frau räumte ihr Kontrollbedürfnis ein und erzählte von ihrem alkoholkranken, gewalttätigen Vater, den sie nie hatte aus den Augen lassen dürfen, um sich vor drohenden Misshandlungen in Sicherheit zu bringen.*

*Die Frau beschwerte sich im Gegenzug, ihr Mann verhalte sich nicht verantwortlich. Er entziehe sich mit Hilfe seiner spontanen Ideen dem Familienalltag und sei oft überhaupt nicht greifbar. Der Mann räumte ein, dass er sich häufig in seinen kreativen Ideen verliere, wobei er sich äußerst wohl fühle. Die Analyse seiner Kindheit zeigte, dass er die Flucht in die Fantasie schon immer genutzt hatte, um sich vor der Kontrolle seiner Mutter zu schützen.*

*So entstand folgender Teufelskreis, wobei gleichgültig ist, wer „angefangen" hat: Der Mann vernachlässigt seine Pflichten als Familienvater, denn er empfindet die Erwartungen seiner Frau als Kontrolle. Da sich die Frau nicht auf ihren Mann verlassen kann, beginnt sie, ihn zu kontrollieren. Durch die Kontrolle seiner Frau getriggert, sucht der Mann innerlich das Weite und entzieht sich seinen Pflichten. Durch die mangelnde Verlässlichkeit des Mannes getriggert, kontrolliert die Frau noch mehr. Das erinnert den Mann an seine kontrollierende Mutter und er wird unbewusst immer mehr zum Kleinkind. Die Frau wird an ihren verantwortungslosen alkoholisierten Vater erinnert und übernimmt – wie in ihrer Kindheit – immer mehr Kontrolle. So bestimmen die Traumata der Kindheit die Paardynamik, sehr zum Nachteil der beteiligten Personen.*

Eine weitere Möglichkeit, ein Trauma zu verhindern, ist, immer mit dem Schlimmsten zu rechnen. Indem man sich innerlich auf die Katastrophe vorbereitet und mindestens Plan B und Plan C in der Schublade hat, kann man nicht überrascht werden. Dass man dadurch nicht wirklich glücklich ist, hat ebenfalls einen entscheidenden Vorteil: Man kann nie mehr so tief abstürzen wie damals, als das Trauma geschah. In Paarbeziehungen verhindern solche Ängste das unbeschwerte Zusammenleben. Zum Beispiel fallen Sätze wie: „Ich weiß, du wirst mich sowieso verlassen!", in mehr oder weniger regelmäßigen Abständen. Dies wirkt auf die Dauer sehr belastend, denn der Partner fühlt sich dadurch manipuliert. Auch hier liegt der Schlüssel darin, die Ursache der Unsicherheit in der Kindheit des Betroffenen aufzuspüren, aber auch deren Verstärkung durch das Verhalten des Partners herauszuarbeiten.

## Trigger erkennen – emotionale Sprengsätze entschärfen

Ein Trigger *(engl.: Auslöser)* ist eine Art Erinnerungsmolekül, das die Verbindung zu einem traumatischen Ereignis herstellt. Er wirkt wie ein kleiner Klöppel, der die große Traumaglocke zum Klingen bringt. Der Trigger erinnert den Betroffenen an sein Trauma, ohne dass ihm das bewusst sein muss. Dabei spielt es keine Rolle, wie viel Zeit zwischen Trauma und Triggersituation verstrichen ist; alle Emotionen, die in der traumatischen Situation gefühlt wurden, werden durch den Trigger wachgerufen. Der Betroffene befindet sich plötzlich in genau demselben Zustand wie zu dem Zeitpunkt, als das Trauma geschah.

Ein Trigger muss dem Trauma nicht ähnlich sein. Es genügt, dass einzelne Bestandteile des Traumas wie Gerüche, Töne oder Gefühle in der gegenwärtigen Situation anklingen. Da ein Trauma immer von äußerst heftigen Gefühlen begleitet wird, können Gefühle selbst zum Trigger werden. Es können aber auch Eindrücke sein, die mit dem Trauma direkt nichts zu tun haben, sich aber im Umfeld des Ereignisses befanden wie zum Beispiel bestimmte Farben, bestimmte Pflanzen oder eine besondere Jahreszeit.

Auch Kommunikationsformen können zu Traumatriggern werden. Ein Mensch, der als Kind häufig angebrüllt oder abgewertet wurde, wird als Erwachsener anders auf solche Reize reagieren als jemand, der in einer nährenden Familie aufwuchs. Besonders heftig triggern Doublebinds. Während diejenigen, die nicht durch dieses Muster geprägt wurden, mit Unverständnis oder Achselzucken reagieren, wird sich ein Geschädigter hilflos, verwirrt, wütend oder verzweifelt fühlen.

Da Triggersituationen die Betroffenen in ihr Trauma zurückkatapultieren, werden dieselben biochemischen Reaktionen ausgelöst. Die Hirnforschung beweist, dass selbst das Erzählen traumatischer Situationen bei den Betroffenen heftige Emotionen freisetzt. Das heißt, dass ein getriggerter Mensch seine Reaktionen nur bedingt, wenn überhaupt, kontrollieren kann. Er ist sich selbst und seinen überwältigenden Gefühlen völlig ausgeliefert (s. a. Suhr in Sautter, Wenn die Seele verletzt ist, 2014. S. 56ff ).

Die Umwelt reagiert meist verständnislos, weil die reale Situation und die Heftigkeit der Reaktion im Missverhältnis stehen. Deshalb werden die Betroffenen verurteilt und bestraft und geraten in einen Teufelskreis, aus dem sie ohne fremde Hilfe nur schwer herausfinden: Sie wissen, dass sie heftig reagieren, können aber nichts dagegen tun und verurteilen sich dafür. Hilflos erleben sie immer wieder, dass sie von ihren Mitmenschen wegen ihrer Unbeherrschtheit abgelehnt werden, und dafür verurteilen sie sich. Da sie nicht wissen, dass sie sich in einer Triggersituation befinden, glauben sie, dass mit ihnen etwas nicht stimmt, dass sie an einem „Persönlichkeitsdefekt" oder einer „Persönlichkeitsstörung" litten. Diese Diagnose, oft genug auch von Therapeuten gestellt, treibt die Betroffenen noch tiefer in die Verzweiflung.

Erschwerend kommt hinzu, dass Menschen, die in ihrer Kindheit traumatisiert wurden, die schlimmen Ereignisse oft vollkommen verdrängt haben oder psychische und körperliche Misshandlungen für so normal halten, dass sie ihre Verhaltensmuster damit nicht in Verbindung bringen. Sie erhalten also keinen Hinweis aus ihrer Biographie, der solche Verhaltensweisen rechtfertigte. So stehen die Betroffenen unter einem enormen Druck, den sie je nach Temperament und Schwere der Traumatisierung unterschiedlich zu bewältigen suchen.

Es ist im Grunde ganz einfach, eine Triggersituation zu erkennen: Überprüfen Sie, ob es Situationen gibt, in denen Ihnen buchstäblich die Sicherung durchbrennt, ohne dass Sie sich dies erklären können. Wut gegenüber einer Frechheit kann man kaum als Trigger bezeichnen. Doch wenn Sie bei Tannennadelduft plötzlich Brechreiz und Fluchtimpulse spüren, steht ihre Reaktion in keinem direkten Zusammenhang mit dem realen Kontext.

Die Erkenntnis, dass man sich in einer Triggersituation befindet, ist bereits der erste Schritt zu einer Veränderung. Die Zuordnung ist entscheidend wichtig, um das Erlebte zu verarbeiten. Oft genug reicht dies schon aus, um den emotionalen Sprengsatz zu entschärfen und andere Verhaltensmuster zu ermöglichen. Triggerreaktionen gehören unserer Erfahrung nach zu den Gründen, die zu Trennungen führen können. Dazu ein Beispiel aus der Praxis:

*Ein Paar hatte sich eigentlich schon getrennt. Die Frau hatte den Mann angefleht, ihr noch eine Chance zu geben. Sie war völlig verzweifelt und gab sich allein die Schuld daran, dass ihr Mann sie verlassen hatte. Der Mann berichtete von den heftigen Szenen, die ihm seine Frau machte, wobei es ihr egal zu sein schien, wer außer ihnen anwesend war. Die letzte Szene geschah in aller Öffentlichkeit, worauf der Mann fluchtartig das Weite gesucht hatte. Die Frau berichtete unter Tränen, dass sie sich einfach nicht mehr unter Kontrolle gehabt habe. Plötzlich sei sie völlig ausgerastet.*

*Als wir die auslösenden Situationen miteinander verglichen, fanden wir eine Gemeinsamkeit: Die Frau hatte jedes Mal die Befürchtung gehabt, ihre Grenzen könnten verletzt werden. Auf diese befürchteten Grenzverletzungen hin hatte sie die Kontrolle verloren.*

*Wir fragten sie, ob sie schon einmal eine Grenzverletzung hatte hinnehmen müssen. Sie erschrak und fing heftig an zu weinen. Als sie sich wieder beruhigt hatte, erzählte sie, dass sie sich gerade erst wieder an ein schreckliches Erlebnis erinnerte. Ein älterer Junge aus der Nachbarschaft hatte der damals Zehnjährigen aufgelauert, sie gefesselt und sich sexuell an ihr vergangen. Aus Scham hatte sie ihren Eltern nichts erzählt und das Erlebnis verdrängt. Jetzt verstand sie zum ersten Mal ihre heftigen Reaktionen. Wir empfahlen der Frau eine Traumatherapie, die sie, da sie sehr weit entfernt wohnte, bei einem Therapeuten an ihrem Wohnort machen wollte.*

*Der Mann wurde sehr nachdenklich und entschied, seine Frau in dieser Krise nicht allein zu lassen. Als die beiden nach Wochen wiederkamen, wirkten sie glücklich und entspannt. Sie hatten sich versöhnt. Die Traumatherapie hatte die Frau stabilisiert, sie hatte keine Wutanfälle mehr.*

Scheinbar unlösbare Paarkonflikte beruhen häufig auf Triggerreaktionen, denn auch hier wirkt das Schlüssel-Schloss-Prinzip: Der

Lösungsversuch des einen triggert den anderen. Wenn die Frau z. B. in einem Elternhaus aufwuchs, in dem ihre Grenzen immer wieder verletzt wurden, sucht sie den Rückzug, um sich zu schützen. Wurde der Mann dagegen in seinem Elternhaus vernachlässigt und durch Schweigen bestraft, ist für ihn möglicherweise Kontakt das beste Mittel, um seine Spannungen aufzulösen.

Bei einer Verletzung zieht sich die Frau zurück, der Mann hakt nach und fordert eine Aussprache. Dies triggert das Trauma der Frau. Sie versucht zu flüchten, was wiederum den Mann antriggert, der mit Gefühlen seiner Verlassenheit zu kämpfen hat. Emotional regredieren beide auf das Alter, in dem das Trauma stattfand. Obwohl sich zwei erwachsene Menschen gegenüberstehen, befinden sich emotional zwei traumatisierte Kinder im freien Fall. Gelöst wird bei solchen Auseinandersetzungen nichts: Es wird alles immer nur noch schlimmer!

Wir arbeiten sehr erfolgreich, wenn wir uns im Rahmen einer Paarberatung um die Trigger kümmern. Beide lernen, die verletzenden Reaktionen den ursprünglichen Ereignissen zuzuordnen und anders damit umzugehen. Derjenige, der unbedingt Kontakt braucht, kann lernen, auf das Rückzugsbedürfnis des anderen Rücksicht zu nehmen und seine Anspannung eigenverantwortlich abzubauen. Derjenige, der Konflikten am liebsten aus dem Weg geht, kann lernen, dass eine konstruktive Auseinandersetzung kein traumatischer Übergriff ist. Auch er muss Verantwortung für sein Trauma und die damit verbundenen Gefühle übernehmen.

Wenn beide verstehen, dass der Partner den Trigger zwar auslöst, aber nicht verursacht hat, kann es gelingen, die Schwierigkeiten erwachsen anzugehen. Und dann wird die Erfahrung möglich, dass im Kontext einer Partnerschaft andere Lösungen möglich sind als in der Ursprungsfamilie.

Diese Lernschritte sind nicht immer einfach, denn es ist in der Regel viel leichter, den anderen für die Schwierigkeiten in der Beziehung verantwortlich zu machen. Wer das Wagnis eingeht, gewinnt mehr Regie über sich selbst, was der Beziehung immer guttut. Und wenn sich beide am Ende trennen sollten, kann diese Trennung in gegenseitigem Respekt geschehen. Erst dann ist – unserer Überzeugung nach – ein wirklich neuer Anfang möglich.

*Selbstreflektion:*
Notieren Sie Situationen, in denen Sie Ihre eigene Reaktion nicht wirklich verstehen.
Gibt es einen gemeinsamen Nenner?
Seit wann reagieren Sie so?

## Die Folgen von Beziehungstrauma auf die Partnerschaft

Durch Beziehungstraumata lernen Kinder ganz bestimmte Verhaltensweisen, die sich später störend in Partnerschaften auswirken. Um Ihnen einen Überblick zu ermöglichen, haben wir die häufigsten Verhaltensweisen auf den nächsten Seiten zusammengefasst.

*Körperliche Misshandlung*
Es gibt keinen Grund zur Gewalt gegen Menschen, es sei denn, um sich selbst zu verteidigen. Trotzdem empfahlen die christlichen Kirchen Jahrhunderte lang Gewalt gegen Kinder. Im Brief an die Hebräer finden wir dazu unter der Überschrift „*Die Züchtigung als Zeichen väterlicher Liebe*":
„*„Mein Sohn, verachte nicht die Zucht des Herrn, verzage nicht, wenn er dich zurechtweist. Denn wen der Herr liebt, den züchtigt er; er schlägt mit der Rute jeden Sohn, den er gern hat'* (Spr. 3, 11). *Haltet aus, wenn ihr gezüchtigt werdet. Gott behandelt euch wie Söhne: Denn wo ist ein Sohn, den sein Vater nicht züchtigt? Würdet ihr nicht gezüchtigt werden ..., dann wäret ihr nicht wirklich seine Kinder*" (Hebr. 12, 4-8).
Prügeln galten deshalb bis ins zwanzigste Jahrhundert als Erziehungsmittel Gottes. Weil Schläge etwas Normales waren, messen viele unserer Klienten den Züchtigungen ihrer Kindheit nicht viel Bedeutung bei. Zudem ist nicht jeder, der geschlagen wurde, auch traumatisiert. Es kommt sehr darauf an, in welchem Lebensalter und wie häufig gestraft wurde. Diejenigen, die sich von ihren Eltern geliebt fühlten, nur selten geschlagen wurden und sagen, sie hätten die Strafe „verdient", haben kein Trauma und demzufolge auch keine Spätfolgen.
Anders sieht es für Kinder aus, die häufig und aus dem geringsten Anlass Prügel bezogen, zuweilen auch rein prophylaktisch. Bei vielen dieser Menschen fiel uns der Zusammenhang zwischen der körperlichen Misshandlung in der Kindheit und ihren aktuellen Problemen mit Autoritäten auf. Der fähige Geschäftsmann ist plötzlich nicht in

der Lage, einen säumigen Kunden zu mahnen, die selbstbewusste Mitarbeiterin wird zum kleinen Mäuschen, wenn der Chef die Augenbraue hochzieht. Andere legen sich stellvertretend mit „Vater Staat" an, was erhebliche Auswirkungen auf das Leben haben kann.

Natürlich belastet es die Partnerschaft, wenn sich einer der beiden mit dem Gesetz anlegt oder das ihm zustehende Geld nicht einfordert. Viel destruktiver wirkt jedoch ein andere Spätfolge von traumatisierenden Schlägen in der Kindheit: Misshandelte Kinder, besonders misshandelte Jungen neigen dazu, ihre eigene Ohnmacht auszugleichen, indem sie Schwächere kontrollieren. So sind viele Männer, die ihre Frauen schlagen, als Kinder geschlagen oder gedemütigt worden:

*„Gewaltsame Kindheitserfahrungen in Form von selbst erlebter körperlicher, sexueller und psychischer Gewalt, aber auch in Form der Zeugenschaft elterlicher Gewalt bildeten im Rahmen der Untersuchung den mit Abstand stärksten Prädiktor für die Betroffenheit der Frauen durch schwere Gewalt und Misshandlung im späteren Erwachsenenleben. Bereits die Erstauswertung der bundesdeutschen Studie zu Gewalt gegen Frauen hat ergeben, dass erwachsene Frauen, die in Kindheit und Jugend als Betroffene oder als Zeuginnen familiärer Gewalt ausgesetzt waren, um ein Vielfaches häufiger auch im Erwachsenenleben mit Gewalt konfrontiert wurden als Frauen ohne häusliche Gewalterfahrungen in Kindheit und Jugend"* (Schröttle, Müller in: BMFSFJ 2004, S. 43).

Schlagende Ehemänner kommen übrigens nicht nur in sozialen Randgruppen vor, sondern in wirklich allen Schichten und in allen Berufen (ebd. S.3). In einer Studie der Fachambulanz für Patienten mit Gewalterfahrung im Zentrum für integrative Psychiatrie in Kiel lesen wir:

*„Das Risiko, Opfer einer häuslichen Gewalttat zu werden, ist für Frauen und Kinder überraschender Weise bedeutend größer als die Gefahr, außerhalb der eigenen vier Wände durch eine Gewaltstraftat geschädigt zu werden: innerhalb der Familie wird 12 mal mehr Gewalt ausgeübt als außerhalb, jede sechste Frau gab an, in der Familie mindestens einmal geschlagen worden zu sein, jeder fünfte Mann hat mindestens einmal gegen seine Partnerin körperliche Gewalt angewendet"* (www.zip-kiel.de).

Nicht nur die Männer sollten sich ihre Muster anschauen. Auch die Frauen, die sich mit gewaltbereiten Männern zusammentun, sollten sich mit den Mustern auseinandersetzen, die erlauben, dass sie zu Opfern gemacht werden. Häufig liegt die Antwort in den Prägungen, den Masken der Kindheit.

Solange die schlagenden Partner die Anwendung von Gewalt nicht in Frage stellen und sich in Therapie begeben, bleibt den Frauen meist nur die Trennung. Die Beteuerungen der Männer, nie wieder zuzuschlagen, sind wertlos, denn die meisten schlagen nicht aus kühler Berechnung, sondern weil ihnen die „Sicherung durchbrennt", und dieser Kontrollverlust entsteht z. B. durch eine Triggersituation, die auf das frühere Trauma hinweist.

Leider kommen verschiedene Studien zu dem Schluss, dass nur wenige gewalttätige Männer freiwillig therapeutische Hilfe suchen; die meisten werden von der Justiz dazu gezwungen. Die Voraussetzungen sind somit nicht ideal, doch trotzdem bietet sich, wie vier Therapeuten der Beratungsstelle von pro familia in Kiel schreiben, eine reelle Chance für Veränderung. Sie schreiben:

*„Da wir jedoch bei den Männern sowohl eine Verhaltens- als auch eine Einstellungsänderung anstreben, muss hierfür eine eigene Motivation geweckt werden. Aus diesem Grund ist es zwar gut, dass die Männer zunächst durch justitiellen Druck dazu bewegt werden, zu uns zu kommen – die dann einsetzende Hilfe hat aber neben aller Klarheit und Konfrontation einen fundierten therapeutischen und motivierenden Ansatzpunkt. Erst wenn die Männer erleben, dass es sich für sie persönlich lohnt, sind sie für eine langfristige Änderung ihres Verhaltens und ihrer Einstellungen zu gewinnen"* (David, Wegner, Mielke, Grein. 2005, S. 97).

### *Seelische Misshandlung*

Dass Kinder auch psychisch misshandelt werden können, ist heute kein Geheimnis mehr. Darunter versteht man z. B. die ständige Abwertung des Kindes. Häufig geht sie von den Eltern aus, doch können auch Anverwandte beteiligt sein, die mit dem Kind zusammenleben. Vor allem ältere Geschwister haben meist kein Bewusstsein dafür, wie ihr Verhalten auf die Jüngeren wirkt. Zuweilen tarnt sich die seelische Misshandlung hinter Glaubensinhalten und Ideologien.

Seelische Misshandlungen werden von den Betroffenen häufig gar nicht wahrgenommen, weil sie sich daran gewöhnt haben, dass das Abwerten zu ihrem Leben gehört. Auch sie werten ab, in erster Linie sich selbst, aber auch andere. Der Selbstwert bleibt bei diesem destruktiven Muster auf der Strecke. Entweder fühlen sich die Betroffenen wie „der letzte Dreck" und bringen das auch zum Ausdruck, oder sie versuchen, sich aufzublasen, um den Mangel nicht zu spüren. Die Betroffenen sind häufig nicht oder nur begrenzt kritikfähig. Viele brechen innerlich oder äußerlich zusammen, wenn sie mit kritischen Äußerungen konfrontiert sind. Andere helfen sich damit, die „Schuld" nach außen auf andere Menschen zu projizieren. Wenn Sündenböcke nötig sind, um das innere Gleichgewicht aufrecht zu erhalten, haben wir es in der Biografie häufig mit psychischer Misshandlung zu tun.

Dass sich dieses destruktive Muster auf die Gestaltung von Beziehungen auswirkt, ist nicht verwunderlich. Die Bindung zu den Eltern wurde vom Kind als unsicher erlebt, und deshalb fühlen sich die Betroffenen auch in ihren Paarbeziehungen unsicher. Dies äußert sich unterschiedlich:

Zum einen gibt es die einsamen Wölfe und Wölfinnen, die sich nie wirklich auf einen Partner einlassen. Für sie ist es am wichtigsten, die eigene Unabhängigkeit zu bewahren, denn nur mit sich selbst fühlen sie sich sicher. Sobald eine Beziehung zu eng zu werden droht, also dann, wenn aus einem unverbindlichen Flirt eine Partnerschaft werden könnte, ziehen sie sich zurück. Häufig inszenieren sie Konflikte, bei denen sie ihr Abwertungsmuster recht ausgeprägt zum Einsatz bringen. Eigentlich schützen sie sich damit vor zu großer Nähe, da sie insgeheim von ihrer Minderwertigkeit überzeugt sind.

Die anderen gehen zwar in Beziehung, jedoch häufig mit Partnern, die entweder ebenfalls verbal abwerten oder die Abwertung dadurch zum Ausdruck bringen, dass sie nicht wirklich zu der Partnerschaft stehen. Obwohl diese Beziehungen von außen betrachtet wenig nährend erscheinen, können sich die Betroffenen ohne Hilfe weder aus dem Muster, noch aus der Bindung befreien. „Das Schlimmste, was mir passieren könnte, wäre eine Trennung", ist eine häufig gehörte Aussage, denn dann wäre auch nach außen hin bewiesen, dass sie an allem Schuld und überhaupt grundsätzlich unfähig sind.

Meist hilft es den Betroffenen, wenn sie erkennen, dass sie an einem Beziehungstrauma leiden. Wenn auch die Partner mitziehen, deren Muster selbstredend bestens zum Abwertungsmuster passt, können sich beide bei der Heilung unterstützen.

*Vernachlässigung*
Es gibt vor allem zwei Gründe für Vernachlässigung: Schwere Lebensumstände der Eltern oder mangelndes Interesse. Bei den schweren Lebensumständen denken wir z. B. an die beiden Weltkriege, während derer das Überleben für Millionen von Menschen im Vordergrund stand. Dieses Trauma traf unsere Großeltern und Eltern, und häufig finden wir bei ihnen viele Merkmale von Vernachlässigung. Ein weiteres Risiko, als Kind vernachlässigt zu werden, ist Armut. Häufig versuchen erwachsene Betroffene, ihr Elend in Alkohol „zu ertränken", sodass das Suchtproblem die Lage für die Kinder noch schwerer macht. Heute sind nach Berechnungen des Kinderschutzbundes 2,5 Millionen Kinder in Deutschland von Armut betroffen (http://www.dksb.de).

Es gibt aber auch Eltern, die einfach kein Interesse an ihren Kindern haben. Möglicherweise war das Kind ein sogenannter „Unfall", es hat nicht das richtige Geschlecht, ist den Eltern zu anstrengend oder entwickelt sich nicht wunschgemäß. Solche Kinder werden häufig nicht nur vernachlässigt, sondern auch noch ständig für ihre Existenz verantwortlich gemacht, also psychisch misshandelt.

Vernachlässigte Kinder neigen dazu, eigene Regeln zu bilden. Da sie von klein auf selbst für sich sorgen mussten, ist Selbstbestimmung eine kostbare Ressource. Doch Kinder sehen vor allem sich selbst und ihre eigenen Bedürfnisse. Aus diesem Grund dienen diese selbstgemachten Regeln vor allem dem eigenen Nutzen und nicht unbedingt der Gemeinschaft.

Bei Paaren treffen wir auf Menschen, die sich von ihren Partnern grundsätzlich nichts „vorschreiben" lassen. Die Bitte, den Mülleimer zu leeren, wird zum Machtkampf. Andererseits sind solche Menschen spontan und kreativ, und da sie sich nicht an bestehende „kleinbürgerliche" Normen anpassen, scheint das Leben mit ihnen frei und herrlich ungebunden. Dies funktioniert solange, wie sich der Partner unterordnet. Sobald er ähnliche Rechte verlangt, gibt es Konflikte.

Ein Sonderfall der Vernachlässigung ist das Verlassenwerden. Dieses Trauma kann zum Beispiel durch Krankenhausaufenthalte im Säuglings- oder Kleinkindalter entstehen. Schon allein der medizinische Eingriff reicht aus, um ein Kleinkind oder einen Säugling zu traumatisieren. Doch damit nicht genug, verbot man den Eltern bis in die achtziger Jahre, ihre Kinder in der Klinik zu besuchen, sodass sie oft wochenlang von ihnen getrennt waren.

Alle von solchen Trennungserlebnissen betroffenen Kinder erlitten Verlassenheitstraumata. Sie lernten früh, sich nicht auf Menschen zu verlassen, besonders nicht auf diejenigen, die sie lieben. So vermeiden sie – wie die psychisch misshandelten Kinder – enge Beziehungen und werden zu einsamen Wölfen, oder sie klammern sich an ihre Partner und versuchen, symbiotisch mit ihnen zu verschmelzen. Zusätzlich greifen so geprägte Menschen häufig zum bewährten Mittel der Kontrolle, um sich vor einem erneuten Verlassenwerden zu schützen.

Ein als Kind vernachlässigter und unsicher gebundener Mensch kann seinem Partner nicht glauben, dass er sich wirklich für ihn entschieden hat. Im Gegenteil ist er fest davon überzeugt, dass sein Partner insgeheim doch auf dem Absprung ist. Er ist enorm misstrauisch, legt jedes Wort auf die Goldwaage und nimmt die Trennung innerlich mit allen Schrecknissen vorweg. Der Sportabend des Mannes mit seinen Freunden wird zur Katastrophe, das Wochenende der Frau bei ihrer Freundin droht die Beziehung zu kippen. Häufig ist der betroffene Partner sehr eifersüchtig, auch wenn objektiv kein Grund dazu besteht, und verlangt immer neue „Beweise" für die Treue des anderen.

Andere schicken ständig SMS oder rufen an, und wehe, wenn der Partner nicht antwortet ! Ein durch Verlassenwerden geprägter Mensch wertet dies geradezu als Beweis für Untreue oder Abwege des Partners. Tragischerweise treiben die so geprägten Menschen ihre Partner oft im Sinne einer *self fullfilling prophecy* – einer sich selbst erfüllenden Prophezeiung – langsam aber sicher wirklich zur Beendigung der Partnerschaft.

Solange das „verlassene Kind" sein Trauma nicht heilt, bleibt das Muster bestehen. Oft genug haben wir jedoch erlebt, wie Erwachsene ihre verlassenen inneren Kinder erlösten. Sicher gebunden an das eigene erwachsene Ich fassen sie Vertrauen und entspannen sich. Wenn auch der Partner an seinen, zum Verlassenheitstrauma passenden Mustern arbeitet, kann die Beziehung gesunden.

## Die Spätfolgen sexueller Gewalt

Sexueller Missbrauch kommt in allen sozialen Schichten vor. Oberflächlich gesehen fallen diese Familien nicht aus dem Rahmen. Die Täter sind laut einer Studie der Bundesarbeitsgemeinschaft Prävention und Prophylaxe in 90% der Fälle Männer. Die Hälfte stammt aus der direkten Familie, 44% aus dem näheren Umfeld, zum Beispiel aus der Nachbarschaft. Nur in 6% der Fälle ist der Täter völlig unbekannt. In einem Drittel aller Fälle geht der Missbrauch von jugendlichen, oft nicht viel älteren Tätern aus (www.praevention.org/basiswissen.html).

Noch vor wenigen Jahren traf es vor allem Mädchen. Durch die Verbreitung von Kinderpornographie im Internet ist die Anzahl der durch Männer missbrauchten Jungen jedoch besonders in Ostasien und Russland, aber auch in Westeuropa sprunghaft angestiegen.

Der Begriff „sexueller Missbrauch" wird häufig mit „Vergewaltigung" gleichgesetzt. Dazu muss es gar nicht kommen: Jede Form erwachsener Sexualität überfordert Kinder. Demzufolge gibt es keine harmlose oder gar „liebevolle" Sexualität zwischen Kindern und Erwachsenen.

Kinder, die sexuelle Gewalt erfahren, verändern ihr Verhalten, wobei es auch hier keine hundertprozentigen Anzeichen gibt. Am ehesten könnte man sexualisiertes Verhalten von Kindern, die von ihrer alterstypischen Entwicklung her noch kein Interesse an Sexualität zeigen, als den wichtigsten Hinweis auf Missbrauch werten. Ansonsten sind solche Kinder je nach Temperament ängstlich oder aggressiv oder sie leiden unter Alpträumen oder Depressionen. Viele haben Suizidphantasien oder machen Suizidversuche, laufen von zu Hause weg und versuchen, ihre Probleme durch Drogen- und/oder Alkoholkonsum zu überdecken. Typisch sind auch frühe und häufig wechselnde Sexualkontakte. Eine Studie der UNICEF in 28 Ländern belegt, dass schwangere Teenager häufig sexuell missbrauchte Kinder sind (ebd. 2002).

Sexueller Missbrauch gehört zu den Traumatisierungen mit ausgesprochen destruktiven Spätfolgen. Die Nachwirkungen sind katastrophal, und das nicht nur für die Betroffenen ! Sie wirken sich auf unzählige Paarbeziehungen aus und sorgen häufig für immense Schwierigkeiten. So sind die Täter von damals auch für das Scheitern von Beziehungen und das Auseinanderbrechen von Familien verantwortlich.

Je nach Art und Schwere des Missbrauchs und abhängig von ihrem Temperament zeigen Mädchen später zwei typische Reaktionsweisen: Die einen vermeiden Sexualität entweder ganz oder sie erdulden den Geschlechtsverkehr bis zur Geburt der gewünschten Anzahl Kinder oder sie demonstrieren mit Hilfe der Sexualität aktiv ihre Macht über die Männer.

Viele Frauen versuchen, Sexualität zu vermeiden. Einige gehen auf „Nummer sicher" und gehen überhaupt keine Beziehung zu Männern ein, andere binden sich und versuchen mehr oder weniger geschickt, das Thema Sexualität auszuklammern. Meist ist die Sexualität von Anfang an schwierig. Viele Frauen entwickeln psychosomatische Symptome, die ihnen den Geschlechtsverkehr unmöglich machen.

Zuweilen „klappt" es bis zur Geburt des ersten Kindes so einigermaßen, vor allem, wenn der Missbrauch verdrängt wurde. Geburten – aber auch künstliche Befruchtungen – können das Trauma triggern, weil sich die Frau – ähnlich wie beim Missbrauch – ohnmächtig ausgeliefert fühlt und Schmerzen im Unterbauch und im Genitalbereich hat.

*Einen sehr eindrücklichen Fall erlebten wir mit einem Paar in unserer Praxis. Die Frau weigerte sich, nach der Geburt des gemeinsamen Kindes mit ihrem Mann zu schlafen. Nach einigen Jahren, in denen sich nichts geändert hatte, kamen beide zur Therapie. Die Frau berichtete von der als schrecklich erlebten Geburt. Als sie die dabei empfundenen Gefühle schilderte, erinnerte sie sich plötzlich an einen sexuellen Missbrauch. Sie verstand, warum sie eine so starke Abneigung gegen Sexualität empfunden hatte. Obwohl sie jetzt den Grund für ihre Ablehnung kannte, hatte sie eine derartig starke körperliche Abneigung gegen ihren Mann entwickelt, dass sich das Paar trennte.*

Wenn das Kind vom Vater in der Form missbraucht wurde, dass er das Mädchen zu seiner „kleinen Prinzessin" machte und versuchte, ihm durch Zärtlichkeit lustvolle Gefühle zu bereiten, lernt das Kind frühzeitig, Zuwendung, körperliches Wohlbefinden, Macht, Ohnmacht und Sexualität miteinander zu koppeln. Als Erwachsene neigen diese Frauen dazu, ihre Macht durch Sexualität zu beweisen, indem sie mit Männern „spielen" und ihre Partner häufig wechseln.

Laut mehrerer Studien wurden zwischen 22% und 95% der Frauen, die sich freiwillig prostituieren, als Kinder missbraucht (Silbert u. Pines 1981, Bagley u. Young, 1987). Eine Berliner Beratungsstelle kam ebenfalls auf 95% (Marwitz et al. 1990). Als Grund für ihre Tätigkeit geben die Frauen an, dass sie das Gefühl genießen würden, Sexualität zu kontrollieren. Besonders eindrücklich war hier die Begegnung mit einer Klientin, die als Domina arbeitete. Als Kind war sie sexuell missbraucht und häufig geschlagen worden. Sie „bewies" den Männern täglich die Kontrolle über deren Sexualität, indem sie sie gegen hohe Bezahlung fesselte, schlug und demütigte.

Aber auch Frauen, die ihren Aussagen nach in glücklichen Beziehungen leben, haben den zum Teil unwiderstehlichen Drang, ihre sexuelle Macht über Männer durch wechselnde Außenbeziehungen zu demonstrieren. Mit diesem Verhalten zeigen sie darüber hinaus auch dem Ehemann, dass sie es sind, die die Beziehung kontrollieren.

Missbrauchte Frauen haben häufig ein belastetes Verhältnis zu Männern. Viele sagen ganz offen: „Alle Männer sind Schweine!" Das sagen sie auch, wenn sie in festen Partnerschaften leben. So wird der eigene Mann für vieles bestraft, was eigentlich dem Täter gilt. Häufig entsteht folgende Dynamik: Die Männer versuchen nach Kräften, sich positiv vom Täter abzuheben. Mit der Rolle des „guten Mannes" sind sie jedoch schnell überfordert.

Die Frauen verlangen Rücksicht von ihren Männern. Die Männer nehmen Rücksicht, doch sie haben auch Bedürfnisse, und da sie nicht die Täter waren, wächst in ihnen der Frust, etwas auslöffeln zu müssen, was sie nicht eingebrockt haben. Die Frauen sind häufig so sehr mit sich selbst beschäftigt, dass sie die Not ihrer Männer kaum bemerken.

Paare brauchen unbedingt die Unterstützung von kompetenten Beratern, denn es gilt nicht nur, den Missbrauch aufzuarbeiten, sondern die Täterprojektionen von den tatsächlichen Problemen im Zusammenleben des Paars zu unterscheiden. Mann und Frau sind beide Opfer des Täters, und nur in der Anerkennung des gemeinsamen Leids kann das Paar die Krise meistern.

Wie verhält es sich mit dem sexuellen Missbrauch an Jungen? Noch vor wenigen Jahren glaubte man, sie seien nicht oder äußerst selten betroffen. Durch Hunderte von Missbrauchsfällen in Schulen, Heimen und Internaten wurden wir eines Besseren belehrt. In den meisten Fällen sind auch hier Männer die Täter.

Deshalb gibt es einen entscheidenden Unterschied: Die Partnerin bleibt von negativen Projektionen verschont. Stattdessen erhält sie eine nicht weniger problematische Rolle: Der Mann gibt ihr den Auftrag, ihn aus dieser schrecklichen Lage zu erlösen. Er regrediert, wie alle als Kinder traumatisierten Erwachsenen, auf das Alter, in dem der Missbrauch stattgefunden hat und sieht in der Frau vor allem die rettende Mutter.

Mit der Kombination von Mutter- und Therapeutenrolle fühlen sich die meisten Frauen überfordert. Auch die Männer geraten mit ihrem Rollenverständnis in Konflikt, und einige versuchen, den Gleichstand wiederherzustellen, indem sie sich auf die Schwierigkeiten der Partnerin fixieren. So führt auch der Missbrauch des Mannes zu schweren Beziehungskrisen.

In der Beratung von Paaren, bei denen der Mann einen Missbrauch erlitt, ist es deshalb wichtig, die Partnerin sowohl aus der Therapeuten- als auch aus der Mutterrolle zu erlösen. Diese Rolle kann eine Therapeutin übernehmen, die mit dem verletzten Kind im Mann umgehen kann. So wird die Partnerin wieder zur Frau, und der Mann kann sich ihr gegenüber wieder als Mann fühlen. Dies entspannt die Paarbeziehung.

Immer lenken wir den Fokus der Paare auf die Aspekte des Lebens, die gut funktionieren. Es gibt schließlich nicht nur den Missbrauch! Je mehr es beiden gelingt, sich wieder auf ihre Ressourcen zu besinnen und diese auch zu leben, umso stabiler wird die Beziehung und umso mehr dient sie als Stütze zur Aufarbeitung des Traumas. So wird, wie Dr. Elisabeth Reddemann in ihrem Vortrag 2007 in Ravensburg sagte, *„das Schwere leichter gemacht."*

## Die unfreiwillige Zeitreise der Eltern in die eigene Kindheit

Immer wieder kommen junge Mütter in die Praxis und berichten erschreckt von unerklärlichen aggressiven oder depressiven Gefühlen gegenüber ihrem Baby. Einige klagen darüber, dass sie ihr Kind nicht wirklich lieben können oder die Tochter viel weniger schätzen als den Sohn. Andere berichten von großen Spannungen mit der eigenen Mutter. Viele haben plötzlich Schwierigkeiten in der Partnerschaft. Alle sind ratlos und verzweifelt, weil sie überhaupt nicht verstehen, warum sie nicht zufrieden und glücklich sind.

Um zu verstehen, was geschieht, stellen wir folgende Frage: Warum wissen junge Mütter und Väter, was ihre Babys brauchen? Weil sie selbst Babys waren. Jeder von uns ist geboren worden, und so hat jeder von uns Wissen über diesen Vorgang. Natürlich können wir uns nicht bewusst daran erinnern, doch das Erlebnis ist auf unserer Festplatte gespeichert und wird durch die Geburt eines eigenen Kindes aktiviert.

*Wir machen eine unfreiwillige Zeitreise
in unsere eigene Kindheit!*

Außerdem verlassen wir, wenn wir in einer Beziehung leben, mit unserem Partner zum ersten Mal die Paarebene und werden Eltern. Deshalb geht es nach der Geburt des ersten Kindes nicht nur um die natürlichen Anpassungsprozesse an die Bedürfnisse des Säuglings, sondern auch um die Auseinandersetzung mit der eigenen Kindheit.

Wir wissen von René Spitz und Anna Freud, dass sich ein Kind bis zu seinem zweiten Geburtstag nicht von seiner Mutter unterscheiden kann; es fühlt sich als Teil der Mutter und partizipiert an ihren Gefühlen. Dies gilt natürlich auch für Traumata. Da es nicht möglich ist, ein Trauma nicht zu kommunizieren, gibt jede Mutter – ob sie will oder nicht – ihre Erfahrungen an ihr Kind weiter. Die Begründerin der Eltern-Säuglings-Psychotherapie Selma Fraiberg beschreibt dieses Phänomen:

*„In jedem Kinderzimmer gibt es Gespenster. Sie sind die Besucher aus der nicht erinnerten Vergangenheit der Eltern, die ungeladenen Gäste bei der Taufe. Unter günstigen Umständen werden diese unfreundlichen und unerbetenen Geister aus dem Kinderzimmer verbannt, sie kehren in ihre unterirdische Bleibe zurück. Das heißt nicht, dass die Gespenster aus ihrer Grabstätte nicht auch Unheil ersinnen könnten. In einem unbewachten Augenblick können die Eindringlinge aus der Vergangenheit in den magischen Kreis eindringen, und Mutter und Kind finden sich dabei wieder, einen Moment oder eine Episode aus einer anderen Zeit mit anderen Akteuren erneut in Szene zu setzen"* (Fraiberg in Hellbrügge, 1980. S. 149).

Die Gespenster können sich bereits in der Schwangerschaft melden. Die werdende Mutter erinnert sich unbewusst an ihre eigene fötale Zeit. Wurde sie abgelehnt oder plante ihre Mutter gar eine Abtreibung, kann sie von Ängsten und depressiven Gefühlen heimgesucht werden. Diese Ängste teilen sich dem Ungeborenen mit, und der damit verbundene Stress bewirkt eine Unterversorgung mit Sauerstoff. Der Fötus erlebt Angst und Anspannung.

Nach der Geburt sind solche Kinder oft überreizt, schreien viel und finden nur schwer Ruhe im Schlaf. Wenn die Mutter als Baby ebenfalls viel geschrien hatte, wird sie durch das Weinen ihres Kindes angetriggert. Sie fühlt sich überfordert, ist zutiefst frustriert und tut das, was sie als Traumaopfer gelernt hat: sie schaltet ab. Damit entsteht ein Teufelskreis aus der Übererregung des Kindes und der darauffolgenden Dissoziation der Mutter. Das Kind fühlt sich verlassen, schreit noch mehr, woraufhin die Mutter sich innerlich noch weiter entfernt. In einigen Fällen lassen sich Mütter dazu hinreißen, ihr Kind ebenfalls zu vernachlässigen oder sogar zu misshandeln.

Durch die Dissoziation der Mutter entsteht für das Kind ein Doublebind: Die Mama ist, obwohl körperlich anwesend, nicht da. Das Baby spürt ihre Abwesenheit, obwohl sie es anlächeln mag. Es kann darauf ebenfalls mit widersprüchlichen Verhaltensweisen reagieren, zum Beispiel einerseits extrem anhänglich sein und andererseits abweisend reagieren, sobald sich die Mutter mit ihm beschäftigen will.

Solche Kommunikationsstörungen zwischen Mutter und Kind können chronisch werden. Das Kind wird zum „Schreibaby" und ihm steht häufig eine Karriere als „schwieriges Kind" bevor.

Schwierigkeiten können auch dann entstehen, wenn das Kind von der Mutter getrennt wurde, sei es durch eine zu frühe Geburt, einen Krankenhausaufenthalt oder eine Krankheit der Mutter. Ein solches Kind kann nicht dasselbe Urvertrauen zu seiner Mutter entwickeln wie ein Kind, das eine solche frühe Trennung nicht erleben musste. Wird ein so traumatisiertes Mädchen selbst Mutter, kann sie durchaus ambivalente Gefühle zu ihrem Kind spüren, denn die Symbiose mit ihrem Kind wird für sie zum Traumatrigger: Genau aus einer solchen geborgenen Bindung wurde sie durch die Trennung von ihrer eigenen Mutter brutal herausgerissen! So verhält sie sich unbewusst so, dass sich das Gefühl der Geborgenheit zwischen ihrem Kind und ihr nicht einstellt.

Es geht hier keineswegs darum, die Mütter für die Schwierigkeiten ihrer Kinder verantwortlich zu machen, wie dies in der Pionierzeit der modernen Psychotherapie häufig geschah. Traumata werden kommuniziert, so sehr man sich auch um das Gegenteil bemühen mag. Diese Mütter trifft deshalb keine Schuld, weil sie ihr Kind nicht bewusst schädigen; die Gefühlssymbiose findet einfach statt, und für ihre eigene Traumatisierung können die Mütter schließlich nichts. Das Wissen um *„diese Gespenster der Vergangenheit"* könnte Mütter jedoch dazu veranlassen, frühzeitig in geeigneten Institutionen Hilfe zu suchen, denn außenstehende Beobachter können die Kommunikationsstörung sehr wohl identifizieren und Abhilfe schaffen. Von der Therapie profitieren Mutter und Kind.

Auch Männer machen diese unfreiwillige Zeitreise. Da jedoch meist die Mütter bei den Säuglingen zu Hause bleiben, haben die Männer viel mehr Möglichkeiten, sich abzulenken. Hat der Mann in seiner Kindheit jedoch Defizite erlebt, werden diese Gefühle wieder geweckt, besonders, wenn er einen Sohn hat. Natürlich kümmert sich die Frau sehr viel um den Säugling, wahrscheinlich sogar mehr als um ihren

Mann. Der Mann, der durch seinen Sohn an das Kind, das er einmal war, erinnert wird, erlebt die geringere Aufmerksamkeit seiner Frau doppelt stark – als Ehemann, der plötzlich die zweite Geige spielt, und als kleiner Junge, der von seiner Mutter nicht das bekommt, was er gebraucht hätte.

Der Mann ist zutiefst gekränkt und geht in Konkurrenz zu seinem Kind. Wie alle Kinder ist er nicht mehr in der Lage, Bedürfnisse aufzuschieben oder den Kontext realistisch einzuschätzen. Er erkennt zum Beispiel nicht, dass seine Frau das Bedürfnis des Säuglings nach Nahrung vor seinem Bedürfnis nach Nähe erfüllen muss. Für ihn wiederholt sich sein Kindheitstrauma: Die Mutter verweigert sich ihm, weil etwas anderes wichtiger ist; er ist ihrer Aufmerksamkeit nicht wert. Nicht wenige so geprägte Männer suchen sich in dieser Zeit eine Geliebte, von der sie die Nähe bekommen, die ihre Frau ihnen böswillig zu verweigern scheint.

Traten die Schwierigkeiten später auf, offenbaren sie sich meist dann, wenn das eigene Kind etwa dasselbe Alter hat. Häufig gibt uns das aktuelle Alter der Kinder Hinweise auf das Alter, in dem deren Väter oder Mütter traumatische Erlebnisse machten. Dabei werden Mütter eher durch ihre Töchter, Väter eher durch ihre Söhne an unangenehme Erfahrungen erinnert.

Häufig identifizieren sich die Eltern mit ihren Kindern fast so, als ob die Kinder Miniaturausgaben ihrer selbst wären. Damit wird die Sache nicht leichter, denn kein Kind ist die Miniaturausgabe seiner Mutter oder seines Vaters, da Kinder nicht geklont sondern gezeugt werden. Sie erhalten je zur Hälfte die Gene ihrer Mutter und ihres Vaters, sind also, rein rechnerisch betrachtet, eine Mischung zu gleichen Teilen.

„Meine Tochter ist genau wie ich", erzählen Klienten, „und deshalb hat sie dieselben Schwierigkeiten, die ich damals hatte." Sie sind dann häufig erstaunt, dass wir mit ihren Schwierigkeiten damals arbeiten und uns zuerst einmal nicht um das Kind kümmern. Wie von Zauberhand verschwinden häufig die Probleme der Kinder, wenn Mutter oder Vater sie als die eigenen identifizieren und lösen. Auch Probleme bei der Erziehung der Kinder lassen sich häufig durch die Mehrgenerationenperspektive lösen: Das, was ein Vater an seinem Sohn übermäßig kritisiert, ist häufig das, was seine Eltern an ihm auszusetzen hatten. Ein Paar berichtete uns, der Sohn hätte nach dem Besuch seiner Großeltern zu seinem Vater gesagt: „Jetzt versteh ich, warum du ständig an mir herummeckerst. Das hast du von Oma!"

Das, wovor eine Mutter ihre Tochter warnt, hat sie als Kind häufig selbst erlebt. Eine Mutter, die sexuelle Gewalt ertragen musste, wird ihrer Tochter möglicherweise ein grundsätzliches Misstrauen gegenüber der Männerwelt einimpfen. So wachsen junge Mädchen, die selbst nicht traumatisiert wurden, mit dem Trauma der Mutter auf, mit Gespenstern aus der Vergangenheit, die mit der Realität – dem Hier und Jetzt – wenig bis nichts zu tun haben.

Wir bitten Sie jedoch, dieses Beispiel nicht rezeptartig anzuwenden. Eltern sind nicht immer für die Schwierigkeiten ihrer Kinder verantwortlich. Kinder sind Persönlichkeiten, die ihre eigenen Erfahrungen machen und diese auf ihre Weise auswerten, und so gibt es durchaus auch andere Gründe für die Probleme von Kindern, zum Beispiel das, was Kinder im Internet oder in ihren Computerspielen erleben. Da wir die ersten Eltern sind, die diese Erfahrungen mit unseren Kindern machen, sind wir alle zu erhöhter Wachsamkeit aufgerufen.

War die eigene Kindheit von traumatischen Erlebnissen geprägt, wollen die davon Betroffenen häufig keine Kinder. Sind diese Erlebnisse abgespalten, werden die Frauen ganz einfach nicht schwanger. Ungewollte Kinderlosigkeit ohne medizinisch diagnostizierbare Ursachen hat unserer Erfahrung nach häufig diesen Grund. Dazu ein Fall aus der Praxis:

*Eine junge, gesunde Frau kam in eines unserer Seminare, weil sie einfach nicht schwanger wurde. Sie und ihr Mann wünschten sich nichts sehnlicher als ein Kind. In der Vorbesprechung und der Aufstellung wurde deutlich, dass sowohl ihr Vater wie auch ihre Mutter ständig ihre Grenzen übertreten hatten. Ein sexueller Missbrauch durch den ältesten Bruder schien nicht ausgeschlossen. In der Einzeltherapie erhärtete sich dieser Verdacht und wir arbeiteten an der Integration dieses schlimmen*

*Erlebnisses. Drei Monate später rief sie an und erzählte glücklich, dass sie schwanger sei. Sie gebar ein gesundes Kind.*

Aus den geschilderten Beispielen ist Ihnen sicher klar geworden, wie wichtig es ist, dass wir uns um die Katastrophen kümmern, die uns geschehen sind. Um wirklich Veränderungen in unseren Familien und letztlich damit auch in unserer Gesellschaft zu bewirken, ist es also dringend notwendig, dass wir uns mit den Verhaltensmustern und Glaubenssätzen beschäftigen, die aus den Traumatisierungen entstanden sind, und verstehen lernen, was uns antriggert.

Wenn wir erst einmal wissen, auf Grund welcher Trigger wir reagieren, wenn wir die Zuordnungen schaffen und das Trauma verarbeiten, dann werden wir fähig, unseren freien Willen wirklich zu gebrauchen und heil zu werden. Dann werden wir aufhören, unsere Kinder mit unseren unerledigten Problemen zu belasten, und dann wird die „Schuld" der Eltern nicht mehr – wie es in der Bibel steht – bis ins vierte Glied vererbt. Und unsere Partnerschaften können unbeschwert von Altlasten zu dem Entwicklungsraum werden, der sie eigentlich sein sollten.

*Selbstreflektion:*
Welche Gespenster gab es in Ihrer Kindheit?

## Wie pflegen Sie zu streiten?

Viele Paare suchen unsere Hilfe, weil sie „richtig" streiten lernen wollen. Das „richtige" unterscheidet sich vom „falschen" Streiten nach Ansicht vieler dadurch, dass beim „richtigen" Streiten Verletzungen vermieden und konstruktive Ergebnisse erreicht werden. Nachdem Sie jetzt wissen, wie komplex menschliche Kommunikation funktioniert und wie leicht wir uns missverstehen, ist es nicht verwunderlich, dass bei einem so hoch emotionalen Vorgang wie dem Streiten einiges schiefgehen kann.

Streiten ist nicht schlecht. Es ist völlig normal, dass Menschen unterschiedliche Ansichten haben, die sich auf unterschiedliche Wahrnehmungen stützen und von mehr oder weniger heftigen Gefühlen begleitet werden. Sich nicht zu streiten heißt nicht a priori, dass die Partnerschaft in Ordnung ist, und Auseinandersetzungen können durchaus für die Qualität einer Beziehung sprechen. Wir kennen sowohl Paare, die sich trennten, obwohl sie zwanzig Jahre nicht gestritten hatten, als auch solche, die keinen Ausweg aus ihren destruktiven Streitmustern fanden und deshalb aufgaben. Es kommt tatsächlich darauf an, auf welche Weise Meinungsverschiedenheiten ausgetragen werden.

Keine Sorge, wir kommen Ihnen nicht mit dem Allerweltsrezept „Ich-Botschaften-Senden", einer Empfehlung, die allein schon ausreichen soll, Auseinandersetzungen konstruktiv zu gestalten. Wenn das so einfach wäre, würde Frieden herrschen auf dieser Welt. Es ist natürlich wichtig, von sich und den eigenen Gefühlen zu sprechen, doch häufig werden Ich-Botschaften dafür missbraucht, den anderen zu beschuldigen. Wir persönlich empfinden keinen Unterschied zwischen einer sogenannten Ich-Botschaft: „Ich fühle, dass Du völlig bescheuert bist!", und einer Beschuldigung: „Du bist völlig bescheuert!" Die Aussage bleibt gleich und dass es sich um das Gefühl des Gegenübers handelt, ist eigentlich klar und trägt unserer Erfahrung nach nicht zur Entspannung der Situation bei. Im Gegenteil!

Der Sender hat seiner Überzeugung nach alles richtig gemacht, weil er seine Beschuldigung in eine Ich-Botschaft verpackt hat, und kann auf jede Reaktion des Empfängers antworten: „Wieso, ich habe doch nur von meinen Gefühlen gesprochen!" Der Empfänger dagegen bleibt auf seiner Frustration sitzen.

Wir gehen das Thema stattdessen wieder systemisch an, indem wir uns fragen: Wozu dient die Art und Weise, wie sich zwei Menschen auseinandersetzen? Welche Lösungsstrategien befolgen sie mit ihrem Verhalten? Um das Thema strukturieren, bieten wir Ihnen Modelle aus der Kommunikationswissenschaft, der systemischen Familientherapie und der Transaktionsanalyse an.

### Symmetrisch oder komplementär?

Wie Sie im Kapitel über die Titanic erfahren haben, besteht Kommunikation aus wesentlich mehr als nur den verbalen Äußerungen. Der Altmeister der Kommunikationstheorie, Paul Watzlawick, schuf mit seinen fünf Axiomen eine wichtige Grundlage, um Kommunikationsmuster zu analysieren. In Bezug auf Beziehungen unterscheidet er zwei Formen:

- Beziehungen, bei denen die Gleichheit der Partner betont oder angestrebt wird, nennt er *symmetrisch*. Bei symmetrischen Beziehungen werden Unterschiede vermieden bzw. ausgeglichen.
- Beziehungen, bei denen die Unterschiedlichkeit der Partner im Vordergrund steht, nennt er dagegen *komplementär*. Hier nimmt einer der Partner die dominante Position ein, der andere ordnet sich ihm unter. Solche Beziehungen entstehen z. B. ganz natürlich zwischen Lehrer und Schüler oder Arzt und Patient.

Symmetrie und Komplementarität sind weder gut noch schlecht, sondern bezeichnen nur die beiden Pole des Zusammenlebens. Auch die

Störungen in der Beziehungsdynamik sind entweder symmetrisch oder komplementär.

Wir erlebten bei einem Symposium, das im November 2006 in Lindau stattfand, wie der langjährige Freund und Kollege Paul Watzlawicks, der italienische Professor für systemische Psychotherapie und stellvertretende Leiter Palo Altos, Prof. Dr. Giorgio Nardone, dieses Wissen praktisch umsetzte. Er hatte sich bereiterklärt, seine Arbeitsweise mit einer Klientin auf dem Podium vorzustellen, doch bevor er mit der eigentlichen Sitzung begann, fragte er die Klientin:

„Sind Sie hier, um ein Problem zu lösen oder um einen berühmten Therapeuten zu testen?" Diese Frage löste im Plenum heitere Verwunderung aus.

„Warum mache ich das?", wollte er von uns wissen. Nachdem einige Antworten nicht das gewünschte Ergebnis gebracht hatten, lächelte er und erklärte: „Antwortet mir die Klientin: ‚Ich möchte ein Problem lösen', befinden wir uns in einem komplementären Muster, denn sie erkennt mich als Therapeuten an. Antwortet sie stattdessen: ‚Ich will einen berühmten Therapeuten testen', ist das Muster symmetrisch, denn sie stellt mich von Anfang an in Frage."

*Die symmetrische Eskalation*
Wenn Gleichheit um jeden Preis angestrebt wird, herrscht unausgesprochen Übereinstimmung darüber, dass Ungleichheit unter allen Umständen vermieden werden muss. Unterschiede scheinen gefährlich, und nachzugeben oder dem anderen zuzustimmen würde bedeuten, sich ihm unterzuordnen. Deshalb kämpfen bei der symmetrischen Art zu streiten beide verbissen darum, dem anderen nur ja nicht zu unterliegen. Viele Paarkonflikte laufen symmetrisch ab, vor allem aber in Beziehungen mit paradoxer Kommunikation. Symmetrische Streits dauern lange und scheinen unlösbar. Zum Waffenstillstand kommt es erst dann, wenn beide zu erschöpft sind, um weiterzumachen. Was zeigt uns dieses Muster? Wenn keiner nachgeben darf, wird Nachgeben möglicherweise mit Unterlegenheit gleichge-

setzt. Wer nachgibt, hat verloren, ist ausgeliefert, gibt seine Identität auf. Meist entsteht solches Verhalten durch entsprechende Prägungen in der Kindheit. Die davon Betroffenen fühlen sich gezwungen, ständig um ihre Position zu kämpfen.

Da jeder Mensch von Natur aus Nähe wünscht, sehnen sich auch diejenigen danach, die Nähe nur in Verbindung mit Grenzverletzung erlebt haben. Nähe kann deshalb bedeuten, die eigene Identität aufgeben zu müssen, und deshalb sorgen beide schnell für den angemessenen Sicherheitsabstand. Dazu ein Beispiel aus unserer Praxis:

*Ein Paar suchte uns auf, weil beide das Beziehungsklima verbessern wollten. Die beiden zerrieben sich in Dauerkonflikten, die sich meist an Banalitäten entzündeten. Die Beratung lief prima, die Lage entspannte sich, die beiden gingen aufeinander zu. Doch plötzlich kippte die Situation. Ein heftiger Streit flammte auf und beide überlegten sogar die Trennung.*

*Was war geschehen?*

*Wir forschten gemeinsam nach dem Nutzen der erneuten Eskalation und beide gaben zu, Angst vor der Nähe gespürt zu haben. Beide hatten in ihren Elternhäusern keine guten Erfahrungen damit gemacht und waren sich durch die Paarberatung näher gekommen als sie aushalten konnten. Zum ersten Mal konnten sie einander eingestehen, dass die ständigen Auseinandersetzungen für den richtigen Sicherheitsabstand gesorgt hatten.*

*Jetzt war die Grundlage geschaffen, neue Verhaltensweisen auszuprobieren, um sowohl dem Bedürfnis nach Nähe als auch dem Bedürfnis nach Abstand Raum zu geben. Außerdem wagten beide, Verschiedenheit auszudrücken. Damit stellten sie ihre Beziehung auf eine völlig neue Grundlage.*

### *Die komplementäre Eskalation*

Sie erinnern sich: Die komplementäre Beziehung beruht auf der Verschiedenheit von zwei Menschen, die sich in einer hierarchischen Struktur ausdrückt wie zum Beispiel bei Eltern und Kindern oder

Chefs und ihren Angestellten. Bei komplementären Streits geht es folglich darum, dass einer von beiden seine überlegene Position zu behaupten versucht.

Paarbeziehungen sind dann komplementär, wenn durch äußere oder innere Umstände eine statische Hierarchie entstanden ist. Dies ist zum Beispiel beim alten patriarchalen Rollen- und Ehemodell der Fall. Ein Gefälle kann auch entstehen, wenn einer der Partner auf Grund seiner Bildung oder seiner Fähigkeiten einen höheren sozialen Status einnimmt. Die Frau, die dem erfolgreichen Manager oder Künstler „den Rücken frei hält", stellt sich hierarchisch unter ihn. Wenn der Künstler auch in anderen Lebensbereichen erwartet, dass sich seine Frau unterordnet, ist die Beziehung komplementär. Der Mann, der in das Geschäft seiner Frau „eingeheiratet" hat, ist ihr und ihrem Clan unterlegen. Diese Hierarchie wird festgeschrieben, wenn die Frau ihren Status auch im Privatleben geltend macht. Männer ordnen sich freiwillig den Wünschen schöner Frauen unter, Frauen ihren reichen oder mächtigen Männern.

Komplementäre Strukturen entstehen ganz natürlich bei Paaren mit großem Altersunterschied zwischen Mann und Frau. Meist war die Frau sehr jung, als sie sich in den älteren Mann verliebte, der ihr sowohl finanziell als auch emotional viel mehr Sicherheit bieten konnte als ein Gleichaltriger. Häufig richtet sich die Frau in ihrer Lebensplanung ganz nach ihrem Mann, der ja bereits im Berufsleben steht. Der Mann genießt es, eine junge Frau an seiner Seite zu haben. Ein wenig mag auch das *„My-fair-lady-Modell"* wirksam sein, also die Vorstellung, die Frau nach den eigenen Vorstellungen zu formen. Dieses Modell funktioniert gut, solange die Frau zwanzig und der Mann vierzig Jahre alt ist.

Die ersten Krisen tauchen auf, wenn die Frau beginnt, sich zu emanzipieren, z. B., wenn die Kinder ihre Berufsausbildungen beginnen und nicht mehr zu Hause wohnen. Wenn der Mann darauf besteht, das gewohnte Beziehungsmuster – Ich weiß, was gut für dich ist, weil ich der Ältere bin und mehr Lebenserfahrung habe ! – fortzusetzen, treten ähnliche Konflikte auf, wie beim Ablösungsprozess erwachsener Kinder von ihren Eltern. Ähnliche Beziehungsmuster finden wir, wenn der Mann eine hilfsbedürftige Frau oder die Frau einen hilfsbedürftigen Mann wählt. Der Helfende steht hierarchisch klar über dem Hilfsbedürftigen, und solange das Gefälle besteht, funktioniert die Partnerschaft. Sobald aber der Hilfsbedürftige die Ratschläge des Helfenden tatsächlich umsetzt und erstarkt, verliert der Helfende an Macht. Sollte der Helfende sich unbewusst deshalb in eine Hilfsbedürftige verliebt haben, weil er sich nur mit einer schwächeren Partnerin sicher fühlt, kommt es zu heftigen Auseinandersetzungen, bei denen der Helfende verzweifelt versucht, seinen früheren Status wieder zu erlangen.

Die Lösung des Konflikts bestünde darin, die festgefahrene Hierarchie aufzulockern. Das hieße, dass derjenige, der hierarchisch höher stand, seine Machtposition aufgeben müsste. Dafür bekommt er auf den ersten Blick nicht unbedingt etwas Erstrebenswertes, denn die neue Beziehungsdynamik muss sich erst entwickeln. Dies fällt Menschen, die sich auf Grund ihrer eigenen psychischen Struktur Jahre lang über den Partner gestellt haben, nicht leicht.

Eine gesunde Beziehung ist weder komplementär noch symmetrisch, sondern komplementär *und* symmetrisch. Es gibt immer Kontexte, in denen die Frau besser ist als der Mann oder der Mann besser als die Frau. Dasselbe gilt für gleichgeschlechtliche Paare. Wenn Unterschiede sein dürfen und als Ergänzung und nicht als Bedrohung erlebt werden, kann die Überlegenheit des Partners als Bereicherung erlebt werden.

## Beschuldigen, beschwichtigen, rationalisieren oder ablenken?

Jetzt wenden wir uns der Frage zu, *wie* Auseinandersetzungen geführt werden. Virginia Satir, die bekannte amerikanische Familientherapeutin, unterschied vier Verhaltensweisen, mit denen die meisten Menschen auf Angriffe reagieren: beschuldigen, rationalisieren, beschwichtigen und ablenken. Diese Reaktionsmuster sind keine Charaktereigenschaften, sondern Prägungen – Masken.

Jedes Kind lernt in seiner Familie, auf Konflikte zu reagieren. Entweder kopiert es das Verhalten seiner Eltern, oder es entwickelt eigene Lösungsstrategien, um Auseinandersetzungen zu bewältigen. Die meisten Erwachsenen nutzen dieselben Streitmuster wie in ihrer Kindheit. Aus diesem Grund können sie die Ressourcen, die sie in der Zwischenzeit erworben haben, beim Streit nicht nutzen.

In diesem Kapitel stellen wir die vier Verhaltensweisen vor, die Virginia Satir identifizierte. Da es sich wieder um Modelle handelt, überzeichnen wir die Verhaltensweisen. Kaum jemand wird genauso sein wie hier beschrieben. Lebendige Menschen sind komplexe Wesen, auf die keine Schablone passt. Doch wie oben schon erwähnt: In der Überzeichnung wird das Muster klar.

### *Die Beschuldiger*

Für Menschen, die beschuldigen, ist es ungeheuer wichtig zu wissen, wer die Verantwortung dafür trägt, dass etwas schief geht. Für sie steht außer Frage, dass diese Verantwortung auf jeden Fall nicht sie selbst betrifft, sondern immer den Anderen. Obwohl sie nach außen mächtig und aggressiv wirken, haben Beschuldiger tatsächlich große Angst davor, selbst zur Rechenschaft gezogen zu werden. Deshalb leben sie nach dem Motto „Angriff ist die beste Verteidigung". Je wilder sie sich aufführen, umso geringer ist die Gefahr eines Gegenangriffs.

Beschuldiger fürchten sich vor ihrem *„Schatten"*. Mit *„Schatten"* bezeichnete der schweizerische Analytiker C. G. Jung die Persönlichkeitsanteile, die von der Person selbst als negativ beurteilt werden. Beschuldiger sind in ihrem tiefsten Inneren von ihrer eigenen Minderwertigkeit überzeugt, da sie in ihrer Kindheit auf ihre Schwächen reduziert wurden. Da die von den Kirchen beeinflusste Erziehungspraxis der letzten Jahrhunderte darauf zielte, Kinder durch das Vorhalten ihrer Sünden zu demütigen Christen zu erziehen, ist dieses Muster weit verbreitet.

Die Angst des Beschuldigers ist deshalb so überwältigend, weil sie zu einem sehr frühen Lebensalter gehört. Deshalb muss der Beschuldiger alles, was auch nur im Entferntesten diese Minderwertigkeit beweisen könnte – Vorwürfe oder Mitverantwortung an etwas, was nicht gut gelaufen ist –, nach außen projizieren.

Im Streit verwenden Beschuldiger gerne Verallgemeinerungen wie nie, immer oder ständig. Gern gebrauchte Sätze sind:

- „Nur wegen dir!"
- „Immer bist du/machst du ..."
- „Nie bist du/machst du ..."
- „Es ist ganz allein deine Schuld!"

Sich selbst dagegen stellen sie stets ins beste Licht, wobei sie auch darin Beschuldigungen verpacken:

„Im Gegensatz zu dir bin ich liebevoll, großmütig, edel usw.". Für Beschuldiger ist die Welt in schwarz und weiß, in falsch und richtig eingeteilt. Es gibt wenig Grautöne, wenig Raum für Kompromisse. Ein berühmter Beschuldiger war George W. Bush, Präsident der USA, der uns mit „der Achse des Bösen" und seinem Feldzug gegen „die Bösen der Welt" tagtäglich demonstrierte, wie wenig konstruktiv und zielführend eine solche Haltung ist, ganz gleich wie viel Macht und Geld dahinter stehen.

Folgende Fragen könnten sich Beschuldiger stellen:

- Was an mir mag ich am wenigsten?
- Was schätze ich an mir?

- Wo liegen meine Stärken?
- Wie kann ich meinen Ärger zum Ausdruck bringen, ohne mein Gegenüber damit zu überwältigen?

Wenn Beschuldiger sich selbst erlöst haben, verfügen sie über viele wertvolle Ressourcen. Sie können zum Beispiel eindeutige Positionen vertreten und sind in der Lage, Regie zu führen und nötige Veränderungen durchzusetzen. Da sie gelernt haben, ihre eigenen unvollkommenen Seiten anzunehmen, sind sie anderen gegenüber tolerant. Diese Fähigkeiten, verantwortungsvoll und in Abstimmung mit anderen eingesetzt, sind in der heutigen Gesellschaft unverzichtbar.

*Die Rationalisierer*
Rationalisierer haben Recht! Sie sehen die Welt logisch, realistisch, objektiv: eben rational. Gefühle sind, da nicht rational, überflüssig. Rationalisierer gehen Konflikten nicht aus dem Weg! Es sollte doch möglich sein, Schwierigkeiten durch ein vernünftiges, sachliches Gespräch aus der Welt zu schaffen!

Rationalisierer sind in unserer Gesellschaft hoch angesehen. Viele Männer sehen in diesem Verhaltensmuster ein anzustrebendes Ziel, und wenn eine Frau Karriere in bestimmten Bereichen machen will, tut sie gut daran, sich ebenfalls möglichst emotionsfrei zu verhalten. Im Militär und in den Wissenschaften, in der Wirtschaft und in der Politik, überall wird rationalisiert.

Nun wissen wir aus der Kommunikationsforschung, dass der gesunde Mensch immer fühlt. Wirkliche Gefühllosigkeit ist ein Zeichen schwerster Depression und so unerträglich, dass die Gefahr groß ist, dass sich die Erkrankten umbringen. Ohne Gefühle geht es nicht. Wozu nutzt es Menschen, so zu tun, als hätten sie keine?

Sie erinnern sich, dass Rationalisieren eher der männlichen Wirklichkeit zugeordnet wird (s. S. 107.), doch es gibt noch andere Gründe, warum Menschen Gefühle ausklammern. Wenn jemand als Kind erlebt hat, dass durch die unbeherrschten Gefühle der Eltern Katastrophen ausgelöst wurden, verlegt er sich auf den Verstand, um seine Welt sicherer zu machen. Andere haben traumatische Erlebnisse nicht verarbeitet und helfen sich damit, den fühlenden Teil völlig abzuspalten.

Wir sind durchaus nicht der Meinung, dass Gefühle besser sind als der Verstand. Wir kennen viele Menschen, die durch sogenannte „Bauchentscheidungen", Entscheidungen, die den Verstand außer Acht lassen, in Katastrophen schlitterten. Wie bei allem ist auch hier der goldene Mittelweg, die Verbindung von beidem, die beste Lösung. Es bleibt uns gar nichts anderes übrig, denn Gefühle sind, ob wir wollen oder nicht, Teil des Menschseins. Wenn wir sie leugnen, suchen sie sich andere Kanäle und äußern sich gerne in somatischen – körperlichen – oder psychischen Symptomen. In der systemischen Psychotherapie nennen wir solche Symptome: „Gefühle, die nicht sein dürfen."

Der Rationalisierer spürt weder sich selbst noch sein Gegenüber; er hält einen Ausschnitt aus der Wirklichkeit für das Ganze. Bei Auseinandersetzungen erklärt er die Gefühle seines Gegenübers einfach weg, denn in seinen Augen sind Emotionen Störfaktoren auf dem Weg zur vernünftigen, friedlichen Lösung.

Der Rationalisierer befindet sich als einziger Bewohner auf seinem Planeten und hat nur Kontakt zu denen, die einen ähnlichen Ausschnitt der Wirklichkeit für das Ganze halten. In seinem Elfenbeinturm kann er große wissenschaftliche Taten vollbringen, doch er vollbringt sie einsam. Weil er die emotionale Wirkung seiner Kommunikation und damit die Beziehungsebene leugnet, hat er meist große Schwierigkeiten mit seinen Partnerinnen.

Denn Rationalisieren ist ein Thema, das mehr Männer als Frauen betrifft. Frauen können, wie schon erwähnt, auf Grund der anderen Struktur ihres Gehirns Gefühle nicht so leicht ausblenden wie Männer. Redewendungen, die der Rationalisierer gerne verwendet, sind:
- Lass uns das Ganze vernünftig besprechen!
- Rational betrachtet ...
- Sei doch mal objektiv!
- Wir wollen sachlich bleiben!

Folgende Fragen könnten sich Rationalisierer stellen:

- Woran erkenne ich die Wirklichkeit?
- Welche Gefühle machen mir Angst?
- Mit welchen Gefühlen fühle ich mich wohl?
- Wie kann ich meine Gefühle wahrnehmen, ohne ihnen ausgeliefert zu sein?
- Wie können mich meine Gefühle im Alltag unterstützen?

Rationalisierer haben, wenn sie ihre Gefühle wahrnehmen können, viele hervorragende Ressourcen. Sie können klar denken, sauber formulieren und meist auch strukturieren. Häufig sind sie Organisationstalente. Und sie haben die wertvolle Fähigkeit, auch dann, wenn die Emotionen einmal hoch kochen, einen kühlen Kopf zu bewahren.

*Die Beschwichtiger*
Beschwichtiger tun genau das Gegenteil vom Beschuldiger: Sie versuchen, Konflikte unter allen Umständen zu vermeiden. Für sie wirken Auseinandersetzungen so bedrohlich, dass sie sogar lügen, um ihnen zu entgehen. Sie reden anderen nach dem Mund und beziehen nie eine eigene Position. Alles Negative fressen sie in sich hinein oder „kehren es unter den Teppich". Beschwichtiger nehmen nur die Anderen wahr. Häufig haben sie kein differenziertes Gefühl für sich selbst.

Zuweilen wird Beschwichtigen gleichgesetzt mit Friedfertigkeit oder Sanftmut, obwohl wir im Neuen Testament viele Beispiele dafür finden, dass Jesus, das allgemein anerkannte Vorbild für Sanftmut und Friedfertigkeit, ohne Zögern Position bezog und sogar handgreiflich wurde, als er die Händler aus dem Tempel verjagte. Übersehen wird bei dieser Einschätzung, dass das Vermeiden einer eigenen Position Konflikte nicht verhindert, sondern sie häufig nur in die Länge zieht.

Beschwichtiger lösen nichts; sie schieben das Unangenehme nur zur Seite. So rottet der Konflikt wie ein „fauler" Zahn, der ja auch nicht sichtbar ist und trotzdem den Körper mit Eiterbakterien überschwemmt.

Wenn Paare Jahre lang beschwichtigt haben, ist die unter der freundlichen Fassade gewachsene Zerstörung häufig so weit fortgeschritten, dass wir nicht mehr viel helfen können.

Wie wird ein Mensch zum chronischen Beschwichtiger? Es ist möglich, dass Beschwichtiger als Kinder erlebt haben, dass Konflikte mit körperlicher und/oder verbaler Gewalt ausgetragen wurden. Die Kinder taten ihr Möglichstes, um den gewalttätigen Vater oder die betrunkene Mutter zu beruhigen. Ein falsches Wort konnte einen Ausbruch auslösen!

Oder sie kommen aus Familien, in denen die Kinder dafür bestraft wurden, wenn sie für sich eintraten. Sie lernten, dass sie wesentlich mehr erreichten, wenn sie dem anderen nach dem Mund redeten und für gute Stimmung sorgten. Möglicherweise waren der Vater oder die Mutter Beschuldiger, die durch Beschwichtigen beruhigt werden konnten. In jedem Falle lernte das Kind, dass Auseinandersetzungen keinen Nutzen bringen. Sätze, die Beschwichtiger bei Konflikten gern verwenden, lauten:

- Ist doch gar nicht so schlimm!
- Morgen sieht die Welt schon wieder anders aus.
- Nimm's nicht so ernst!
- Ich bin überhaupt nicht wichtig!

Folgende Fragen könnten sich Beschwichtiger stellen:

- Wie fühle ich mich, wenn ich beschwichtige?
- Was mache ich mit meinen Aggressionen?
- Wie nehme ich mich wahr?
- Wer bin ich?
- Wo sind meine Grenzen?

Ehemalige Beschwichtiger sind sensibel und einfühlsam. Wenn sie gelernt haben, sich selbst wahrzunehmen, sich wichtig zu nehmen und sich, wenn nötig, abzugrenzen, können sie diese Fähigkeiten für sich und andere gewinnbringend einsetzen. Sie sind beliebte Gesprächspartner, weil sie gut zuhören und sich in andere hineinversetzen können. Es gelingt ihnen, Konflikte zu schlichten, indem sie für ein konstruktives Klima sorgen, in dem Lösungen möglich werden.

*Die Ablenker*
Auch Ablenker vermeiden Konflikte. Sie beschwichtigen nicht, sie wechseln einfach das Thema. Dieses Verhalten wird in vielen Sketchen und Witzen persifliert, wenn in einem peinlich zu werdenden Gespräch plötzlich jemand völlig unpassend sagt: „Schönes Wetter heute. Haben Sie übrigens schon gehört, dass Frau Meier ...".

Meist geschieht der Themenwechsel jedoch viel subtiler. In der Paarberatung zeigt sich das Ablenken zum Beispiel daran, dass immer dann, wenn ein gefährliches Thema auf den Tisch kommt, neue Geschichten aus dem Hut gezogen werden: „Gerade fällt mir ein, dass deine Mutter mich vor zehn Jahren irrsinnig verletzt hat ..." Und schon ist der Sicherheitsabstand zum eigentlichen Konflikt hergestellt. Wenn die Berater darauf hereinfallen und sich um die „Verletzung" vor zehn Jahren kümmern, haben sie sich gemeinsam mit dem Paar im Muster verfangen, denn das aktuelle Problem wurde erfolgreich vermieden.

Ablenker kommen wie Beschwichtiger aus Familien, in denen sie bei Auseinandersetzungen nur verlieren konnten. Sie sind jedoch aktiver als die Beschwichtiger, da sie gestaltend in das Geschehen eingreifen. Mit dem Einbringen eines neuen, ungefährlichen Themas vermeiden sie nicht nur den Konflikt, sondern lenken das Gespräch in ihnen genehme Bahnen.

Wer bewusst ablenkt, manipuliert. Das erleben wir täglich in der Politik. Politiker sind geschult darin, sehr schnell irgendwelche Lösungsvorschläge aus dem Hut zu zaubern, die vom eigentlichen Problem ablenken. Diese Lösungsvorschläge sind dann Gegenstand der Debatten, und dabei wird übersehen, dass das eigentliche Thema in den Hintergrund tritt. Und so ist es nicht verwunderlich, dass die sogenannten „Reformen" ihr Ziel fast nie erreichen.

Ablenker sagen in Auseinandersetzungen gerne:

- Gerade fällt mir noch ein ...
- Übrigens, hab ich dir schon erzählt ...
- Was ich dir noch sagen wollte ...

Fragen, die sich Ablenker stellen könnten:

- Wie fühle ich mich, wenn ich das Thema wechsle?
- Was hält mich davon ab, meinem Gegenüber zu sagen, wie es mir wirklich geht?
- Warum handle ich verdeckt?

Ehemalige Ablenker, die auf Manipulationen verzichten, sind sehr flexibel. Sie sind geschickte Verhandler, fähige Diplomaten. Da sie wissen, wie man Spannungen entschärft, können sie destruktive oder aggressive Konflikte in ruhigeres Fahrwasser lenken, wo sie dann schlussendlich sogar gelöst werden können.

## Streiten die Kinder oder die Erwachsenen?

Sicher erinnern Sie sich an das Konzept vom inneren Kind, vom Eltern- und vom Erwachsenen-Ich. Aus der Perspektive der Transaktionsanalyse betrachtet, entstehen Schwierigkeiten in der Kommunikation immer dann, wenn die Ebenen gekreuzt werden, wenn sich also ein Kindanteil mit einem Erwachsenenanteil auseinandersetzt. Unserer Erfahrung nach entstehen Konflikte jedoch nicht nur aus der Kreuzung der Ebenen, sondern auch dann, wenn sich zwei Erwachsene innerlich auf der Kindebene befinden. Woran erkennen wir, mit welchem Persönlichkeitsanteil wir es zu tun haben?

*Eltern- und Kindanteil im Konflikt*
Wenn sich bei einem Paarkonflikt einer der beiden bewusst über den anderen stellt, erkennen wir, dass derjenige den Elternaspekt für sich beansprucht: „Wir beide wissen, dass Du das nicht gut kannst", oder „Nimm es mir nicht übel, aber du bist seit dem Konflikt damals in deiner Entwicklung stehen geblieben!" Beide Sätze haben wir in Beratungen tatsächlich schon gehört!

Wie mag eine solche Aussage auf den anderen wirken? Es entsteht sofort eine komplementäre Beziehungsdynamik, und der Empfänger wird, ob er will oder nicht, in den Kinderstatus versetzt. Die unterschiedlichen Ebenen machen eine Verständigung unmöglich, denn der Unterlegene versucht mit aller Macht und mit meist großem Ärger, seinen Erwachsenenstatus zu behaupten. Ab jetzt tobt der Kampf nicht mehr um die Themen, die als Aufhänger für den Konflikt dienten, sondern nur noch um die Hierarchie und damit um die Macht.

Doch es ist nicht immer die komplementäre Beziehungsdynamik, die dafür verantwortlich ist, dass sich der eine im Erwachsenenanteil und der andere im Kindstatus befindet. Viele Menschen haben als Kinder nicht das von ihren Eltern erhalten, was sie gebraucht hätten. Diese Bedürfnisse werden auf den Partner projiziert und nun wird von ihm erwartet, all das zu geben, was die Eltern versäumt haben.

Der Bedürftige rutscht unbewusst in eine Kinderposition und macht den anderen zur guten Mutter oder zum guten Vater. Da dies ohne das bewusste Wissen der Beteiligten geschieht, ist die Dynamik für die Betroffenen schwer zu durchschauen. Viele Paarkonflikte sind aus diesem Garn gestrickt.

Wie erkennen wir die inneren Kinder? Drei typische Verhaltensweisen legen die Hypothese nahe, dass wir es hier mit dem inneren Kind zu tun haben:
1. symbiotische Beziehungswünsche
2. große Bedürftigkeit und
3. die Neigung, alles auf sich zu beziehen.

Jedes dieser Muster entspricht einer kindlichen Entwicklungsstufe. Doch was bedeutet es für die Beziehung, wenn einer oder beide Partner diese Verhaltensmuster zeigen?

## 1. Symbiotische Beziehungswünsche

Symbiose ist der Zustand, der sich ganz natürlich in der Schwangerschaft zwischen Mutter und Kind einstellt. Auch nach der Geburt fühlt sich das Kind eins mit seiner Mutter, wogegen es die Beziehung zum Vater erst entwickeln muss. Diese Symbiose dauert solange, bis sich das Kind bewusst von seiner Mutter unterscheidet, also mindestens das gesamte erste Lebensjahr. Es gibt viele wissenschaftliche Untersuchungen über dieses erste Lebensjahr und die symbiotische Beziehung zwischen Mutter und Kind, die sich erst dann lockert, wenn das Kind „ich" und „nein" sagt, also eine eigene Persönlichkeit beansprucht.

Kinder, die wegen einer frühen Trennung von der Mutter – z. B. durch einen Krankenhausaufenthalt – auf diese Symbiose verzichten mussten, tragen den unbewussten Wunsch danach in sich. Sie sehnen sich, mit dem Partner zu verschmelzen, eins mit ihm zu werden. Trennungen ertragen sie kaum, am liebsten sind sie ständig mit ihm zusammen und machen alles gemeinsam. Sie verhalten sich auch als Erwachsene wie verlassene Kinder. Meist treffen zwei verlassene Kinder aufeinander. Die Beziehung wird häufig als ideal beschrieben, ideal bis zum „Zeitpunkt X", an dem einer der beiden aus welchen Gründen auch immer anfängt, sich aus der Symbiose zu lösen. Diesen ganz natürlichen Prozess empfindet der andere als Verrat an sich und an der Beziehung. Weil der eine aus dem Kinderstatus, der andere aber mit seinem Erwachsenen-Ich argumentiert, finden beide keine Lösung.

Manchmal übernehmen dann die Kinder dieser Eltern die Rolle derer, die der Mutter oder dem Vater die Erfüllung ihrer Symbiosesehnsüchte ermöglichen. Dazu eignen sich alle Verhaltensweisen, die Mutter und Vater beschäftigt halten: Angststörungen, abgebrochene Ausbildungen, Schwierigkeiten bei der Partnerfindung – es gibt viele Gründe, um Eltern dazu zu veranlassen, sich intensiv um ihr Kind zu kümmern.

Verstehen Sie das nicht falsch, etwa wie ein Rezeptbuch: Natürlich erfüllen nicht alle Kinder mit den eben genannten Schwierigkeiten die unbewussten Symbiosewünsche ihrer Eltern. Eine genaue Anamnese ist sehr wichtig.

Wenn demjenigen, der sich Symbiose ersehnt, klar wird, dass er ein kindliches Bedürfnis auf den Partner projiziert, ist er meist sehr gerne bereit, selbst für sein inneres Kind zu sorgen. Damit wird der Kindstatus verlassen und dem Konflikt der Boden entzogen.

**2. Große Bedürftigkeit**
Kinder sind kaum in der Lage, ihre Bedürfnisse aufzuschieben. Wenn ein Säugling Hunger hat, hat er *jetzt* Hunger und braucht auf der Stelle Nahrung. Alle Eltern wissen, dass ein Baby außer sich gerät, wenn sich die Nahrungszufuhr aus irgendwelchen Gründen verzögert. Erst langsam lernt das Kind zu warten. Je älter es wird, umso besser kann es Bedürfnisse verschieben oder dem Kontext gemäß anpassen.

Wenn die Bedürfnisse des Kindes nur selten oder überhaupt nicht erfüllt wurden, entsteht ein überwältigendes Mangelgefühl. Die Erfüllung der Bedürfnisse wird dann später auf den Menschen projiziert, der dem jetzt Erwachsenen so nahesteht, wie früher die Eltern. Und dieser hat nun die Pflicht, das Mangelgefühl auszugleichen und den anderen glücklich zu machen – und zwar in dem Augenblick, in dem das Bedürfnis auftaucht. Abweisungen oder Aufschübe werden schwer ertragen.

Wenn erwachsene Menschen nicht in der Lage sind, Bedürfnisse aufzuschieben oder dem Kontext entsprechend anzupassen, haben wir es mit dem inneren Kind zu tun, das allerdings über die gesamte emotionale Artillerie des Erwachsenen verfügt, um seine Wünsche durchzusetzen.

Ein häufiges Thema, über das sich vor allem Frauen beklagen, ist die Art und Weise, wie ihre Männer Sex einfordern. Sie vergleichen die Anspruchshaltung ihrer Partner häufig mit dem Gequengel ihrer Kinder, ein Setting, das unerotischer kaum wirken könnte und das lustvolle Erleben erwachsener Sexualität in weite Ferne rückt. Männer leiden eher darunter, dass sie für ihre Frauen jederzeit auf Abruf verfügbar zu sein haben, ganz gleich, in welcher beruflichen Situation sie sich gerade befinden.

Auch hier nehmen beide entweder verschiedene Erlebnisebenen ein oder es zanken sich zwei bedürftige Kinder darum, wer mehr Stücke vom Gefühlskuchen kriegt. Wenn wir Menschen in diesem Zustand fragen, wie alt sie sich gerade fühlen, antworten sie mit einer Zahl, die weit unter dem zehnten Lebensjahr liegt. Geben wir ihnen Holzfiguren, die den erwachsenen Anteil und das innere Kind symbolisieren, steht das Kind vor dem Erwachsenen.

Häufig sind die Paare sehr erstaunt, wenn sie erkennen, dass sich zwei Kinder bekriegen, während die Erwachsenen keine Rolle bei der Gestaltung des Konflikts spielen. Meist reicht dieses Bewusstmachen aus, um die Auseinandersetzung zu entschärfen und Lösungen möglich zu machen.

**3. Wenn man alles auf sich, bzw. gegen sich bezieht**
Auch dieses Verhaltensmuster entspricht einer kindlichen Entwicklungsphase, die zwischen das fünfte und zehnte Lebensjahr fällt. In dieser Zeit pflegen die meisten Kinder ein magisches Weltbild, das

heißt, sie verbinden Ereignisse, die nichts miteinander zu tun haben. Dies ist meist völlig harmlos, wenn zum Beispiel ein Kind glaubt, den Ausgang einer Klassenarbeit dadurch beeinflussen zu können, dass es sein Mathebuch unters Kopfkissen legt.

Kinder beziehen allerdings auch das Verhalten von Erwachsenen, besonders natürlich ihrer Eltern, auf sich. So sind viele Kinder, die misshandelt werden, zutiefst davon überzeugt, diese Behandlung tatsächlich zu verdienen. Das schlechte Selbstwertgefühl, über das viele Erwachsene klagen, spiegelt bei genauerem Hinschauen nur das abwertende Bild der Eltern.

Wenn Erwachsene dazu neigen, alles ausschließlich auf der Beziehungsebene zu werten und die Sachebene völlig aus den Augen verlieren, liegt es nahe, dass wir es mit den inneren Kindern zu tun haben. Sachliche Argumente verfehlen ihr Ziel, weil das innere Kind immer nur hört: „Ich bin nichts wert. Deshalb liebst du mich nicht."

In diesem Zustand fließen viele Tränen, die aber nicht erleichtern, denn der Erwachsene fühlt sich ausgeliefert und klein. Es wäre völlig falsch, ihn des Selbstmitleids zu bezichtigen, denn wir haben es schließlich mit einem Kleinkind zu tun, das sich von der ganzen Welt verlassen fühlt. Auch hier reicht es meist aus, den Zustand zu benennen und Mitgefühl zu zeigen, um dem Erwachsenen den Sprung zurück in sein aktuelles Lebensalter zu ermöglichen.

## Triggern Sie sich gegenseitig?

Wir haben Sie bereits mit dem „Beziehungskiller Nr. 1", dem Beziehungstrauma, vertraut gemacht, und mit den Triggersituationen, jenen Situationen, die den Menschen unbewusst an sein Trauma erinnern. Getriggerte Menschen reagieren unverhältnismäßig heftig, ohne ihr eigenes Verhalten zu verstehen und etwas daran ändern zu können. Triggern ist nicht gleich ärgern! Wenn mich mein Partner ärgert oder wütend macht, habe ich einen verständlichen Grund für meine Aufregung. Ein Trigger dagegen wirkt auf andere völlig harmlos. Um Ihnen den Unterschied zu verdeutlichen, hier ein Beispiel:

*Auf einem Ausbildungslehrgang zum systemischen Berater fragte Christiane die Gruppe, wie lange Zeit es dauern dürfe, bis der Auftrag, den der Klient dem Berater erteilt, erarbeitet sei. Eine Kollegin antwortete: „Zehn Minuten bis eine halbe Stunde." Christiane entgegnete: „Du kannst dir sogar noch mehr Zeit lassen, wenn es sein muss, die ganze Stunde." Darauf sprang die Kollegin auf und lief weinend aus dem Raum. Als Christiane sie in der Pause einfing, war sie völlig verzweifelt, und plante, die Ausbildung wegen ihrer völligen Inkompetenz abzubrechen, ja, sie packte schon die Koffer. Christiane fragte sie, ob sie sich möglicherweise getriggert fühle. Da entspannte sie sich und erzählte, dass sie durch Christianes vermeintliche Korrektur an ihre Kindheit erinnert worden war, daran, dass nichts, was sie sagte, jemals richtig gewesen war. Es gelang, den Trigger zu entschärfen, und sie kehrte gestärkt in die Gruppe zurück.*

Je näher sich zwei Menschen stehen, umso wahrscheinlicher ist es, dass sie sich gegenseitig triggern. Dass dies geschieht, ist kein Beweis dafür, dass die beiden nicht zusammenpassen, sondern im Gegenteil dafür, dass ihre Muster sich gut ergänzen. Wenn beide die Herausforderung annehmen, können sie sich dabei unterstützen, die Verletzungen der Kindheit zu heilen.

Meist haben Beziehungstraumata damit zu tun, dass die Grenzen des Kindes verletzt wurden oder dass es vernachlässigt wurde. Diejenigen, die Grenzverletzungen erdulden mussten, schützen sich vor erneuten Verletzungen, indem sie sich zurückziehen, um den eigenen Raum zu sichern. Diejenigen, die vernachlässigt oder weggesperrt wurden, suchen dagegen verzweifelt Kontakt, um die Verletzung zu vermeiden. Da wir uns nach dem Schlüssel-Schloss-Prinzip verlieben, finden sich häufig Menschen mit entgegengesetztem Schutzverhalten. Im Klartext: *Das Verhalten, mit dem der eine sich schützt, erinnert den anderen an sein Kindheitstrauma.*

So entstehen verzweifelte Auseinandersetzungen, wobei beide die Lösung vom Verhalten des anderen abhängig machen: „Wenn du mich in Ruhe lässt, können wir über alles reden!" „Erst wenn du nicht mehr davonläufst, finden wir eine Lösung!" Solche Streitigkeiten können eskalieren. Meist flüchtet sich der eine in ein Zimmer, während der andere vor der verschlossenen Tür tobt.

Der erste Schritt, besser mit solchen Situationen umzugehen, ist die Erkenntnis, dass der Partner getriggert ist. Er befindet sich emotional in einem längst vergangenen traumatischen Geschehen. Denjenigen, der Auslöser für die Reaktion war, trifft keine Schuld in dem Sinne, dass er verantwortlich wäre für die heftigen Emotionen. Er ist auf eine Tretmine getreten, von deren Existenz er keine Ahnung hatte. Wenn es ihm jetzt gelingt, den emotionalen Ausbruch nicht auf sich zu beziehen, kann er den Partner bei der Bewältigung des Kindheitserlebnisses unterstützen.

Es ist gar nicht so schwierig, Trigger zu entschärfen. Dazu nutzen wir die Erkenntnisse der Neurophysiologie, die moderne Hirnforschung: Wir können Situationen erst dann verarbeiten, wenn wir sie benennen können, wenn wir also verstehen, worum es sich handelt (s. a. Suhr in Sautter, Wenn die Seele verletzt ist, 2013). Dann kann es gelingen, einem Trigger nur dadurch, dass man versteht, worum es sich handelt, die emotionale Sprengkraft zu nehmen.

## Oder spielen Sie Pingpong?

Viele Auseinandersetzungen verlaufen in einer Art Pingpongspiel. Der Mann beschuldigt seine Frau und noch während er spricht, überlegt sich die Frau ihre Antwort, die meist mit „Aber du ...", beginnt und nun zählt sie ihrerseits Übeltaten ihres Mannes auf, die ja noch viel schlimmer sind als das, was er ihr vorwirft. Das muss er doch einsehen! Schade nur, dass er gar nicht zuhört, denn natürlich ist er zu seiner Verteidigung innerlich sehr damit beschäftigt, ihre Verfehlungen aufzuzählen. Die wirft er ihr vor die Füße und wünscht sich nichts sehnlicher, als dass sie endlich einsehen möge, wie recht er mit seiner Anklage hat. Schade, sie hat gar nicht richtig zugehört, war sie doch damit beschäftigt, seine Übeltaten ...

Wir könnten mühelos die nächsten zwanzig Seiten füllen, ohne etwas Neues zu schreiben. Vielleicht sind auch Sie Experte oder Expertin für diese Art, Zeit totzuschlagen, denn, Hand aufs Herz: Eine Lösung finden Sie mit Pingpongspielen nicht. Das Problem besteht darin, dass Sie überhaupt nicht miteinander sprechen. Jeder redet, womöglich lassen Sie einander sogar ausreden, doch weil Sie sich gegenseitig nicht zuhören, antworten Sie nur sich selbst und nicht dem Partner. Viele Paare, die auf diese Weise streiten, meinen gar, einen Übersetzer zu brauchen.

Dabei gibt es Spielregeln für gelungene Auseinandersetzungen, und wenn sie diese einhalten, können Sie tatsächlich Lösungen finden. Diese Spielregeln sind Thema des nächsten Kapitels, in denen Ihnen Julia Biskupek-Kamleiter eine Anleitung für die konstruktive Auseinandersetzung gibt.

*Selbstreflektion:*
Welche Streitmuster verwende ich in meiner Partnerschaft?

# Die konstruktive Auseinandersetzung
von Julia Biskupek-Kamleiter

Mal wieder dicke Luft? Die Stimmung ist zum Schneiden und keiner spricht, oder brüllen Sie sich gegenseitig an und verletzen sich mit Worten? Am nächsten Morgen dann das böse Erwachen. Sie stehen vor den Scherben einer durchstrittenen Nacht und wünschen sich nur eines: eine andere Möglichkeit, sich zu begegnen.

Wichtig ist es, einen Streit nicht mit einer konstruktiven Auseinandersetzung zu verwechseln. Streiten bedeutet: emotional „aus der Haut zu fahren", sich selbst zu vergessen, Gefühlen die Macht über sich zu geben oder aber sie zu unterdrücken und quasi zu implodieren und alles in sich hineinzufressen. Sicherlich hat auch dieser Anteil in Ihnen seine Berechtigung. Wichtig ist für Sie zu wissen:

*Streit löst kein Problem!*

Im günstigsten Fall schafft er keine neuen Probleme, denn im Streit passieren Dinge, die einem hinterher leidtun, sodass nicht nur das eigentliche Thema geklärt werden muss, sondern auch die zusätzlichen Verletzungen. Da fallen Worte, die schlimmer wirken als ein körperlicher Angriff, die Situation gerät außer Kontrolle und Porzellan wird zerschlagen.

Lösungen für das Problem? Fehlanzeige! Im Streit befinden Sie sich nämlich entweder im Kind- oder im Eltern-Ich und stellen sich unter oder über den Partner, begegnen sich aber keinesfalls auf Augenhöhe. Die aber ist nötig, um gemeinsam im Erwachsenen-Ich ein Problem zu lösen.

In diesem Kapitel stelle ich Ihnen vor, wie es anders gehen könnte, wie Sie sich konstruktiv auseinandersetzen statt zu streiten. Dabei ist der Name Programm, denn das Wort „konstruktiv" kommt aus dem lateinischen „construere", was „aufbauen" oder auch „errichten" bedeutet.

Bei einer konstruktiven Auseinandersetzung geht es deshalb darum, etwas gemeinsam zu erbauen. Zwei erwachsene Menschen lösen zusammen ein Problem auf der Sachebene, setzen sich mit ihren Emotionen konstruktiv auseinander, schaffen etwas Neues, statt etwas zu zerstören – im besten Falle eine Lösung für Ihr Problem!

Beim Streit regieren die Emotionen und weil wir selbst verletzt sind, kommt es durchaus vor, dass wir den Anderen verletzen. Häufig vertieft ein Streit die Kluft, da das Problem im Mittelpunkt steht. Bei einer Auseinandersetzung wird nach Lösungen gesucht. Deshalb ist das Klima sachlich und konstruktiv. Wenn Sie den Unterschied kennen, können Sie sich in Zukunft entscheiden, ob Sie streiten möchten, einfach mal Dampf ablassen müssen, oder ob Sie konstruktiv ein Problem lösen wollen. Wichtig ist: Sie selbst treffen diese Entscheidung mit Ihrem Verhalten, Ihrer Kommunikation. Sie selbst tragen die Verantwortung für den Umgang, den Sie miteinander pflegen.

Wie sieht eine konstruktive Auseinandersetzung aus?

*Wählen Sie den richtigen Zeitpunkt*
Sorgen Sie für den geeigneten Rahmen, schaffen Sie für den Einstieg die richtige Atmosphäre. Nehmen Sie sich Zeit, sorgen Sie für Ruhe, vermeiden Sie jegliche Form von Störungen, damit Sie sich voll auf das Thema konzentrieren können.

*Hören Sie aktiv zu!*
Bestätigen Sie mit Ihrer Körpersprache, dass Sie bei Ihrem Gesprächspartner sind. Ein Nicken, eine zugewandte Körperhaltung sind die besten Voraussetzungen für ein lösungsorientiertes Gespräch. Denken Sie daran, das Gehörte zusammenzulassen. Lassen Sie einander ausreden. Wenn Sie Sorge haben, etwas zu vergessen, machen Sie sich Notizen. Denken Sie daran: Sie erbauen gemeinsam eine neue Lösung. Dazu ist es nötig, die Wirklichkeit des Partners zu verstehen.

*Hören Sie hin!*
Achten Sie bei Ihrem Gesprächspartner nicht nur darauf, *was* er sagt, sondern auch darauf *wie* er es sagt. Benennen Sie die Gefühle, die Sie bei Ihrem Gesprächspartner wahrnehmen, und fragen Sie, ob Ihre Wahrnehmung auch seiner Realität entspricht. Benennen Sie auch Ihre eigenen Gefühle. Wie fühlen Sie sich mit dem, was Ihr Gesprächspartner sagt?

*Fragen Sie nach!*
Wenn Sie unsicher sind, wie Ihr Gesprächspartner etwas gemeint hat, fragen Sie nach. Stellen Sie Fragen, statt sich von Projektionen und Interpretationen leiten zu lassen!

*Bleiben Sie im Erwachsenen-Ich!*
Beobachten Sie sich, in welchem Ich-Anteil Sie sich gerade befinden. Nur im Erwachsenen-Ich begegnen Sie einander auf Augenhöhe! Im Kind-Ich machen Sie sich klein, im Eltern-Ich stellen Sie sich über den Partner. In diesen beiden Haltungen ist keine gleichberechtigte Problemlösung möglich. Erinnern Sie sich: Probleme können nur auf der Sachebene gelöst werden!

*Reden Sie von sich!*
Achtung: „Ich finde, du bist ein Arschloch!", ist *keine* Ich-Botschaft. Echte Ich-Botschaften benennen Ihre eigene Emotion, zum Beispiel: „Ich bin verletzt", „ich bin enttäuscht", „ich bin sauer". Und auch wenn es manchmal Überwindung kostet: Streichen Sie das Wörtchen „man" aus Ihrem Wortschatz. Statt „man fühlt sich eben wütend, wenn der Partner Verabredungen nicht einhält!", – „Ich werde wütend, wenn du dich nicht an unsere Verabredung hältst. Bitte gib mir Bescheid, wenn es später wird."

*Bleiben Sie beim Thema*
Legen Sie, wenn möglich, das Thema vorher fest UND halten Sie sich beide daran. Lassen Sie die „ollen Kamellen" der Vergangenheit ruhen. Nennen Sie konkrete Beispiele; dadurch erfährt Ihr Gesprächspartner, um was es Ihnen geht.

*Benennen Sie Ihre Gefühle!*
Es gibt so wenig Menschen mit hellsichtigen Fähigkeiten! Tauchen Sie ab, erkunden Sie Ihren Eisberg, tauchen Sie wieder auf und benennen Sie Ihre Gefühle. Ja, es erfordert Mut, sich verletzlich zu zeigen, seine verletzlichen Anteile zu präsentieren, doch denken Sie daran: Der Mensch, mit dem Sie gerade sprechen, ist Ihr Partner!

*Umgang mit Emotionen*
Emotionen sind menschlich. Sie gehören zu jedem Menschen. In einer konstruktiven Auseinandersetzung sind Sie allerdings eher hinderlich. Wenn Sie merken, dass die Gefühle hoch kochen, benennen Sie diese: „Ich merke, ich bin sauer!" Schauen Sie, wie es Ihnen damit geht und sagen Sie auch, was diese Emotion mit Ihnen macht, z. B.: „Das macht mich hilflos!"

Häufig stecken hinter Aggressionen und Wut weit tiefere Gefühle wie Verzweiflung, Hilflosigkeit oder Traurigkeit. Diese zu fühlen und auszuhalten ist zugegebenermaßen anstrengender und erfordert mehr Mut, als die Aggression zuzulassen. In der Aggression kann ich aktiv sein, etwas tun, bin ich machtvoll und nicht machtlos. Doch zu welchem Preis? Wie viel anderes geht dabei kaputt?

*Kompromiss statt Konfrontation*
Ein Kompromiss baut ein „Wir-Gefühl" auf. Auch wenn die Gegensätze oder Meinungsverschiedenheiten unüberbrückbar zu sein scheinen, versuchen Sie trotz allem, kleine Gemeinsamkeiten zu finden. Und die gibt es immer! Streben Sie eine Lösung für beide Seiten an.

Die meisten von uns sind sehr geübt, den anderen beim Streiten fertigzumachen oder ihn durch Schweigen zu zermürben. Deshalb scheint diese Taktik anfänglich einfacher zu sein. Wenn Sie mit Ihrem gewohnten Streitmuster zufrieden sind – gut, dann darf ich Ihnen gratulieren! Doch für den Fall, dass Sie mit Ihren bisherigen Lösungsversuchen unzufrieden sind, könnten Sie etwas Neues ausprobieren. Wenn Sie aktiv üben, werden Sie mit der Zeit das konstruktive Auseinandersetzen genauso mühelos beherrschen. Aktiv trainieren müssen Sie! Und wenn doch mal der Gaul mit Ihnen durchgeht: Entschuldigen Sie sich einfach.

Julia Biskupek-Kamleiter

**Checkliste für konstruktive Auseinandersetzungen**

1. Ich versuche, im Erwachsenen-Ich zu bleiben.
2. Ich übernehme Verantwortung für meine nonverbalen Botschaften.
3. Ich höre aktiv zu.
4. Ich stelle Fragen:
   - Dadurch zeige ich Interesse und gewinne Vertrauen!
   - Ich vermeide Missverständnisse: Habe ich richtig verstanden?
   - Ich erhalte Informationen!
   - Ich schaffe die Basis für einen Dialog.
5. Ich habe den Mut, auch Unangenehmes auszusprechen!
6. Ich bleibe auch in Krisensituationen sachlich: tief durchatmen hilft oft schon!
7. Ich bitte um eine Pause, wenn ich merke, dass ich von meinen Emotionen überwältigt werde.
8. Ich überprüfe: Sind wir noch im Miteinander oder ist einer der Gesprächspartner auf dem Weg „verlorengegangen"? Sind wir noch im Kontakt?
9. Ich überprüfe, welche Fähigkeit ich lernen kann, um mich noch besser konstruktiv auseinanderzusetzen.

## Der Sinn der Außenbeziehung

Der Anlass, eine Paarberatung in Anspruch zu nehmen, ist häufig der, dass sich der Mann in eine andere Frau, die Frau in einen anderen Mann verliebt hat. In allen Fällen wird dies als schwere Krise gewertet. Demjenigen, der „fremdgeht", wird im Allgemeinen die „Schuld" für die Krise gegeben.

Nur wenige Paare verstehen die Außenbeziehung als Symptom eines schon länger schwelenden, nicht bearbeiteten Konfliktes. Eine Außenbeziehung passiert nicht einfach so! Meist geht es einem von beiden schon länger nicht mehr gut in der Beziehung.

Häufig ist die Paarebene verloren gegangen und damit fehlen jene Stunden, die Mann und Frau ungestört miteinander verbringen. Bei Paaren mit Kindern kann das Elternsein die Zweisamkeit einschränken, aber auch berufliche Ambitionen fordern ihren zeitlichen Tribut. Viele Paare vergessen ganz einfach, sich miteinander zu beschäftigen. Langsam wandelt sich die Vertrautheit in Langeweile und die alltägliche Routine verdrängt die Leidenschaft. Darunter leidet zuerst die gemeinsame Sexualität.

Dazu kommt, dass die wenigsten Paare gelernt haben, Konflikte konstruktiv zu klären. So belasten ungelöste Probleme das Klima zwischen Mann und Frau. Besonders der Mangel an Lebensfreude macht Menschen dann anfällig dafür, sich anderen zuzuwenden. Die wenigsten Außenbeziehungen führen indes zur Trennung. Es scheint häufig so zu sein, dass derjenige, der eine Außenbeziehung eingeht, versucht, die Defizite in der Paarbeziehung auszugleichen.

Die Geliebten bieten prickelnde Abwechslung vom grauen Alltag. Die mit der erfüllten Sexualität verbundenen Glückshormone sorgen für Hochgefühle. Durch keinen Alltagsfrust und keine Erinnerungen belastet, gelingt die Kommunikation mit dem oder der Neuen mit Leichtigkeit. Gemeinsame Unternehmungen, Reisen, all das, was mit dem Partner schon lange nicht mehr spontan funktioniert, weil zu viele Abstimmungen mit den Bedürfnissen der Familie nötig waren und zu viele belastende Erinnerungen dagegensprechen, klappen mit den Geliebten.

Auch für den Alltagsfrust mit dem Ehepartner bieten Geliebte Entlastung: Die Neuen haben ein offenes Ohr für die Partnerschaftsprobleme ihrer Auserwählten. Zumindest zu Anfang der Beziehung fühlt sich die Geliebte als die „bessere Frau" für den Mann. Der neue Mann sieht sich als Beschützer und Ritter seiner Geliebten, der sich seinem Kontrahenten überlegen fühlen darf.

Das Thematisieren der Eheprobleme dient des Weiteren dazu, die Ernsthaftigkeit der Außenbeziehung zu betonen. Kaum ein Mann, kaum eine Frau, die sich nach außen orientieren, sagen offen, dass sie sich nie von ihren Ehepartnern trennen würden. Im Gegenteil wird die Trennung als kurzfristig zu erwartendes Ereignis in Aussicht gestellt. Obwohl die Statistik total dagegen spricht, – nur ein Viertel trennt sich tatsächlich – kennen wir keine Geliebte und keinen Geliebten, die sich nicht felsenfest darauf verlassen, dass die Trennung vom Ehepartner baldigst bevorsteht.

Viele verschweigen denn auch ihr privates Liebesglück unter dem Vorwand, den Partner nicht belasten zu wollen. Doch damit wirken in beiden Beziehungen Lüge und Betrug. Beide Frauen, beide Männer werden belogen, die Geliebte, der Geliebte zur Heimlichkeit verdonnert. Die Unerträglichkeit des Betrugs sorgt denn auch häufig dafür, dass die Außenbeziehung „auffliegt". Der Geliebte, die Geliebte sind nach einiger Zeit nicht mehr bereit, ihr Leben als „Affäre" zu fristen. Sie verlangen einen Platz im Leben ihres neuen Partners und setzen diesen meist mehr oder weniger unter Druck. Hier zeigt sich dann häufig die Wahrheit: Konfrontiert mit der Entscheidung, nicht nur von Trennung zu reden, sondern Ehepartner und Kinder tatsächlich zu verlassen, wählen die meisten ihre Familien. Die „Neuen" gehen leer aus und bleiben mit dem Gefühl, benutzt worden zu sein, wütend und frustriert zurück. Es geht ihnen etwa so wie Angela (Name geändert): *Ich sah Thomas das erste Mal im Fitnessstudio. Unsere Handys klingelten zum selben Zeitpunkt und als unsere Blicke sich trafen war klar, da ist was zwischen uns.* Dieser Mann war interessant und anziehend, groß, attraktiv mit einem umwerfenden Lächeln. Er sprach mich an und wir verabredeten uns zu einem gemeinsamen Mittagessen. Schon bei diesem Treffen erzählte er mir von seiner Familie.

„Ich bin noch – nein, ich bin verheiratet, aber ich denke schon mehrere Jahre über Trennung nach. Wenn die Kinder nicht wären, wäre ich schon lange weg." Meine innere Stimme warnte mich: „Sei vorsichtig! Der Mann ist nicht frei!" Doch vergebens ... wir trafen uns immer häufiger, verbrachten jede freie Sekunde miteinander. Schon wenige Tage nach dem ersten Treffen sprach Thomas von Schmetterlingen im Bauch, die er so lange nicht mehr gespürt hatte, von verliebt sein, kurz danach von Liebe. Heiße SMS, noch heißere heimliche Treffen und gemeinsame Wochenendtrips folgten. Sätze wie: „Du bist die Liebe meines Lebens, meine Traumfrau", ließen mein Herz höher schlagen, und immer wieder schlichen sich Gedanken in mein Hirn: „Vielleicht trennt er sich ja wirklich. Er scheint es ernst zu meinen."

Die ersten Wochen störte es mich nicht, dass seine Frau nichts von mir wusste. Ich wusste ja selbst nicht, was ich wollte. Als mir immer klarer wurde, dass ich mir mit diesem Mann eine Beziehung vorstellen konnte, und da er meinen Wunsch zu teilen schien, schlug ich ihm vor, seiner Frau von mir zu erzählen. Er bat mich um Zeit, versprach, es ihr später zu sagen, zog sogar eine Trennungstherapie mit seiner Frau in Erwägung.

Die Gründe, weshalb er es ihr nicht jetzt sagen wollte, klangen logisch: „Ich möchte ganz sicher sein ... ich möchte warten, bis mein Sohn sein Übertrittszeugnis in der Tasche hat ... ich möchte den richtigen Zeitpunkt abwarten ..."

„Ich versteh deine Ängste", antwortete ich verständnisvoll. Er berichtete mir immer wieder von heftigen Streits zu Hause, er suchte sich therapeutische Hilfe und ließ sich von einem Rechtsanwalt beraten. All dies wertete ich als Zeichen einer bald bevorstehenden Trennung, fand es sogar gut, dass er so umsichtig und behutsam vorgehen wollte. Und doch war ich immer noch ein Geheimnis. Wir hatten vereinbart, unsere Be-

*ziehung maximal sechs Monate lang geheim zu halten, und die inneren Zustände wurden für uns beide immer weniger aushaltbar. Zig SMS jeden Tag, wunderbare Zweisamkeit und Telefonate – aber immer geheim.*

*Nach vier Monaten fuhr Thomas mit seiner Familie in den Osterurlaub, ein Schock für mich ! „Ja, ich verstehe dich", sagte er nach seiner Rückkehr, „aber ich hab meiner Frau gesagt, dass ich nur wegen der Kinder dabei war. Außerdem hab ich dort festgestellt, dass sie mich anekelt und dass ich DICH will."*

*„Dann sorg dafür, dass WIR Realität werden können", forderte ich. Er versprach, es ihr zu sagen – und hielt sein Versprechen wieder nicht. Nach knapp fünf Monaten zog ich die Notbremse und brach den Kontakt zu ihm ab. Doch ich hatte mich gegen mein Gefühl entschieden und das tat mir weh ! Thomas zog nun alle Register, machte sich auf die Suche nach einer Ferienwohnung, ging noch mal zur Therapie und bombardierte mich mit Anrufen und Liebesschwüren. Ich wurde schwach und gab ihm noch eine Chance – und genau in dem Moment, als ich auf ihn zuging, wandte er sich wieder ab und brach ein.*

*„Meine Frau nimmt mir die Kinder weg, wenn ich gehe. Wenn ich meine Kinder verliere, ist mein Leben zu Ende. Ich bin ein Versager. Ich kann nicht mehr. Wir müssen das mit uns beenden." In diesem Moment dachte ich: Die Erde tut sich auf und verschluckt mich ! Ich gebe dir und uns diese Chance und du trittst mich mit Füßen ?! Was ist denn mit all den Versprechungen und Liebesschwüren – alles Lüge ? Die Feigheit dieses Mannes, der es vorzog, sich seinen Gefühlen, Bedürfnissen und Wünschen nicht zu stellen, empfand ich als immens. Er selbst war in meinen Augen so tief gefallen, dass ich es kaum beschreiben kann, und meine Enttäuschung war unendlich groß. Das soll der attraktive starke Mann von vor fünf Monaten sein ? Dieses Häuflein Elend, das nun mit Selbstmord droht und jammernd am Telefon mein Verständnis einfordert ?*

*Erst als ich drohte, seiner Frau selbst von meiner Existenz zu erzählen, klärte er sie endlich auf. Sie rief mich an und wir hatten ein gutes Gespräch, das mir vor allem eins gebracht hat: Die Gewissheit, kein Geheimnis mehr zu sein !*

*Was ich daraus gelernt habe ? Egal, was mein Gefühl mir vorzugaukeln versucht: Solange der Mann verheiratet ist – Finger weg ! Egal wie schön und verlockend die Täuschung auch sein mag – es ist und bleibt eine Täuschung ! Ich wünsche mir die Stärke und die Kraft, dieses Vorhaben beim nächsten Mann tatsächlich auch in die Tat umzusetzen, denn ich war die Traumfrau – die Frau, die nur im Traum existiert. Dieser Traum ist wie eine Seifenblase zerplatzt und ich bin unsanft in der Realität gelandet ! In dieser Realität ist er bei ihr und ich bin allein.*

Für diejenigen, die sich von ihren Geliebten getrennt haben, steigt der Druck ins Unerträgliche. Der Schmerz um den Verlust darf ja nicht kommuniziert werden ! Der unbewusste Wunsch nach Entäußerung sorgt an diesem Punkt häufig dafür, dass die Affäre ans Licht kommt: Ein Liebesbrief wird auf dem Küchentisch „vergessen", die Rechnung vom Romantikhotel für zwei Personen findet sich in der Tasche des Jacketts, das von der Ehefrau in die Reinigung gebracht werden soll. In diesem Zustand kommen viele Paare zu uns.

Am schwersten wiegt bei dem betrogenen Partner der Vertrauensbruch. Eine Frau stellte fassungslos fest: „Das geht jetzt schon fast drei Jahre ! Wie soll ich ihm je wieder vertrauen ?" Und es ist wirklich schwierig, einem Menschen zu vertrauen, der einem drei Jahre lang regelmäßig ins Gesicht gelogen hat !

Deshalb versuchen die Betrogenen, sich durch Kontrolle Sicherheit zu verschaffen. Da wird die Telefongesellschaft kontaktiert und der Nachweis für Einzelgespräche geordert, da hacken sich auch technisch Unbegabte in die persönlichen Emails ihrer Partner, durch Anrufe im Geschäft oder im Hotel wird unter falschem Namen der tatsächliche Aufenthaltsort überprüft, das Handy geschickt entwendet und die SMS gecheckt – es läuft wie in den Seifenopern im Fernsehen. Die solcherart zu Detektiven gewordenen Betrogenen fühlen sich überhaupt nicht wohl und verachten sich selbst für ihre Schnüffeleien, ohne sie indes lassen zu können. Viele Partnerschaften zerbrechen nicht an der Außenbeziehung, sondern an der Unmöglichkeit, eine neue Vertrauensbasis zu schaffen.

Leichter tun sich Paare, bei denen die Außenbeziehung von Anfang an klar kommuniziert wird. Nach dem Abklingen der ersten heftigen Emotionen sind Mann und Frau viel eher in der Lage, nach Lösungen zu suchen. Es gibt keine Lüge, das Vertrauen wurde nicht verspielt. Die Krise zeigt sich und kann bearbeitet werden. Das von beiden gespürte Defizit kommt endlich auf den Tisch, Altlasten werden thematisiert und verarbeitet.

Frauen, deren Männer „fremdgegangen" sind schlagen sich vor allem mit dem Gefühl ihrer Wertlosigkeit herum, bei den Männern überwiegt das Gefühl der Verlassenheit. Beides hat häufig seine Ursachen in den Ursprungsfamilien.

Ein Sonderthema sind die offenen Beziehungen. Darunter versteht man Beziehungen, in denen andere Partner erlaubt sind. Dieses Modell entstand nach dem Zweiten Weltkrieg, als viele junge Menschen der Gesellschaft, die für den Nationalsozialismus verantwortlich gewesen war, sehr kritisch gegenüberstanden. Aus der Frustration heraus, dass viele alte Nazis – wie durch Zauberhand rein gewaschen – wieder in Amt und Würden kamen, wandte sich die studentische Jugend gegen die Werte der Gesellschaft und schüttete zuweilen das Kind mit dem Bade aus.

In Kommunen oder Wohngemeinschaften wurden neue Modelle ausprobiert, und nicht immer waren es linksradikale Inhalte, die solche Gruppen zusammenhielten. Die Gesellschaft und ihre „scheißbürgerlichen" Normen galten als nicht mehr vertrauenswürdig, und so wurden nicht nur neue Formen des Wohnens, sondern auch neue Beziehungsmodelle geprobt.

Als Vorbild galten die Philosophen Simone de Beauvoir und Jean Paul Sartre, die bis zu Sartres Tod einundfünfzig Jahre lang eine offene Beziehung führten. Simone de Beauvoir lehnte die „beschränkende Verbürgerlichung" und das „institutionalisierende Einmischen des Staates in Privatangelegenheiten" ab und zog es vor, Sartre nicht zu heiraten. Beide pflegten langjährige Liebesbeziehungen mit anderen Partnern und obwohl sie nie ein Modell hatten schaffen wollen, versuchten viele Paare, ihnen nachzueifern. Liebe ohne Vertrag, Sexualität ohne Besitzergreifen, Beziehung ohne Einschränkung – das sind die Vorzeichen, unter denen eine offene Beziehung stehen sollte.

Dieses Experiment glückt jedoch nur selten. Nach unseren Erfahrungen ist die Verliebtheit in die jeweils Neuen eine nicht zu unterschätzende Schwierigkeit. Den wenigsten gelingt es, der endorphingesteuerten Seligkeit des Partners/der Partnerin gelassen zu begegnen. Den wenigsten Verliebten gelingt es, den Altvertrauten dieselbe Aufmerksamkeit und Liebe zukommen zu lassen wie den jeweils Neuen, denn es ist ja gerade das Kennzeichen von Verliebtheit, in Gedanken ständig beim Geliebten zu sein. Es scheint nur selten Menschen zu geben, denen es wirklich gelingt, die Voraussetzungen zu schaffen, die nötig sind, damit es allen Beteiligten gut geht.

Das steht schon im Koran, obwohl im Islam die Ehe des Mannes mit mehreren Frauen erlaubt ist: *„Und ihr könnt kein Gleichgewicht zwischen euren Frauen halten, so sehr ihr es auch wünschen möget. Aber neigt euch nicht gänzlich einer zu, also dass ihr die andere gleichsam in der Schwebe lasset"* (Sure 4, 130). *„Doch wenn ihr fürchtet, sie nicht alle gleich behandeln zu können, dann heiratet nur eine"* (Sure 4,3).

Auch die Neuen haben es nicht leicht. Sie müssen akzeptieren, dass es noch eine andere Frau, einen anderen Mann gibt, mit dem die Geliebten zusammenleben. Häufig vergleichen sich die Neuen mit den Partnern und versuchen, die bessere Frau, der bessere Mann zu sein.

Christiane lebte in einer Wohngemeinschaft, in dem die Hausbesitzer eine offene Beziehung praktizierten. Die jeweils Neuen wurden eingeladen und versuchten unter den spöttischen Blicken der jugendlichen Kinder des Paares, die „bessere Wahl" zu sein: All das, was der Ehemann oder die Ehefrau nicht gerne taten, verrichteten die Geliebten mit Begeisterung, ganz gleich, ob es sich um Fenster streichen, Kompost umschichten oder Hausputz handelte. Nachdem die Neuen abgereist waren, wurden deren Qualitäten unter dem Deckmantel der Ehrlichkeit am selben Esstisch freizügig diskutiert. Dass die es unter diesen erschwerten Bedingungen nicht lange aushielten, ist nicht erstaunlich.

Heute wird unter einer offenen Beziehung vor allem sexuelle Freizügigkeit verstanden. Paare gehen gemeinsam in Swingerclubs und vergnügen sich dort. Solange sich alle an die Spielregeln halten, kann das funktionieren. Doch wer hat schon seine Gefühle wirklich im Griff ? Als häufigstes Problem wird Eifersucht genannt, denn es bleibt nicht aus, dass sich Mann oder Frau mit den jeweiligen Sexualpartnern vergleichen: Ist der Mann potenter, sieht er besser aus, und kann er meine Frau besser befriedigen als ich ? Hat die andere Frau einen schöneren Busen, ist sie feuriger und hat mein Mann dadurch mehr Spaß mit ihr als mit mir ?

Ein weiteres Problem entsteht, wenn sich einer tatsächlich verliebt. Das kann passieren ! Ein Klientenpaar hatte eine Frau zu gemeinsamen Sexspielchen eingeladen. Die Frauen verliebten sich ineinander und setzten den Mann auf die Straße.

Aber auch wenn die Liebe nicht erwidert wird, ist es nicht unbedingt selbstverständlich, dass sich der oder die Neue damit abfindet. Kurz, es wird nicht unbedingt einfacher, wenn mehr Menschen in der Beziehung mitmischen.

Kinder werden durch die Probleme ihrer Eltern belastet, ganz gleich ob diese mit oder ohne Trauschein leben. Kinder sind den Entscheidungen der Erwachsenen ausgeliefert und bevorzugen Sicherheit. Alles, was diese Sicherheit gefährdet, macht ihnen Angst. Diese Angst zeigt sich häufig in auffallenden Verhaltensweisen oder gar in Symptomen. Deshalb müssen Eltern, die eine offene Beziehung leben, noch viel mehr darauf achten, dass ihr Lebensstil das Sicherheitsbedürfnis ihrer Kinder nicht stört. Das ist möglich, bedarf jedoch organisatorischer Meisterleistungen.

Unsere Haltung zur offenen Beziehung ? Persönlich haben wir unsere Erfahrungen damit gemacht und uns zu Beginn unserer Ehe ganz bewusst dagegen entschieden, nicht aus gesellschaftlichen oder moralischen Überlegungen, sondern weil die monogame Lebensform am besten zur Verwirklichung unserer gemeinsamen Ziele taugt. Sie dient uns als Grundlage für all unsere Aktivitäten. Eine offene Beziehung *klar*, raucht viel Zeit, und die verbringen wir lieber mit Dingen, die uns beiden Freude bereiten.

Dafür opfern wir ebenfalls ganz bewusst die durch neue Partner ausgelöste Endorphinflut. Wir holen uns die Endorphine lieber auf unserem Segelboot, wenn der Wind die Segel füllt und das Boot mit den Schweinswalen um die Wette durch die Wellen pflügt oder wenn wir bei Vollmond in einer einsamen Bucht vor Anker liegen und den Sinfonien von Brahms lauschen.

Jede Beziehungsform hat ihren Preis, ganz gleich ob sie monogam gelebt wird oder ob Raum für andere Partner bleibt. Jeder muss selbst entscheiden, welchen Preis er zahlen will.

# Ein systemischer Lösungsweg

Paarberatung umfasst unserer Auffassung nach zwei Komponenten: Einmal sehen wir unsere Funktion darin, Paare bei ihrem Wunsch nach Verbesserung der Beziehung zu begleiten; zum anderen vermitteln wir Werkzeuge, die das Verständnis der eigenen Psyche ermöglichen, um die Klienten unabhängig von uns zu machen. Viele Kollegen glauben, ihr Fachwissen für sich behalten zu müssen, ja, sie glauben, dass sich die Klienten gar nicht dafür interessieren. Entweder stimmt diese Hypothese nicht oder zu uns kommen nur die Wissbegierigen. Unsere Klienten schätzen, dass wir unsere Arbeitsweise transparent machen, ja, viele besuchen unsere Seminare als eine Art Fortbildung. Es ist doch der Verstand, der uns von den Tieren unterscheidet, und den nutzen wir, um die Funktion der Psyche verständlich zu machen. Damit erhalten unsere Klienten die Schlüssel, mit deren Hilfe sie einen Großteil ihrer psychischen Befindlichkeiten verstehen und verändern können. Die Rückmeldungen, die wir erhalten, klingen ermutigend: Menschen sind vorsichtiger mit ihren Urteilen, versuchen, wertschätzender miteinander umzugehen, haben mehr Respekt vor dem Schicksal ihres Gegenübers.

Viele, die die unbewussten Gründe ihres Handelns erkennen, sind viel eher bereit, die zur Veränderung notwendigen Schritte zu gehen. Einige Schritte können Sie nach Lektüre dieses Buches alleine gehen, für andere brauchen Sie Begleiter, die auf Ihre Beziehung schauen. Muster und Regeln, Doublebinds und Traumatrigger, unklare Kommunikation und innere Kinder sind von außen viel leichter zu erkennen. Außerdem ist Ihr Partner nicht Ihr Therapeut, und so kann er Ihre blinden Flecken zwar entdecken, aber nicht verändern. Der hier aufgezeigte Weg ist idealtypisch, gilt also nicht für alle Paare, und nicht alle Paare brauchen alle Schritte. Um herauszufinden, was ein Paar braucht, machen wir eine genaue Anamnese: Wir müssen wissen, um welche Probleme es sich handelt und was erreicht werden soll. Sollten Sie nach der Lektüre dieses Buches Lust auf mehr verspüren, finden Sie sicher geeignete Hilfe.

*Zeit für das Wir*
Viele Paare, die sich schlussendlich trennen, hätten gute Chancen gehabt, wenn sie eine wichtige Gartenregel befolgt hätten: *Um zu gedeihen, brauchen Pflanzen Pflege.* Mit Beziehungen verhält es sich nicht anders: Viele gehen deshalb auseinander, weil Mann und Frau der Pflege der Beziehung zu wenig Sorgfalt und Zeit gewidmet haben. Dies hat verschiedene Gründe.

Bei einigen ist es die berufliche Karriere, die die meiste Zeit auffrisst. In den traditionellen Beziehungen widmet sich die Frau der Hausarbeit und der Erziehung der Kinder. Und immer wieder wartet sie, bis ihr Mann endlich aus der Arbeit nach Hause findet. Irgendwann ist sie des Wartens überdrüssig und fängt an, ihr Leben selbst zu gestalten.

Sie baut ein eigenes soziales Umfeld auf, lernt Menschen kennen, und verbringt schließlich mehr Zeit mit ihnen als mit ihrem Partner. Die Beziehung beschränkt sich auf kurze Urlaube zwischen wichtigen Geschäftsterminen, und meist ist der Mann auch dann über sein Handy mit dem Büro verbunden. Nach einigen Jahren trifft die Frau einen anderen Mann, der sich Zeit für sie nimmt.

Andere konzentrieren sich auf die Kinder. Sie sind hingebungsvolle Eltern, die sich aufopfernd um die Kleinen kümmern. Dabei verbringen sie zwar viel Zeit miteinander, doch sind die Kinder immer dabei. Diese Paare befinden sich nur auf der Elternebene und vergessen die Paarebene.

Auf der Paarebene ist der Mann Geliebter und die Frau Geliebte. Damit meinen wir nicht nur die Sexualität, sondern Aktivitäten, durch die sich beide als Mann und Frau begegnen. Diese Ebene können Erwachsene nur ohne ihre Kinder erleben. Dabei steht nicht die Quantität im Vordergrund, sondern die Qualität des Beisammenseins.

Dann gibt es gerade bei jungen Paaren noch eine dritte Variante: Die jungen Erwachsenen sehen kritisch auf die Beziehung ihrer Eltern und diagnostizieren: Mutter hat nie etwas für sich getan, Vater hat sich nur für die Familie aufgerieben. Das wird mir nicht passieren! Deshalb steht Selbstverwirklichung ganz hoch im Kurs. Es gilt, auf die eigenen

Bedürfnisse zu hören, den eigenen Weg zu gehen. Und damit liegen sie im Trend der Zeit. Wenn sie sich überhaupt auf eine Beziehung einlassen, dann nur unter der Bedingung, dass die Eigenständigkeit gewahrt bleibt. Das „Wir" scheint gar nicht so erstrebenswert, weil es mit Symbiose und Selbstaufgabe verwechselt wird.

Solange keine Kinder da sind, funktioniert dieses Konzept, denn die Zeit reicht für gemeinsame Aktivitäten. Kinder bringen dieses Gleichgewicht jedoch häufig zum Kippen, denn jetzt bestimmen sie den Zeitplan. Die jungen Eltern schaffen es meist, sich beide um die Kinder zu kümmern. Dann gehen sie ihren eigenen Interessen nach, wobei sie sich bei der Kinderbetreuung abwechseln. Dies scheint auf den ersten Blick gesehen nur natürlich, denn so sind die Kinder gut versorgt. Geopfert wird die Paarebene. Da das „Wir" nicht gepflegt wird, kann es weder wachsen noch gedeihen. Ohne gemeinsame Projekte und Aktivitäten leben sich die beiden auseinander.

Wir empfehlen diesen Paaren, das Wir zu definieren. Was verstehen beide darunter und auf welche Definition können sich beide einigen? Wie viel Zeit wollen sie in Zukunft diesem gemeinsamen Projekt widmen? Welche Aktivitäten könnten für beide interessant sein?

So erhält das „Wir" eine eigene Qualität, für die es sich neben der Selbstverwirklichung lohnt, Raum zu schaffen. Dann hat die Wohngemeinschaft eine Chance, sich in eine Beziehung zu wandeln.

*Kongruenz und Ehrlichkeit*
Sie haben viel über Kommunikation gelernt. Sie wissen, dass die nonverbalen Mitteilungen darüber entscheiden, wie eine Botschaft aufgenommen wird. Wenn der verbale Inhalt mit den nonverbalen Mitteilungen übereinstimmt, ist die Chance viel größer, richtig verstanden zu werden. Wir nennen eine so vermittelte Botschaft „kongruent". Dies scheint auf den ersten Blick ganz einfach, doch die Praxis zeigt, dass Kongruenz häufig nicht erreicht wird. Das hat unserer Erfahrung nach vor allem zwei Gründe.

Eine Ursache sind Doublebinds, jenes paradoxe Kommunikationsmuster, bei dem der verbale Inhalt dem nonverbalen Ausdruck widerspricht. Da niemand bewusst Doublebinds verwendet, kann man nur daran, dass man sich häufig missverstanden fühlt und Beziehungen immer äußerst kompliziert verlaufen, auf dieses Muster schließen.

Die andere, weit verbreitete Form der Inkongruenz besteht darin, dem Partner wichtige Informationen vorzuenthalten, indem man so tut, als sei alles in Ordnung. Viele Paare reden nicht über ihre Schwierigkeiten, weil sie dies möglicherweise in ihren Herkunftsfamilien nicht gelernt haben. Manche trauen sich nicht, etwas „Negatives" rückzumelden, haben Angst vor Streit und keine Erfahrung mit konstruktiven Auseinandersetzungen. Sie zeigen dem Partner nicht, wie es in ihnen aussieht. Stattdessen tun sie „um des lieben Friedens willen" so, als sei alles in Ordnung. Das geht jedoch nicht ewig.

Wir kennen Paare, wo sich einer von beiden plötzlich aus der Beziehung verabschiedet. Der andere versteht die Welt nicht mehr, gab es doch keine direkten Hinweise auf einen solchen Bruch. „Seit vielen Jahren stimmt die Beziehung für mich nicht mehr!", lautet die Erklärung desjenigen, der sich so plötzlich trennt. Leider wurde der andere nicht informiert und bekam folglich überhaupt keine Chance, sich aktiv an einer Lösung zu beteiligen. Solche schwelenden Konflikte zeigen sich häufig daran, dass einer der beiden eine Außenbeziehung beginnt.

Worin liegt hier die Inkongruenz? Darin, dass derjenige, der sich schon lange nicht mehr wohlfühlt, seine wahren Gefühle nicht offenbart, sondern so tut, als sei alles in Ordnung. Ehrlichkeit und Kongruenz sind jedoch Grundvoraussetzungen für gute Beziehungen. Worauf soll sich Vertrauen stützen, wenn nicht auf das Wissen, vom Partner über wichtige emotionale Veränderungen informiert zu werden?

*Eine Klientin brachte ihren Mann mit in die Paarberatung. Dieser fühlte sich sichtlich unwohl und hielt die Beratung nicht nur für völlig unnötig, sondern auch für Zeit- und Geldverschwendung. Die Klientin hatte mehrere Anläufe unternommen, den Mann auf Unstimmigkeiten in der Beziehung aufmerksam zu machen, doch er hatte sie mit den Worten: „Was willst du, uns geht es doch gut!", vom Tisch gewischt. Ihr ging es jedoch überhaupt nicht gut und da sie ihren Mann liebte, bestand sie auf die Paarberatung. Der Mann war im Kontext der Beratung gezwungen, seiner Frau zuzuhören. Als ihm klar wurde, dass seine Frau sich innerlich von ihm zu entfernen begann, wurde er wütend und fragte aufgebracht: „Warum erzählst du mir das erst hier?" Er hatte offensichtlich völlig vergessen, dass er es war, der die Gesprächsangebote bisher abgelehnt hatte.*

*Es gelang uns, ihm das Verhalten seiner Frau verständlich zu machen. Sie liebte ihn so sehr, dass sie die Beziehung nicht kampflos aufgeben wollte. Ihm wurde klar, dass er die Gelegenheit bekam, seinen Teil zur Verbesserung der Partnerschaft beizutragen. Er beruhigte sich und beide fanden gute Lösungen. Dies ist jetzt viele Jahre her und den beiden geht es weiterhin gut miteinander.*

Kongruenz bedeutet jedoch nicht, den anderen mit jedem Gefühl zu konfrontieren. Gefühle unterliegen einem Gärungsprozess und es dient der Entspannung, diesen Prozess zuerst einmal allein durchzustehen. Der kongruente Mensch hat nämlich nicht nur sich, sondern auch den anderen und vor allem auch den Kontext im Blick. Das bedeutet, dass er sich erst dann äußert, wenn er sich seiner Gefühle sicher ist, und dann mit dem anderen einen geeigneten Zeitpunkt ausmacht, zu dem das Thema besprochen werden kann. Dann sind alle Voraussetzungen gegeben, miteinander den nächsten Schritt zu gehen.

### *Die Welt des anderen betreten oder wie werden Paare kompatibel?*

Eine Beziehung kann nur dann funktionieren, wenn wir in der Lage sind, die Welt des anderen zu betreten. Dazu müssen wir zuerst einmal realisieren, dass wir nicht dieselbe Wirklichkeit teilen. Sie erinnern sich, dass dieses Thema schon im Kapitel über den Untergang der Titanic behandelt wurde. Jeder von uns lebt in seiner Wirklichkeit, die er auf Grund seiner persönlichen Geschichte konstruiert. Solange wir nicht wissen, dass jeder in seiner Wirklichkeit lebt, gehen wir davon aus, dass der andere gemeinsam erlebte Situationen genauso interpretieren muss wie wir. Wenn er zu anderen Schlüssen kommt, dann hat er „Unrecht" und sieht die Sache „falsch". Das ist das erste Missverständnis.

Das zweite ereignet sich, wenn versucht wird, das Verhalten des anderen nur aus dem eigenen Erleben heraus zu erklären. „Du siehst das so, weil du nicht hinschauen willst, weil du so bist wie deine Mutter, weil du einen schlechten Charakter hast, usw." Eine Vielzahl von Paarproblemen beruht auf solchen Missverständnissen.

Jeder hungert nach Verständnis. Jeder lechzt danach, endlich einmal so verstanden zu werden, wie er sich fühlt. Wie wir täglich in unserer Praxis erleben, ist dieses Defizit bei fast jedem Klienten riesengroß. Viele kämpfen auch in ihren Partnerschaften um Verständnis, vor allem dann, wenn es Probleme gibt. Da Beziehung aber nur dann funktionieren kann, wenn wir die Welt des anderen betreten, müssen Paare, die ihre Beziehung heilen wollen, eben dieses Verständnis lernen. Dazu müssen absolute Standpunkte geopfert werden:

*Keiner von beiden sieht die Sache „richtig".*
*Beide interpretieren sie auf Grund ihrer persönlichen Geschichten.*

Zugegeben, es ist ein wenig mühsam, sich immer wieder zu vergegenwärtigen, dass der Partner auf Grund seiner Wirklichkeit so reagiert wie er reagiert. Diese Wirklichkeit werden wir aber nur dann teilen, wenn wir unermüdlich nachfragen.

Die dazu nötige Gesprächsform ist das „aktive Zuhören". Am besten gelingt die Verständnisübung, wenn Sie sich etwa 20 Minuten Zeit nehmen und mit unverfänglichen Themen zu beginnen. Nur einer erzählt, der andere hört aktiv zu. Versuchen Sie das, was Ihr Partner gesagt hat, mit eigenen Worten zu wiederholen. Dadurch merken Sie, ob Sie ihn tatsächlich verstanden haben. Der Erzählende darf Sie sofort korrigieren, wenn Sie den Punkt nicht getroffen haben. Seine Version gilt!

Es kann notwendig sein, den eigenen Standpunkt für eine begrenzte Zeit wirklich aufzugeben, um auch bei strittigen Punkten „in den

Mokassins des anderen zu gehen". Doch es lohnt sich! Wenn Sie sich gegenseitig verstehen, beruhigen Sie sich rasch und damit ist eine der Voraussetzungen gegeben, dass Sie zu einer Lösung gelangen, die Sie beide zu Gewinnern macht.

*Die Masken ablegen*
Sobald Sie die Welt des anderen teilen können, haben Sie das Schwerste geschafft. Jetzt beginnt die Phase, in der Sie sich fragen können: „Welche Prägungen aus der Vergangenheit, welche unbewusst aufgesetzten Masken verhindern, dass ich eine glückliche Partnerschaft lebe?"

Die Arbeit, die jetzt folgt, gleicht einem Puzzle oder einem Detektivspiel, schließen wir doch von gegenwärtigen Verhaltensmustern auf frühere Ereignisse. Wir suchen in den Biographien nach den Auslösern für die Regeln und Muster, nach denen unbewusst Partnerschaften gestaltet werden. Unsere Klienten erforschen ihre Familiengeschichten, zeichnen Stammbäume und befragen ihre Angehörigen nach wichtigen Ereignissen. Die meisten genießen diese Beschäftigung, viele berichten von bewegenden Gesprächen mit ihren Eltern, andere davon, die eigenen Wurzeln wieder lebendig zu spüren. Wenn wir in der Therapie die gewonnenen Erkenntnisse aus der Familiengeschichte besprechen, vertieft sich beim Partner Verständnis und Mitgefühl, weil sich die Gründe für ein bisher unerklärliches Verhalten offenbaren. Häufig ist eine Systemaufstellung der schnellste Weg, um die Geschichten aus der Herkunftsfamilie zu klären und die alten Masken endlich abzusetzen.

Ein wenig länger dauert die Verarbeitung der Beziehungstraumata. Doch wenn auf der einen Seite die Triggersituationen abnehmen oder immer weniger heftig verlaufen und auf der anderen Seite Verständnis und Mitgefühl wachsen, sind die Voraussetzungen für die Verarbeitung gegeben. Oft bahnt sich gleichzeitig ein weiterer Schritt an:

*Klare Grenzen setzen*
Wir haben bereits mehrfach darauf hingewiesen, dass Partnerschaften auf verschiedenen Ebenen gelebt werden, beispielsweise auf der Paar- und auf der Elternebene.

Auf der Paarebene leben Mann und Frau ihre Sexualität, die gemeinsamen Projekte oder Hobbys, aber auch Konflikte und Auseinandersetzungen. Auf der Elternebene sind sie Vater und Mutter für ihre Kinder. Beide Ebenen sollten klar voneinander und von der Ebene der Kinder getrennt bleiben. Die Konflikte, die durch die Vermischung von Paar- und Elternebene auftreten, haben wir bereits im Kapitel „Zeit für das Wir"(s. S. 216) erklärt.

Doch es gibt noch weitere Grenzen: die saubere Trennung der Herkunftsfamilie von der neu gegründeten Kernfamilie. Jeder von uns hat Eltern und wenn wir mit unserem Partner eine neue Familie gründen, bleiben wir Sohn oder Tochter unserer Eltern. Natürlich wissen alle Eltern, dass sie ihre Kinder loslassen müssten, wenn diese erwachsen geworden sind. Doch scheint dieses Wissen nicht immer in die Tat umgesetzt zu werden.

Uns erstaunt immer wieder, mit welcher Beharrlichkeit sich Eltern in Leben und Beziehung ihrer erwachsenen Kinder einmischen. Das leibliche Kind kommt damit meist besser zurecht als der Partner. Für diesen ist es wesentlich schlimmer, besonders dann, wenn sich der „Clan" gegen ihn verbündet und der Paarkonflikt zum Familiendrama wird. Die Chancen auf Lösbarkeit nehmen rapide ab.

Meist gelingt es den erwachsenen „Kindern" leider nicht, ihren Eltern die Einflussnahme abzugewöhnen. Obwohl das Verhalten der Eltern durch deren Geschichte erklärbar ist, bleibt für Söhne und Töchter und deren Partnerinnen und Partner die Situation unerträglich. Sie fühlen sich nicht nur kontrolliert, sondern geraten häufig in unlösbare Loyalitätskonflikte. Wir haben erlebt, dass Ehen aus diesem Grund geschieden wurden. Andere brachen die Beziehung zu den Eltern ab. Damit sich die Paarbeziehung entwickeln kann, muss die Einflussnahme der Eltern beendet werden – und nicht nur die der Eltern!

Freundinnen und Freunde haben im Paarkonflikt ebenfalls nichts zu suchen. Sie werden vom anderen als „Verstärkung" empfunden, gegen die er sich nun auch noch zur Wehr setzen muss. Die Lösung des Konflikts rutscht in noch weitere Ferne.

Wenn Sie also eine Lösung für Ihre Schwierigkeiten finden wollen, dann können Sie diese nur zusammen mit Ihrem Partner, möglicherweise mit Unterstützung von allparteilichen, kompetenten Beratern finden. Mit Ihren Freunden und Freundinnen finden Sie sicher bessere Gesprächsthemen als Ihren Beziehungsfrust.

*„Offene Rechnungen" ausgleichen – Heilungsrituale für Paare*
Damit kommen wir zum letzten Schritt der Paararbeit: den „offenen Rechnungen". Natürlich bestehen Paare nicht ausschließlich aus den Prägungen ihrer Herkunftsfamilien, sondern haben ihre eigene Geschichte miteinander. Beim Besprechen dieser Geschichten fiel uns auf, dass es Dinge gibt, die nicht verziehen wurden. Häufig weiß der Partner gar nicht, welchen Eindruck sein Verhalten vor vielen Jahren gemacht hat. Wir schließen auf „offene Rechnungen", wenn die Vorwürfe nicht aufhören. Meist handelt es sich um zentrale Themen.

Ein Paar, das nach vierzigjähriger Ehe nicht aus dem täglichen Kleinkrieg fand, suchte unsere Hilfe. Während der gemeinsamen Studienzeit hatte der Mann seine Frau zur Abtreibung überredet, da sich beide noch in der Ausbildung befanden. Obwohl die beiden danach noch zwei Kinder bekommen hatten, gab die Frau dem Mann die alleinige Verantwortung für den Abbruch, was sie ihm nie verziehen hatte. Für den Mann kam dies völlig unvorbereitet. Er hatte geglaubt, seine Frau habe sich auf Grund der Situation ebenfalls gegen das Kind entschieden.

Fast jedes Paar hat „offene Rechnungen". Manche sind leicht auszugleichen, bei anderen gelingt es nur schwer, manchmal auch gar nicht. Wir urteilen nicht über die Fähigkeit eines Menschen, seinem Partner zu vergeben. Manchmal ist die Verletzung zu groß, als dass sie sich ausgleichen ließe. Zuweilen glauben Menschen, verziehen zu haben, doch wenn Situationen entstehen, die an die Vergangenheit erinnern, bricht die alte Wunde wieder auf.

Wir haben gute Erfahrungen damit gemacht, unbewältigte Konflikte anzusprechen. Der erste Schritt zur Heilung besteht darin, die Wirklichkeit des Partners anzuerkennen. Er darf erzählen, wie es ihm damals gegangen ist, und der andere hört nur zu und versucht, „in dessen Mokassins zu gehen". Vielleicht fühlt sich die Betroffene zum ersten Mal von ihrem Partner verstanden. Möglicherweise darf er zum ersten Mal sagen, wie es ihm damals ging. Damit teilen beide eine Ebene und können auf dieser Ebene nach einer Lösung suchen.

In vielen Fällen ist ein Ausgleich nötig: Die Frau darf sich etwas von ihrem Mann wünschen, der Mann wünscht sich etwas von seiner Frau. Meist handelt es sich bei einem solchen Ausgleich nicht um etwas Materielles, sondern um eine gemeinsame Unternehmung, ein klärendes Gespräch oder ein Heilungsritual. Beide beschließen, die alte Geschichte damit zu beenden.

Sollte das Paar bemerken, dass sich das Problem nicht aus der Welt schaffen lässt, wäre zu klären, ob es sich bei der Verletzung möglicherweise um einen Trigger handelt, ein Ereignis, das an ein früher erlittenes Trauma erinnert. In solchen Fällen muss zuerst das Trauma verarbeitet werden.

„Offene Rechnungen" können auf verschiede Weise zum Abschluss gebracht werden. Zuweilen reicht es, wenn darüber gesprochen wird. Einige Paare wählen ein Abschlussritual:

- Das Erlebnis wird auf ein Stück Holz geschrieben und gemeinsam dem Feuer übergeben.
- Das Erlebnis wird auf einen Stein geschrieben und in einem tiefen Gewässer versenkt.

Beide beschließen, die Vergangenheit hinter sich zu lassen. Und meist gelingt ein neuer Anfang.

## Warum sich Beziehungsarbeit lohnt

Warum um die Beziehung kämpfen? Wir leben in einer Zeit, in der wir auch ohne die Anbindung an eine Familie überleben. Mit einem neuen Mann, einer neuen Frau wird es zumindest vorübergehend besser, und dann kann man ja wieder wechseln.

Kinder? Für viele bedeutet Nachwuchs vor allem die Einschränkung der eigenen Möglichkeiten. Deutschland, Österreich und Italien haben in Europa die niedrigste Geburtenrate. Außerdem erschweren Kinder die beliebige Partnerwahl. Sie wirken bindend, und auch das wird häufig als Behinderung empfunden.

Trotz dieser Einschränkungen steht das Modell der „festen" Partnerschaft weiterhin hoch im Kurs, nicht nur im ländlichen Allgäu, sondern auch in Großstädten wie Hamburg, Wien und Zürich. Obwohl wir dort vor allem auf erfolgreiche Singles treffen, denen alle Möglichkeiten offen zu stehen scheinen, ist die Sehnsucht nach der vertrauensvollen, festen Bindung bei diesen Singles besonders groß. Warum streben wir unbedingt nach Beziehung?

Wir werden mit der Fähigkeit zur Bindung geboren. Das ist gar nicht selbstverständlich, denn kein Insekt fühlt sich seinen Eiern und nur der Clownfisch seinem Laich verpflichtet. Anders verhält es sich bei den Vögeln, die gemeinsam ihre Brut aufziehen. Alle Säugetiermütter und alle Vögel kümmern sich um ihre Kinder, bis diese sich selbst versorgen können.

Monogam leben nur wenige Tiere, zum Beispiel die Höckerschwäne, die sich ein Leben lang binden. Durch die Presse ging die Geschichte eines Schwans aus Münster, der sich unsterblich in ein schwanförmiges Tretboot verliebte und dieser Liebe treu bleibt. Wölfe und andere Hundearten leben ebenfalls monogam, desgleichen Fledermäuse, Biber und nicht etwa unsere nächsten Verwandten, die Primaten, sondern die Gibbons und Makis.

Menschen gehören zur Klasse der Säugetiere. Ohne die Fähigkeit zur Bindung wäre unsere Rasse schon längst ausgestorben, denn Kinder

brauchen viele Jahre lang die Unterstützung von Erwachsenen. Gedeihen können sie nur mit Hilfe von festen Bezugspersonen. So wichtige Eigenschaften wie Mitgefühl und Einfühlungsvermögen werden im kindlichen Gehirn im ersten Lebensjahr nur durch den Kontakt mit der Mutter oder einer anderen verlässlichen Bezugsperson entwickelt.
Später geben uns die anderen Rückmeldungen über unser Verhalten. Wir lernen uns in größere soziale Systeme als die Familie einzuordnen und meistens genießen wir die Gesellschaft anderer Menschen. Einsamkeit als Lebensform wird nur von wenigen freiwillig gewählt.

Die Beziehung als Garantie gegen Einsamkeit? Wie viele Paare leben emotional getrennt unter einem Dach und fühlen diese Einsamkeit in Gegenwart des anderen viel stärker, als wenn sie tatsächlich alleine wären?

Die Beziehung ist auch kein Garant für die Befriedigung der persönlichen Glücksvorstellung. Dieses Skript lässt sich längerfristig nicht verwirklichen, denn Menschen wandeln sich. Wahrscheinlich erfassen wir den Sinn der Beziehung auch nicht auf der faktischen Ebene, obgleich auch heute noch viele Paare wegen steuerlicher Vorteile heiraten.

Wir persönlich empfinden die Beziehung als Basis für die Verwirklichung der Ziele, die wir uns gemeinsam gestellt haben. Viele Paare sehen das ebenso. In gemeinsamen Kindern, Hausbau, Beruf und Urlaubsreisen sehen viele den Sinn ihres Lebens. Doch was geschieht, wenn das Haus gebaut ist und die Kinder das Nest verlassen? „Midlifecrisis" wird dieses Phänomen heute genannt und damit zur Normalität erklärt.

Ist diese Krise wirklich unvermeidlich?

Und wenn nicht, wie ließe sie sich vermeiden?

Entwickeln Sie die Vision eines gemeinsamen Lebens und hören Sie damit nicht bei Hausbau und Kindererziehung auf. Es muss auch weiterhin Höhepunkte geben und die wollen geplant sein. Gemeinsame Urlaube reichen meist nicht aus; besser sind gemeinsame Leidenschaften, Hobbys, Interessen, die gemeinsam gepflegt werden, spirituelle Inhalte, die beide erfüllen. Wir glauben, dass das Leben einen Sinn hat, und dieser Sinn besteht zum großen Teil darin, dass wir an unseren Fehlern und Defiziten arbeiten. Der Planet ist in einem beklagenswert schlechten Zustand. Wir sind nicht nur Zeuge des Klimawandels und seiner katastrophalen Auswirkungen, wir werden täglich mit humanitären Katastrophen konfrontiert.

Die einzige Möglichkeit, unseren Beitrag zur Verbesserung der Lage zu leisten, sehen wir darin, bessere Menschen zu werden, um andere besser bei der Bewältigung ihrer Schwierigkeiten zu unterstützen. Und wo könnten wir unsere Defizite, unsere nicht geheilten Verletzungen, unsere Traumata schneller kennen lernen als in einer festen Beziehung? Wen anders als unseren Partner lassen wir so dicht an uns heran?

Beziehung auf diese Weise gelebt, wird zu einer Art westlichem Erleuchtungsweg. Nirgends klären wir unsere Muster schneller, als wenn wir unserem Partner täglich damit auf die Nerven gehen und er uns das kongruent zurückmeldet.

Auch die Körperlichkeit hat einen festen Platz in der Beziehung. Sexualität ist eine wunderbare Möglichkeit, seinem Partner lustvoll sehr nahe zu sein. Viele glauben, dass die Sexualität langweilig wird, wenn man lange mit einem Menschen zusammenlebt. Wenn Sexualität langweilig wird, liegt das nicht am Partner, sondern an einem Mangel an Fantasie. Wo sonst als in einer Beziehung, in der man dem Partner wirklich vertraut, kann man es wagen, seine Fantasien tatsächlich zu leben?

Wer sich darauf einlässt, die Masken fallen zu lassen, um zu sich selbst und zum Wir zu finden, gewinnt einen Freund, eine Freundin fürs Leben. Aus zwei Menschen, die miteinander kämpfen, werden Partner, die ihre Ziele miteinander verwirklichen und es sich darüber hinaus miteinander gutgehen lassen. So kann eine feste Beziehung den Boden für Wachstum bieten, auf dem sich beide selbst verwirklichen, indem sie den Weg gemeinsam gehen.

# Literatur und Quellen

**Baron-Cohen, S.** (2004) *Vom ersten Tag an anders. Das weibliche und das männliche Gehirn.* Düsseldorf: Patmos Verlag
**Bass, Davis** (2001) *Trotz allem, Wege der Selbstheilung für sexuell mißbrauchte Frauen.* Berlin: Orlanda Frauenverlag
**Bauer, Joachim** (2006) *Warum ich fühle, was du fühlst. Intuitive Kommunikation und das Geheimnis der Spiegelneurone.* Hamburg: Hoffmann und Campe
**Berne, Eric** (2006) *Die Transaktions-Analyse in der Psychotherapie. Eine systematische Individual- und Sozial-Psychiatrie.* Paderborn: Junfermann
**Bly, Robert** (1993) *Eisenhans. Ein Buch über Männer.* München: Droemersche Verlagsanstalt
**Böhnisch, Lothar & Winter, Reinhard** (1997) *Männliche Sozialisation. Bewältigungsprobleme männlicher Geschlechtsidentität im Lebenslauf.* Weinheim: Beltz-Verlag
**Brizendine, Louann** (2006) *Das weibliche Gehirn. Warum Frauen anders sind als Männer.* Hanburg: Hoffmann und Campe
**Bundesministerium für Familien, Senioren, Frauen und Jugend** (2014). *Gewalt gegen Frauen in Paarbeziehungen. Eine sekundäranalytische Ausweitung zur Differenzierung von Schweregraden, Mustern, Risikofaktoren und Unterstützung nach erlebter Gewalt, Kurzfassung.* Berlin: Referat für Öffentlichkeitsarbeit
**Connell, Robert W.** (1995) *Masculinities.* Cambridge: Cambridge Press
**Chodorow, Nancy J.** (1985) *Das Erbe der Mütter. Psychoanalyse und Soziologie der Geschlechter.* München: Verlag Frauenoffensive
**David, KLaus-Peter & Wegner, Kay & Mielke, Frank & Grein, Nanke.** 2005. *Ambulante Tätertherapie, Arbeit mit Sexual- und Gewalttätern.* Kiel: Beratungsstelle im Packhaus
**Egle, Ulrich Tiber & Hoffmann, Sven Olaf & Joraschky, Peter** (2000) *Sexueller Mißbrauch, Mißhandlung, Vernachlässigung, Erkennung und Therapie psychischer und psychosomatischer Folgen früher Traumatisierungen.* Stuttgart: Schattauer
**Fischer, Gottfried & Riedesser, Peter** (2003) *Lehrbuch der Psychotraumatologie.* München: Ernst Reinhardt Verlag
**French, Marilyn** (1992) *Jenseits der Macht. Frauen, Männer und Moral.* Hamburg: Rowohlt Verlag
**Gruen, Arno** (1986) *Der Verrat am Selbst. Die Angst vor Autonomie bei Mann und Frau.* München: Deutscher Taschenbuch Verlag

**Hellbrügge, Theodor & Brisch, Karl Heinz** (Hrsg) (2003) *Bindung und Trauma, Risiken und Schutzfaktoren für die Entwicklung von Kindern.* Stuttgart: Klett-Cotta
**Hess, Thomas** (2003) *Lehrbuch für die systemische Arbeit mit Paaren, ein integrativer Ansatz.* Heidelberg: Carl-Auer-Systeme Verlag
**Herman, Judith** (2003) *Die Narben der Gewalt.* Paderborn: Junfermann
**Hines, Melissa** (2004) *Brain Gender.* New York: Oxford University Press.
**Huber, Michaela** (2005) *Trauma und die Folgen. Traumabehandlung Teil I und II.* Paderborn: Junfermann
**Internationale Klassifikation psychischer Störungen. ICD Kaitel V (F).** (2005) *Klinisch diagnostische Leitlinien.* Bern: Hans Huber Verlag
**Kimura, Doreen** (1999) *Sex and Cognition.* Massachusetts Institute of Technology, 1999.
**Laing, Ronald D.** (1962) *Mystifizierung, Konfusion und Konflikte. In Schizophrenie und Familie.* S. 274 - 304. Frankfurt a. Main: Suhrkamp
**Levine, Peter** (1998) *Trauma-Heilung, Das Erwachen des Tigers,* Synthesis Verlag, Essen 1998
**Maguire, E.A. & Gadian, D.G. & Johnsrude, I.S. et al.** (2000) *Navigation-related structural change in the hippocampi of taxi drivers.* PNAS, 2000, 97 (8), S. 398-403.
**Mehrabian, Albert & Ferris, Susan, R** (1967) Inference of Attitude from Nonverbal Communication in Two Channels. *The Journal of Counselling Psychology* 31, S. 248-252
**Minuchin, Salvador** (1992) *Familie und Familientherapie, Theorie und Praxis struktureller Familientherapie.* Freiburg im Breisgau: Lambertus
**Mitscherlich, Alexander** (1992) *Auf dem Weg in die vaterlose Gesellschaft. Ideen zur Sozialpsychologie.* München: Piper-Verlag
**Mutter, J. & Naumann, J. & Schneider, R. & Walach, H.** (2006) *Quecksilber und Autismus? Zunehmende Beweise.* In: Umwelt-Medizin-Gesellschaft, (19) 1/2006, S. 77-84.
**Pschyrembel** (2000) *Klinisches Wörterbuch.* Berlin: Walter de Gruyter Verlag
**Reddemann, Luise**, (2001) *Imagination als heilsame Kraft*, Stuttgart: Pfeiffer bei Klett-Cotta
**Rösler, Frank** (2004). *Es gibt Grenzen der Erkenntnis – auch in der Hirnforschung.* In: Gehirn&Geist, 6/2004, S. 32-33. Zugang unter: www.gehirn-und-geist.de/alias/pdf/gug-04-06-s032-pdf/834907
**Satir, Virginia** (1999) *Kommunikation, Selbstwert, Kongruenz.* Paderborn: Junfermann

**Satir & Banmen & Gerber & Gomori** (1995) *Das Satir-Modell, Familientherapie und ihre Erweiterung,* Paderborn: Junfermann,
**Sautter, Christiane** (2014) *Eltern: Wunschbild - Feindbild, die unstillbare Sehnsucht nach bedingungsloser Liebe.* Ravensburg: Verlag für Systemische Konzepte
**Sautter, Christiane,** (2005) *Was uns verbindet und was uns unterscheidet, die Familie im Spiegel der großen Religionen.* Wolfegg: Verlag für Systemische Konzepte
**Sautter, Christiane,** (2012) *Wenn die Seele verletzt ist, Trauma: Ursachen und Auswirkungen.* (5. überarbeitete Auflage) Wolfegg: Verlag für Systemische Konzepte
**Sautter, Christiane,** (2009) *Systemische Beratungskompetenz.* Wolfegg: Verlag für Systemische Konzepte
**Sautter, Christiane & Sautter, Alexander** (2010) *Den Drachen überwinden, Vorschläge zur Traumaheilung.* Wolfegg: Verlag für Systemische Konzepte
**Sautter, Christiane & Sautter, Alexander,** (2012) *Wege aus der Zwickmühle, Doublebinds erkennen und lösen.* (4. überarbeitete Auflage) Wolfegg: VSK
**Sautter, Christiane & Sautter, Alexander,** (2012) *Aufstellen systemisch richtig.* Wolfegg: Verlag für Systemische Konzepte
**Saß, Hans Werner (Hrsg.)** (1984) *Schizophrenie und Familie* Frankfurt a. Main: Suhrkamp Taschenbuch 485
**Schlippe, Arist von & Schweitzer, Jochen** (2003) *Lehrbuch der systemischen Therapie und Beratung,* Göttingen: Vandenhoeck&Ruprecht
**Schulz von Thun, Friedemann** (2002) *Miteinander Reden.* Berlin: Reinbeck
**Schulz von Thun, F./Ruppel, J./Stratmann, R.** (2003): *Miteinander reden: Kommunikationspsychologie für Führungskräfte,* Hamburg: Reinbeck
**Spitz, René** (1992) *Vom Säugling zum Kleinkind,* Stuttgart: Klett-Cotta
**Spitzer, Manfred** (2005) *Nervensachen. Geschichten vom Gehirn.* Frankfurt a. M: Suhrkamp
**Spitzer, Manfred** (2006) *Nervenkitzel. Neue Geschichten vom Gehirn.* Frankfurt a. M: Suhrkamp
**Tannen, Deborah** (1993) *Du kannst mich einfach nicht verstehen, Warum Männer und Frauen aneinander vorbeireden.* Hamburg: Goldmann
**Tölle, Rainer. & Windgassen, Klaus** (2003) *Psychiatrie.* Berlin: Springer Verlag
**Van der Kolk, Bessel & Mc Farlane, Alexander & Weisaeth, Lars. (Hrsg.)** (2000) *Traumatic Stress. Grundlagen und Behandlungsansätze.* Paderborn: Junfermann
**Watzlawick, Paul & Beavin, Janet & Jackson, Don D.** (2000) *Menschliche Kommunikation,* Bern: Hans Huber
**Wilson-Schaef, Anne** (1981) *Weibliche Wirklichkeit – ein Beitrag zu einer ganzheitlichen Welt.* Berlin: Mona-Bögner-Kaufmann Verlag

Die Weiterbildungsangebote in unserem Institut:

Weiterbildung zum Systemischen Berater
„Trauma erkennen – Trauma begleiten"
Systemaufstellungen nach Virginia Satir

Fordern Sie Unterlagen an oder besuchen Sie unsere Internetseite: www.familiensysteme.de

**Bürozeiten:** Di – Do. 9.00 – 12.00 Uhr

Tel.: 0751 77789924 – Fax: 0751 77789925

Unsere Postadresse für Verlag, Institut und Praxis lautet:
Seestr. 42
88214 Ravensburg